감정식사

감정 식사

내 마음의 허기를 채워주는 마음챙김 식사의 비밀

수잔 앨버스 지음

유은정 감수 | 강유리 옮김

생각속의집

"식사를 하기 전이나 무엇을 먹기 전에

먼저 자신에게 귀 기울이는 시간을 가져야 한다.

이는 습관적으로 반응하기보다

자신이 진정 원하는 것을 알아내기 위한 시간이다."

— 아리안 그랭바시, 영양학자

나는 얼마나
감정적으로 먹고 있을까?

식사와 감정은 밀접한 관계에 놓여 있다. 우리는 배가
고파서 뭔가를 먹기도 하지만, 감정의 문제로 먹기도
한다. 내가 얼마나 음식과 건강한 관계를 맺고 있는지
다음 항목에서 확인해보자.

1. 스트레스를 받으면 아무거나 먹는다.
(예: 일이 안 풀리거나 친구와 싸웠을 때는 뭐든지 먹을 수 있다.)

2. 울적하고 외로울 때, 유독 생각나는 음식이 있다.
(예: 우울할 때 초콜릿을 먹거나 또는 술로 마음을 달래기도 한다.)

3. 기분에 따라 음식을 다르게 선택한다.
(예: 기분이 좋을 때는 건강한 음식을 선택하는 반면, 피곤하거나 컨디션이 좋지 않을 때는 평소 멀리하는 인스턴트 음식에도 손이 간다.)

4. 마음이 허전할 때, 음식으로 그 시간을 달랜다.
(예: 배가 고프지도 않는데, 뭔가를 찾아서 먹는다.)

5. 분위기에 휩쓸려서 먹는다.
(예: 회식이나 송년회 등 모임에서 사람들이 음식을 권하면 거절하지 못한다.)

6. 습관적으로 야식을 찾는다.
(예: 늦은 밤, 뭔가를 먹고 있으면 마음이 편안해지는 것 같다.)

7. 혼자 먹을 때, 가장 편안함을 느낀다.
(예: 가급적 혼자 먹는 게 좋다. 남과 식사할 때 부담스러워서 식사를 제대로 못한다.)

8. 음식을 선택할 때, 타인의 영향을 받는다.
(예: 다른 사람들이 말하는 의견 때문에 내가 선택한 음식의 메뉴를 바꾼다.)

9. 장소에 따라 식사량이 들쑥날쑥하다.
(예: 뷔페에 가면 포만감이 들어도 종종 과식을 하게 된다.)

10. 불규칙적으로 먹는 편이다.
(예: 바쁠 때나 예민할 때는 종종 식사를 거르거나 아무거나 먹는다.)

다이어트는 의지의 문제가 아닌 감정의 문제다

'저 좀 그만 먹게 해주세요, 선생님.'

정신과의사는 간혹 진료실 밖에서 환자와 마주칠 때가 있다. 하지만 먼저 아는 척하지 않는다. 상대를 배려하기 위해서다. 우연히 빵집에서 마주친 M. 그녀는 빵을 쟁반 한가득 골라서 계산대 앞에 서 있다. 먹는 것이 조절되지 않는다고 병원을 찾아온 그녀는 한동안 식사일기도 꼬박꼬박 잘 써오고, 일상생활도 규칙적으로 잘 해오고 있었다. '그런데 혹시 무슨 일이 있었던 걸까?' 나는 순간 걱정에 빠져든다. 먹는 문제로 병원을 찾아오는 분들 중에는, 그렇게 많이 먹는데도 날씬한 몸을 유지하기도 한다. 자기 몸을 학대하는 혹독한 다이어트를 평생 하고 있기 때문이다.

(나를 포함하여) 나이를 불문하고 여자의 일생은 평생 '다이어트와의 싸움'이라고 해도 과언이 아니다. 여자의 인생은 두 시기로 나누어져 있다. 살이 쪄 있는 시기와 빠져 있는 시기, 다이어트에 성공한 시기와 다이어트에 실패한 시기, 음식과 사이좋은 시기와 음식으로 도망가려는 시기, 그리고 나를 돌보는 시기와 나를 학대하는 시기. 당신은 어느 시기에 살고 있는가.

다이어트에 실패하는 자신을 무조건 탓하지 마라

비만스트레스 전문의로 일한 지 20여 년. 그동안 다이어트를 시도하고 있거나, 다이어트에 실패했던 사람들을 수없이 지켜보아왔다. 그들에게는 한 가지 공통점이 있다. 살을 빼기 위해서는 무조건 먹는 것을 통제해야 한다고 생각한다는 점이다. 정말 그럴까? 먹는 양을 줄이고, 칼로리를 따지고, 채소와 야채 중심의 식사를 하면, 정말 다이어트에 성공할까? 먹고 싶은 음식은 꾹꾹 참으면서 말이다. 억압은 언젠가는 폭발하는 법. 특정 음식을 통제할수록 그 음식을 먹지 않고는 견딜 수 없는 상황에 빠져버리고 만다.

상황이 이쯤 되면 배가 부른데도 계속 먹는 이유가 음식 자체 때문만은 아니다. 그것은 바로 먹는 순간에 음식이 주는 '감정적 효과' 때문이다. 그러니 제발 작심삼일로 다이어트를 그만두는 자신에게 의지가 약하다고 무조건 탓하지 마라. 다이어트는 의지의 문제가 아닌 감정의 문제에서 바라봐야 한다.

처음에는 단순히 식사문제라고 여겼던 M은 음식으로 도망가려는 심리를 함께 들여다보면서 음식이 자신에게 유일한 위안이었다는 것을 알아챘다. 외롭고 힘들 때면 혼자서 음식으로 스스로를 달랬으며, 먹을 때만이 오로지나 자신을 확인할 수 있었다고 고백했다. 달콤한 빵과 케이크는 가족에게조차 말하지 못했던 그녀의 상처에 유일한 진통제가 되어주었다.

몸과 마음을 외면하고 음식으로 도망갈수록 우리 스스로 감정적 식사에 빠져들게 된다. 하지만 감정적 식사는 무의식적으로 일어나는 경우가 많아서 자기 스스로는 모르고 지낸다. 그렇게 먹고, 또 먹고 후회하기를 반복하면서 자기도 모르는 사이에 습관적으로 뭔가를 먹고 있는 자신을 발견하게 된다.

왜 그렇게 먹으려고 하는 걸까?

배고픔을 유발하는 감정이 외로움, 불안, 무력감, 수치심, 분노, 죄책감, 열등감이든지 상관없다. 배고플 때 우리가 정작 집착하는 것은 사실 '음식'이 아니라 '관심과 사랑'이다. 누군가에게 사랑받고, 인정받고 싶은 마음이다. 사랑과 관심에 배가 고픈 것인데, 음식으로 그 심리적인 허기를 채우려고 드니 자꾸 먹고 싶을 수밖에. 이런 심리적인 허기로 인해 먹어도 배가 부르지 않고, 식욕 하나 참지 못하는 자신이 더 한심하게만 느껴진다. '내가 그래도 괜찮은 사람'이라는 존재의 가치를 느끼지 못하는 사람들, 자존감이 낮은 사람들은 더욱 심하게 자책한다.

'아, 내 속에 이런 감정이 있었구나.' M도 그런 자신의 모습을 발견하게 되었다. 엄마 앞에서 돋보이는 동생을 보면서 위축되는 자신에게 가장 큰 관심은 언제나 몸무게의 변화였다. 체중이 조금만 늘어나도 살이 많이 쪄버린 것 같아 모든 일에 자신감을 잃었고, 체중이 다시 빠져야만 스스로 만족감이 생겼다. 체중계의 바늘이 그녀의 자존감을 휘두르는 막강한 바로미터였던 것이다.

하지만 한 사람을 객관화시키는 나이와 키, 체중, 신체 사이즈 등 차가운 숫자를 털어버리고 나면 그 사람이 보이는 법. 그녀는 감정적 식사를 일으키는 다양한 감정의 요인들을 깨달아가면서 비로소 자기 자신을 알아갔다. 그것은 내 감정의 책임자는 나라는 것, 내가 좀 더 이기적이어도 괜찮다는 것, 그리고 나를 아끼고 돌보는 것은 나쁘지 않다는 것이었다. 음식문제로 지금껏 스트레스를 받았던 그녀의 자존감이 조금씩 회복되는 순간이었다.

잇큐, 감정적 식사에서 마음챙김 식사로

이 책 《감정식사》에서 강조하는 '잇큐(Eat. Q)'가 왜 중요한지가 여기에 있다. 잇큐에서 말하는 다이어트는 영양 정보나 칼로리를 외우는 것에 머무는 것이 아니다. 잇큐는 나와 음식과의 건강한 관계를 위해서 내 몸과 마음을 진정으로 돌볼 수 있는 자기사랑(Self-Love)을 기초로 한다. 나를 진정 사랑할 때, 음식과의 관계도 평화로울 수 있으니까.

이 책을 펼치기 전, 잇큐가 무엇이냐고 나에게 묻는다면 한마디로 잇큐는 "다이어트에 대한 새로운 패러다임"이라고 대답하겠다. 더 이상 나를 괴롭히는 다이어트는 이제 그만할 때가 됐다. 내 몸과 마음의 건강한 라이프스타일의 연결이 중요하다. 잇큐의 세계로 들어오면 다이어트가 더 이상 고통의 시간이 아닌 재충전의 시간, 내 몸의 억압이 아닌 내 몸과 여행하는 시간으로 다가올 것이다.

체중이라는 숫자에 민감해지고 엄격한 식단에서 나를 놓아주어야 한다. 이제는 내 몸과 마음을 사랑하기 위한 감정식사가 필요하다. 이 책은 하루의 매끼를 음식과 편안하게 만나는 마음챙김의 식사로 당신을 안내해줄 것이다. 이 책을 펼친 당신의 식탁 위에 당신의 몸과 마음을 건강하게 해줄 잇큐의 만찬이 놓여 있다. 이 만찬으로 나의 가치가 외적인 모습에 평가되는 문화에 당당히 저항할 수 있는 당신의 자존감이 회복되리라 믿는다.

서초 좋은의원 원장, 정신건강의학과 전문의

유 은 정

순간순간 식사감정에 귀 기울이기

나는 심리학자로서 먹는 문제 때문에 어려움을 겪는 사람들을 수없이 만나 왔다. 그 결과, 감성지능과 연관된 스킬이 없다면 아무리 노력해봤자 먹고 싶은 충동이나 욕구를 억누를 수 없다는 사실을 깨달았다. 그런 충동이나 욕구는 부정적인 감정뿐 아니라 긍정적인 감정에 의해서도 부추겨질 수 있다. 해결책은 건강에 좀 더 이로운 식사를 선택할 수 있도록 그 중대한 결단 의 순간에 자신이 어떤 감정을 느끼는지 알아내고, 그 감정을 다스리는 방 법을 배우는 것이다. 다행히 이것은 학습이 가능하다. 나는 사람들이 이 요 령을 배우도록 돕는 일을 해왔고, 내가 아는 모든 지식을 기꺼이 당신과 공 유할 것이다.

당신이 잇큐(Eat.Q.)의 세계에 온 것을 환영한다. 잇큐란 감성지능뿐만 아니 라 마음챙김, 즉 순간순간 감정에 세심하게 주의를 기울이는 능력을 키우기 위한 일련의 기술과 전략들을 말한다. 이러한 기술과 전략은 감정을 알아차 리고(Embrace), 받아들이며(Accept), 긍정적인 대안으로 전환하는(Turn), 이 른바 EAT법의 근간을 이룬다. 이 방법을 배우고 나면 스스로 먹는 것을 통 제할 수 있고, 그 결과 감정적 식사와 스트레스성 폭식을 극복할 수 있다. 더 나아가 자신의 몸을 건강하게 돌볼 수 있고, 인간관계가 개선되고 자존감 이 높아지며 식사 본연의 즐거움도 만끽하게 될 것이다.

이 책의 로드맵

한 가지 밝혀둘 점이 있다. 이 책에서는 무엇을 얼마나 많이 먹고 적게 먹어야 하는지에 관해 이야기하지 않을 것이다. 감성지능을 바탕으로 음식을 선택할 때, 중요한 건 음식 자체가 아니다. 사실 상담 시간 중 내담자와 음식 이야기를 많이 나눌수록 오히려 본질에서 멀어지곤 한다. 음식의 선택에 관해서는 영양사의 도움을 받기 바란다. 심리학자의 역할은 감성지능을 필요한 수준까지 높여서 식사의 패턴, 식탐, 음식 선택의 바탕에 깔려 있는 감정을 파악하고 탐구하도록 돕는 것이다.

2장에서는 잇큐를 높이는 비결을 배울 것이다. 마음챙김을 위한 멈춤의 시간을 갖고(감정 주도적 결정 대신 건강에 유익한 결정을 내릴 수 있을 만큼의 시간) 자신에게 가장 도움이 되는 의사결정을 내리는 능력을 알아본다.

3장은 EAT법을 간략히 소개한다. EAT법의 성공 여부는 2장의 스킬을 활용하고, 감정과 음식과의 건강한 관계를 만드는 데 도움이 되는 도구들을 적절히 이용하는 능력에 달려 있다. 나는 내담자들에게 이 도구들을 사용하게 하는데, 대단히 강력한 효과를 볼 수 있었다.

2부에서는 잇큐 향상을 가로막는 흔한 장벽, 즉 다이어트, 쾌락 추구, 사교적인 식사, 스트레스, 감정적 트라우마에 대해 살펴볼 것이다. 3부에서는 최근의 감성지능 연구 결과를 바탕으로 잇큐를 높이는 도구들을 익히게 될 것이다.

당장 실행에 나서고 싶은 유혹이 들겠지만 3부를 시작하기 전에 1부와 2부를 읽어보는 것이 중요하다. 1부와 2부는 잇큐와 EAT법의 배경이 되는 이론과 연구를 소개함으로써 3부의 도구들을 최대한 활용할 수 있는 길을 열어준다. 3부는 도구를 제시해주지만 우리 몸의 근육처럼 단련하고 반복하여 사용하는 것은 각자의 몫이다.

잇큐 향상에 도움을 주고 감정이 음식 선택에 미치는 영향을 생각해볼 수 있도록 이 책 전반에 걸쳐 자가진단 테스트를 실었다. 자가진단 테스트는 객관적이거나 검증된 조사 도구가 아니다. 그보다는 자기 발견을 위한 출발점으로 여겨주면 좋겠다. 자가진단 테스트는 사람들이 자신의 내면을 들여다보고, 진짜 자기의 감정과 생각이 어떠한지 스스로 물어보면서 자기 인식을 높이는 역할을 한다. 자가진단 테스트를 즐겁게 풀어보고 다른 사람들과도 공유하기를 바란다.

아울러, 건강한 식생활에는 여러 가지 요소들이 작용한다는 점을 이해하는 것이 중요하다. 몇 가지만 들자면 생물학적 특징, 성별, 음식에의 접근성, 경제, 환경 등이다. 그러나 이 모든 요소를 다루는 것은 이 책의 범주를 벗어난다. 따라서 이 책에서는 우리의 일상생활에서 중요하지만 간과되고 있는 '감정'에 일차적으로 초점을 맞추고 있음을 밝힌다.

나는 당신이 모든 감정을 관리할 수 있게 된다거나 언제나 건강과 행복에 이로운 식사 결정을 내리게 되리라고는 장담할 수 없다. 하지만 당신을 음식으로 내몰고 가끔씩 의사결정을 방해하는 감정에 대해 더 많이 알아갈

수록, 내면에서 놀라운 변화와 인식이 자라나는 것을 느끼게 되기를 진심으로 바란다.

당신의 건강하고 아름다운 삶을 위하여

수잔 앨버스

차례

1부

당신이 먹은 것이
당신의 감정을 말한다

1부
당신이 먹은 것이 당신의 감정을 말한다

내가 아는 똑똑한 사람들 가운데 몇몇은 과식을 한다. 그들은 자기 분야에서 성공한 사람들이고 책임감이 있으며, 비교적 창의적이다. 또한 건강한 라이프스타일이 무엇인지 잘 알고 있다. 과일과 채소를 많이 먹고 가공식품을 줄이며 규칙적으로 운동을 해야 한다는 것을 안다. 문제는 건강한 식습관이 유익하다는 것을 머리로만 알고 있다는 것이다. 왜 좀처럼 자신의 식단을 개선하지 못하고 있을까? 내담자들마다 같은 질문을 되풀이한다. "왜 나는 건강하게 먹는 법을 알면서도 실천하지 못할까요?"

이 질문에 대한 대답은 복합적이면서 중요하다. 힌트를 주자면 우리의 결정과 행동 사이의 차이는 기분이나 감정 때문인 경우가 많다는 것이다.

언제부터 우리는 먹는 일이 이토록 어려워졌을까? 지금은 어느 때보다 음식을 선택하는 폭이 넓어졌다. 스타벅스만 해도 선택할 수 있는 음료 조합의 개수가 무려 87,000가지에 이른다. 곁들여 먹는 푸드는 제외하고서 말이다. 이제 우리는 더 이상 배가 고프다고 해서 마냥 먹지 않는다. 이제 우리가 먹는 이유는 육체적 허기가 그 첫 번째 이유가 아니라는 말이다.

식사든 간식이든, 다이어트 푸드든 위로 음식(comfort food, 몸과 마음을 편안하게 해주는 음식—옮긴이)이든 오늘날 우리가 먹는 모든 음식은 우리의 결정과 함께 시작되고, 그 결정 하나하나는 우리의 '감정'에 뿌리를 두고 있다. 감정의 강도와 지속을 극복하는 데 도움이 되는 특별한 방법이 없을 때, 그래서 위로 음식으로 그 감정을 차단시키거나 회피할 때 '감정적 먹기 (Emotional Eating)'가 나타난다.

안타깝게도 우리는 감정적 식사를 다스릴 방법을 배우지 못했다. 부모나 양육자라도 본인이 완전히 체득하지 못한 상태에서는 그 기술을 가르쳐주기란 매우 어렵다. 감정을 인지하고 사용하는 감성지능(emotional intelligence) 능력은 불과 몇십 년 전 심리학자들에 의해 규정된 이후에도 비즈니스와 금융이라는 고매한 세계에서만 거의 독점적으로 사용되었다. 이 책에서 나는 그 감성지능의 힘을 회의실 테이블에서 당신의 식탁으로 가져오는 방법을 보여줄 것이다.

Emotional Eating

1장

왜 나는 감정적으로 먹는 걸까?

식사를 하지 않은 사람은 제대로 생각할 수도,
제대로 사랑할 수도, 제대로 잠을 잘 수도 없다.

— 버지니아 울프(소설가, 1882~1941)

당신은 건강한 저녁 식사를 직접 차리는가, 아니면 패스트푸드를 사서 집에 들어가는가? 샐러드와 감자튀김 중 어느 쪽을 택하는가? 도넛과 과일 중에서는? 두 번째 접시를 사양하지 않는가, 아니면 "아뇨, 됐어요"라며 사양하는가? 당신은 이 간단한 질문들에 별 고민 없이 답할 수 있을 것이다. 하지만 당신이 오늘 무엇을 먹을지 결정하기란 그리 쉬운 결정은 아니다. 어쩌면 하루의 수많은 선택들 중 가장 어려운 결정일지도 모른다. 너무 배가 고파서 선택이 어렵다고? 그렇지는 않다. 문제는 당신의 감정 때문이다. 당신의 의도와는 다른 방향으로 음식을 결정하게 만드는 그 엄청난 힘! 안타깝게도 그 결정들은 건강한 식사와는 180도 상반되는 것이 대부분이다. 나는 며칠 전 즐겨 찾는 덴버의 한 카페에서 노트북으로 작업하다가(바로 이 책을 쓰고 있었다!) 이런 현상을 똑똑히 목격했다. 내가 앉은 자리는 페이스트리가 넘쳐나는 유리 진열장에서 겨우 몇 걸음 떨어진 자리였다. 과일 샐러드와 그릭요거트 같은 건강에 좋은 음식들도 유리창 앞쪽 아래편에 줄지어 있었다.

나는 글을 쓰면서 줄을 선 고객들을 완벽한 각도에서 관찰할 수 있었다. 마침 매력적인 중년 여성이 내 눈길을 끌었다. 값비싼 정장 차림에 고급 브랜드의 가죽 서류가방을 든 그녀는 줄을 서 있는 동안 손목시계를 초조한 듯 힐끗힐끗 확인하고 있었다. 휴대폰으로 연이어 이메일이 도착하자 한숨을 쉬기도 했다. 계산대 앞에 이르자 단 몇 초 전까지만 해도 침착하고 자신감 넘쳐 보였던 그녀는 페이스트리 진열장을 들여다보더니 그대로 몸이 굳어버렸다!

바리스타는 참을성 있게 기다려주었다. 바로 뒤 손님은 개의치 않고 그녀는 계속 문자 메시지를 주고받고 있었다. 오로지 내게만 그녀의 눈에 비친 갈등이 보였다. 족히 20초쯤 지난 뒤(20초는 아침 출근 시간대에 인기 있는 카페에서 영원과도 같은 시간이다) 그녀는 아이싱을 듬뿍 얹은 큼직한 스콘을 가리키며 말했다. "저거 주세요." 뭔가 단념한 듯한 목소리였다. 그녀는 내 옆 테이블에 자리를 잡았고 우리는 시선이 마주쳤다. 그녀가 변명하듯 말했다. "내가 왜 이걸 골랐는지 모르겠어요. 건강한 식생활을 위해 노력 중이거든요. 과일 샐러드나 요거트를 고를 수도 있었을 텐데…… 사실 별로 먹고 싶지도 않아요."

그녀는 접시 위에 놓인 커다란 스콘을 힐끗 내려다보았다. 나는 노트북에서 눈을 떼지 않았지만 그녀가 스콘을 절반쯤 먹었음을 알아챌 수 있었다. 아이싱이 반짝이는 두툼한 스콘이었다. 다음 순간, 그녀는 자리에서 일어섰고 쓰레기통으로 걸어가더니 접시 위에 남아 있던 절반을 휴지통의 깊은 어둠 속으로 미끄러뜨렸다.

불과 5분도 안 되는 만남이었지만 이 여성을 관찰하면서 나는 두 가지 사실을 알아차렸다. 첫째, 이 여성은 무엇을 먹을지 결정하는 데 확실히 어려움을 겪었다. 둘째, 이렇게 음식 앞에서 망설이고 주저하는 모습은 내 주변의 똑똑한 사람들에게도 흔히 나타난다는 것이다. 말하자면 우리가 무엇을 먹을지, 또는 무엇을 먹지 않아야 할지 선택하는 일은 엄청난 어려움과 감정이 뒤따르는 결정이라는 사실 말이다.

당신도 공감할 것이다. 우리는 하루에도 수백 번 '무엇을 먹을까' '무엇을 먹지 말까' 하는 음식 선택의 기로에 직면한다. 매일 나는 식습관을 개선하고 싶어 하는 내담자들을 만난다. 그 여성은 외모, 스타일, 어느 모로 보나 매일 수많은 의사결정을 내리는 사람임이 틀림없어 보였다. 그런 결정 하나하나는 최대한 이성적이고 합리적이어야 했을 것이다. 그런데도 내 숙련된 눈에는 그녀가 '무엇을 먹을까'라는 선택 앞에서 속수무책으로 보였다. 사실 무엇을 먹을지에 대한 선택은 단순해 보이지만 생각보다 복잡한 결정이다. 그녀가 '스콘'을 가리킨 순간, 스트레스 때문에 목표와 어긋나는 결정을 내렸다는 것에 나는 좋아하는 커피 한 잔을 걸겠다. 정말로 그녀가 스트레스를 받는 상태였는지 어떻게 확신하느냐고? 수시로 한숨을 쉬고 시간을 확인하는 것을 보면 짐작할 수 있다. 어쩌면 연달아 회의가 있거나 그날 오후에 비행기로 출장길에 올라야 했는지도 모른다. 어쩌면 중요한 약속에 늦었을 수도 있고…….

이것은 오랫동안 임상 경험을 바탕으로 추측한 결과다. 내담자들 대부분은 평소에는 안정된 의사결정 능력을 보이다가 스트레스를 받는 상태에서는 완전히 무너져버린다고 하소연했다. 음식을 선택해야 하는 상황에서 합리적인 의사결정은 자취를 감추는 것이다. 이상하게도 이들은 하나같이 똑똑하고 의사결정 경험이 많은 사람들이다. 어떤 옷을 입을까와 같은 사소한 결정부터 수백만 달러의 회사를 살지 말지와 같은 중차대한 결정까지 매일 수백 가지 결정을 내린다. 그런데 음식 앞에만 서면 나타나는 그 우유부단함은 기이하고 당황스럽지 않을 수 없다. 내담자 중 다수는 영양에 관심이 많고 꽤 박식하다. 왜 통밀과 과일과 채소가 몸에 좋은지 잘 이해하고, 패스트푸드와 가공식품이 해로운지도 잘 안다. 그런데도 영양학적 지식이 스마트한 식생활에 별 도움이 되지 않는지를 의아해하지 않을 수 없다. 연구 결과는 이런 내담자들의 경험을 뒷받침해준다. 영양에 대해 공부하는 것은 유용하고 필요한 일이지만, 지식이 실제 행동 변화에 미치는 영향은 극히 제한적인 경우가 많다.

내담자들을 만나면 나는 레스토랑과 주방에서 그들이 겪는 상황을 함께 재연해본다. 그 결과는 대체로 내가 카페에서 목격한 상황과 비슷하다. 나는 내담자들이 재연해내는 상황을 보면서 일이 틀어지기 시작한 순간을 정확히 짚어낸다. 건강에 유익한 결정과 후회스러운 결정을 갈라놓는 요인은 백이면 백 '감정'이다. 감정 때문에 먹지 않아야 할 음식을 선택했던 것이다! 어떻게 감정이 여기까지 관여하는 걸까? 감정은 어떻게 우리의 결정을 은밀히 방해하는 걸까? 감정이 당신의 선택, 특히 음식 선택에 영향을 미치는 방식에 대해 잠시 생각해보자.

· 화가 나면 에라 모르겠다 싶은 기분에 나중에 후회할 음식을 먹는가?

· 불안하거나 스트레스를 받으면 피자를 한두 조각 더 먹는가?

· 살을 뺀 친구의 모습에 질투가 나서 샐러드를 주문하는가?

· 기분 좋은 일이 있을 때 자축하는 의미로 아이스크림을 먹는가?

위 항목 중 한두 개 정도는 친숙하지 않는가? 그렇다면 이 책을 계속 읽기 바란다. 당신이 먹는 것(과 먹지 않는 것)이 당신의 감정에 대해 많은 것을 말해준다는 걸 곧 발견하게 될 테니까. 다행스러운 점은 감정을 활용해 식습관에 긍정적인 변화를 일으킬 수 있다는 것이다. 또한 감정이 의사결정을 엉뚱한 방향으로 내몰지 않도록 과학적인 식사전략을 배우게 될 것이다. 준비하시라! 감정이 어떻게 당신의 식탁 위를 지배하고 있으며, 어떻게 하면 뇌에 다시 주도권을 돌려줄 것인지 그 배움의 여정을 함께 시작해보자.

잇큐의 3가지

카페의 그 여성이 다른 내담자들과 같았다면 스콘을 선택하기 전에 정확히 어떻게 행동해야 할지 알았을 것이다. 계산대 앞에 선 운명의 순간, 그녀는 잇큐를 사용하여 충동이 아닌 통찰로 분별 있는 선택을 내렸을 것이다. 잇큐(Eat.Q.)가 뭐냐고? 아이큐 점수와 달리 잇큐는 숫자가 아니다. 잇큐는 식품과 영양에 관한 지식을 감정과 조화시켜 원래의 목표대로 음식을 선택하도록 도와주는 능력이다. 우리가 늘 건강에 유익한 음식을 선택하지 못하는 이유는 그 순간의 감정 때문이다. 잇큐는 감정 상태와 관계없이 당신이 내리는 음식 선택의 질을 향상시켜준다. 말하자면 잇큐는 순간의 감정에 휘둘리지 않고, 유익한 음식을 선택하도록 도와주는 내면의 힘이라 할수 있다.

음식과 관련한 결정을 일직선상에 배치한다고 상상해보자. 이때 충동적인 식사가 스펙트럼의 한쪽 끝에 위치한다면 한 입 한 입 충분히 음미하면서 먹는 식사는 반대편에 놓일 것이다. 대다수의 사람들은 그 사이 어디쯤에 해당하는 식사를 하는데, 만약 잇큐를 사용한다면 마음챙김 식사에 가까이 다가갈 수 있다. 잇큐의 바탕이 되는 자기인식이 음식 결정에 영향을 미치기 때문이다. 나는 이것을 '통찰 주도적 결정'이라고 부른다(자세한 내용은 다음 장에서 설명한다).

나는 사람들이 식습관을 바꾸고 감정을 다루는 일이 얼마나 힘든지를 익히 알고 있다. 잇큐 전략은 식습관의 악습에서 벗어나는 데 도움을 줄 것이다. 특히 감정 때문에 식사 문제를 겪고 있다면 잇큐는 최고의 식사 코칭이다. 잇큐 모델은 부분적으로 감성지능에 근거한다. 카페의 그 여성이 선택의 순간, 필요했던 것이 바로 감성지능이었다. 메뉴를 결정하는 순간, 자신의 스트레스에 흔들리지 않고, 본연의 의도에 맞는 선택을 내리도록 도와줄 감성지능의 힘이 필요했던 것이다.

잇큐는 감성지능, 감정적 먹기, 마음챙김 이렇게 세 연구 분야의 교차점에 위치해 있다. 이어지는 몇 개의 섹션에 걸쳐 잇큐의 각 부분을 구성하는 이론에 대해 설명하고, 자신이 지금 어떤 상태인지 점검할 수 있도록 자가진단 목록을 제공할 것이다.

감성지능 Emotional Intelligence

일반적으로 감성지능은 우리가 사람들과의 관계를 잘 맺어가도록 도와준다. 마찬가지로 잇큐는 음식과 나와의 관계를 이어주는 감성지능의 한 부분이다. 다시 말해, 감정과 먹기 사이의 관계를 관리하는 전반적인 능력을 말한다.

우리는 모두 감정이 있지만 감정을 경험하는 방식은 저마다 다르다. 그 까닭에 똑같은 방식으로 감정에 대처하지 않는다. 어떤 이들은 다른 사람들에 비해 감정을 극복하는 능력이 뛰어나서 융통성 있고 느긋하며 스트레스를 받아도 초조해하지 않는다. 이에 반해 쉽게 스트레스를 받고 화를 잘 내며 불편한 상황에 처하면 잔뜩 긴장하는 사람들도 있다. 어찌 보면 이런 특질은 선천적이다(일부 연구자들은 이런 특질이 타고난 성격이라고 생각한다). 그러나 감정에 대처하는 능력은 시간을 두고 얼마든지 키울 수 있다. 감성지능을 기르는 일이 가능함을 밝힌 연구 결과도 많이 있다.

감성지능 이론의 두 선구자인 예일대학교의 피터 샐로비 박사와 뉴햄프셔대학교의 존 D. 메이어 박사의 표현대로 말하면 "감성지능은 감정을 정확하게 인지하고 그 의미를 이해하며, 감정을 생산적인 방식으로 관리하는 능력이다." 다시 말해 감정이 어떻게 작용하는지 이해하면 자신에게 해가 되는 방향이 아니라 도움이 되는 방향으로 감정을 유도할 수 있다. 샐로비와 메이어는 똑똑한 사람들이 동료들과의 원활한 의사소통처럼 일상적인 과제를 유난히 어려워하거나, 프린터 종이가 떨어진 것처럼 사소한 문제로 신경질을 부리기도 하는 이유를 체계적인 방법으로 설명한 최초의 연구자들이었다.

문득 영화 〈대부〉 시리즈의 대사 몇 구절이 떠오른다. 귀중한 비즈니스 지혜가 담겨 있는 그 대사들은 감정과 의사결정 사이의 긴장 관계를 잘 보여준다. 그 중 하나는 "개인적인 감정이 아니야. 이건 온전히 사업이야"라는 대사다. 또 하나는 "친구는 가까이, 그러나 적은 더욱 가까이"라는 대사다. 이 인용구는 원래 손자병법에 나오는 말이지만 위대한 전략가들은 비슷한 생각을 한다! 둘 다 감정이 유리한 결정을 내리는 능력을 해치지 않도록 잘 조절하는 것이 중요하다는 의미를 담고 있다. 그런가 하면 〈대부〉에서 가

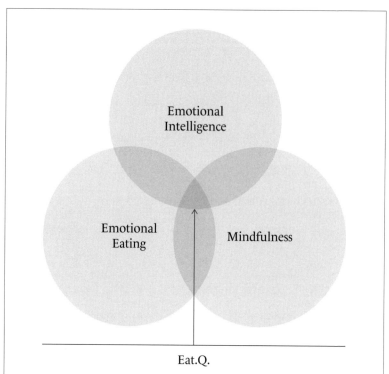

Eat.Q. 잇큐는 감성지능, 감정적 먹기, 마음챙김이라는 세 연구 분야의 개념들을 조합한 개념이다. EAT법에서는 그 원칙에 따라 바람직한 식습관을 습득하고 오랫동안 건강 체중을 유지하도록 도와준다.

장 유명한 대사 중 하나가 음식과 관련되어 있다는 점도 아이러니하다. 바로 "총은 놔두고 카놀리는 가져와"라는 대사다. 감정이 완전히 메말라버린 클레멘자는 폴리를 죽이는 걸 아무렇지도 않게 여기지만, 맛있는 카놀리(길쭉한 튜브 모양의 이탈리아 디저트)는 놓고 가기 싫어한다. 그에게는 음식이 무엇보다 중요했던 것이다.

샐로비와 메이어의 논문이 발표되고 나서 몇 년 후, 심리학자 대니얼 골먼은《감성지능EQ Emotional Intelligence》을 출간했다. 이 책은 18개월 동안 〈뉴욕타임스〉 베스트셀러 목록에 올랐고 40개 언어로 5백만 부 이상 팔렸다. 미국 기업들 사이에서 이 책이 선풍적인 인기를 끌자 〈하버드비즈니스 리뷰〉는 골먼의 감성지능 관련 논문 중 하나를 '반드시 읽어야 할' 톱10 논문으로 선정했고, 그것은 증쇄 요청을 가장 많이 받은 논문이 되었다. 기업과 직원들은 업무 성과와 실적을 끌어올리기 위한 전문적인 도구로 감성지능을 개발하는 데 집중하기 시작했다. 그들은 자기 일에 성공한 사람, 훌륭한 리더, 뛰어난 직원들의 공통점이 무엇인지 이해하고 그 요소를 활용하고자 했다.

요즘에는 학교와 병원은 물론 그 밖의 다른 조직들 또한 직원들에게 감성지능 교육을 실시한다. 가장 똑똑한 사람들이 반드시 크게 성공하지 못하는 이유, 혹은 가장 성공한 사람들이 반드시 가장 똑똑하지 않은 이유를 한마디로 정리해줄 용어가 마침내 탄생한 것이다. 비즈니스 세계에서 성공은 돈, 인지도, 권력, 성장률 등 여러 가지 요소에 의해 정의된다. 그런데 비즈니스에서 성공은 리더십 능력을 키우고 돈독한 업무 관계를 쌓고, 경제적으로 어려운 시기를 극복하는 역량 등도 포함한다. 어떤 사람이 전적으로 감성지능 덕분에 성공했다고 보기는 어렵지만, 감성지능이 성공에 도움이 되는 것은 정말 사실이다.

그렇다면 모범적인 식생활을 하는 사람의 공통점은 무엇일까? 나는 모범적인 식생활이라는 개념이 오랫동안 너무 협소하게 정의되었다고 생각한다. 대중 문학과 잡지에서 모범적인 식생활을 하는 사람은 체중을 기준으로 종종 '뚱뚱하다'거나 '말랐다'와 같이 양극화된 단어로 정의되어왔다. 마른 사람들은 심지어 성공한 사람으로 규정되기도 한다(연구 결과 역시 이 부분을 지목하며, 마른 사람들이 더 매력적이고 성공한 사람이라고 여기는 고정관념이 있음을 지적한다). 우리는 마른 사람들이 건강한 음식을 먹고 식탐과 감정을 완벽하게 조절하리라 여긴다. 하지만 그것은 사실이 아니다! 이제는 우리가 건강한 식생활을 하는 사람들에 대해 품고 있는 선입견을 다시 한 번 점검해야 할 때다.

나는 이렇게 제안하고 싶다. 체중을 기준으로 건강한 식생활을 하는 사람인지 판단하지 말고, 그 사람의 잇큐, 즉 음식을 놓고 그 사람이 내리는 결정의 질을 기준으로 판단하라고 말이다. 예를 들어, 모범적이고 통찰력 있는 식생활을 실천하는 사람은 단것을 먹더라도 지나치게 탐닉하기 전에 멈출 줄을 안다. 그는 음식으로 자신을 위로하는 경우가 드물고, 대신에 운동이나 친구와의 전화 통화처럼 건강한 방법들을 주로 사용한다. 또한 먹는다는 것이 단지 '공적인 업무'에 불과할 때도 있고, 매우 '개인적인 순간'일 때도 있음을 이해한다. 상황을 세심하게 읽어냄으로써 언제 숫자를 따져서 선택해야 하는지(칼로리, 지방 함유량, 영양소), 언제 기분을 우선해야 하는지(식탐을 충족) 알고 있다. 그는 가장 마음에 드는 선택이 아니더라도 건강에 좋은 옵션을 우선 선택할 수 있다.

우리의 궁극적인 목표는 '몸'이라는 비즈니스를 성공적으로 돌보는 것이다. 따라서 나를 제대로 먹이고, 건강과 행복을 위해 최선의 조건을 협상해내야 한다.

자가진단 1
나의 감성지능은 어느 정도일까?

아래 자가진단은 감성지능이 높은 사람들에게 공통적으로 나타나는 특징을 기반으로 만들어졌다. 어떤 항목은 자신의 감정을 얼마나 잘 인식하느냐에 초점을 맞추고 있고, 다른 항목은 타인의 감정을 읽는 능력과 관련 있다. 또 어떤 항목은 까다로운 감정에 대처하는 능력에 초점이 맞추어져 있다. 다만 누구나 자기만의 강점이 있는 감성지능이 존재한다는 점을 기억하자.

예를 들어, 어떤 사람은 타인의 감정을 직관적으로 이해하고 관리할 수 있지만, 자신의 감정을 파악하고 표현하는 데는 어려움을 느낄 수 있다. 어느 부분이 취약하더라도 강점을 보이는 다른 부분을 토대로 약점을 보강할 수 있다. 자신에게 해당하는 모든 항목에 V 표시해보자.

① ____ 나는 어떤 감정을 느낄 때, 그 감정의 실체가 무엇인지 알 수 있다.

② ____ 나는 대개 내가 느끼는 감정을 정확하게 짚어낼 수 있다. 예를 들어 "속상하다" 대신 "화가 난다" 또는 "좌절감이 든다"처럼 구체적인 단어를 사용한다.

③ ____ 나는 기분을 말로 표현하는 데 능숙하다.

④ ____ 나는 다른 사람에게 감정이입을 잘한다.

⑤ ____ 나는 빠르게 혹은 쉽게 의사결정을 내린다.

⑥ ____ 나는 융통성이 있고 상황에 맞게 잘 대처한다.

⑦ ____ 나는 내가 느끼는 감정에 대해 생각해보고, 왜 그런 감정이 드는지 이해하려고 노력한다.

⑧ ____ 나는 과거의 경험에서 배우며 같은 실수를 되풀이하는 일이 거의 없다.

⑨ ____ 나는 대체로 사람 보는 눈이 정확하다.

⑩ ____ 나는 대체로 지나치게 스트레스를 받지 않고, 건전한 방식으로 스트레스에 대처한다.

⑪ ____ 나는 일이 잘 해결될 거라고 낙관한다.

⑫ ____ 나는 친구가 속상해할 때, 이야기를 해서 풀도록 도와준다. 격한 감정이나 눈물바람에도 당황하지 않는다.

⑬ ____ 나는 문제를 정면으로 직면해도 아무렇지 않다.

⑭ ____ 나는 실수를 한 경우, 스스로를 비난하거나 자책하지 않으려고 애쓴다.

⑮ ____ 나는 싫어하는 일을 미루거나 회피하지 않고 꾸준히 계속한다.

⑯ ____ 나는 내 장점과 약점을 알고 있다.

⑰ ____ 나는 화가 나면 다른 사람들과 소통하기 전에 마음을 가라앉히려고 노력한다. 나는 속상한 마음을 자기대화로 풀 수 있다.

감정적 먹기 *Emotional Eating*

· 스트레스를 받으면 초콜릿을 잔뜩 먹는다.

· 지루해지면 무심코 감자 칩을 조금씩 먹다가 결국 한 봉지를 다 비운다.

· 길고 짜증스러운 하루를 마친 뒤, 아이스크림 한 접시는 마음을 가라앉혀준다.

감정적 먹기를 하는 사람이라면 아마도 이런 고백이 남의 얘기로 들리지 않을 것이다. 그런데 스트레스를 누그러뜨리거나 따분함을 달래고 싶어서가 아니라, 단지 기분이 나쁠 때 무엇을 먹든 개의치 않기 때문에 위로 음식을 먹는다면 어떻게 될까? 긍정적인 감정과 부정적인 감정 모두 우리의 생각과 선택을 조종할 수 있다. 이 책에서 나는 '감정적 먹기' 대신 '감정 주도적 먹기'라는 용어를 주로 사용한다. 누구나 감정적 먹기를 하는 것은 아니지만, 우리의 의사결정은 감정에 많든 적든 영향을 받기 때문이다.

빠른 회전 속도로 안에 탄 사람들이 벽으로 밀려나는 놀이기구를 타본 적이 있는가? 밑바닥이 아래로 떨어지고 난 뒤에도, 회전 동작으로 생긴 원심력 때문에 사람들은 저절로 벽에 붙어 있게 된다. 감정은 원심력과 비슷하다. 감정은 우리를 너무 빨리 회전시켜서 의도했던 방향인 정중앙으로부터 멀어지게 한다.

감정적 먹기는 감정에 대한 소모적 반응이다. 회사 일로 스트레스를 받아서 먹고, 연인과 헤어져서도 또 먹는다. 이처럼 건강하지 못한 음식의 선택과 과식 뒤에는 우리가 의식하지 못하는 어떤 감정이 도사리고 있다. 의식적으로든 무의식적으로든 우리는 현재의 감정을 즉각적으로 바꾸기 위해 음식을 찾는다(대개는 건강에 좋지 않은 음식이다). 대체로 기분을 좀 더 좋게 한다거나, 고통을 덜어내기 위해서 혹은 스트레스를 없애기 위해서다.

감정 주도적 먹기의 경우, 지금 먹을지 말지, 먹는다면 무엇을 먹을지를 결정하는 순간에 느끼는 감정이 음식을 선택하는 근거가 된다. 당신은 이런 혼잣말을 한 적이 있을 것이다. "나, 오늘 너무 스트레스를 받았어. 지금 당장은 내 맘대로 먹을 거야. 오늘은 건강한 식사고 뭐고 잊을 거야." 이것이 바로 감정 주도적 먹기다.

마찬가지로 브라우니 한 조각을 먹을 것이냐 하는 결정도 차분하고 느긋한 상태인지, 스트레스를 받는 상태인지에 따라 그 선택이 달라진다. 나를 찾아오는 다수의 내담자들은 분노, 슬픔, 스트레스와 같은 부정적인 감정에 시달릴 때면 그런 감정이 의사결정의 중요한 다른 측면들(맛, 영양소의 질, 시각적 매력, 후회할 가능성)을 압도해버린다고 말한다. 심리적으로 안정된 날이면 모든 정보를 꼼꼼히 검토해보고 현명한 선택을 내리는 사람들의 말이다. 결국 감정이 우리의 먹는 행동에 영향을 준다는 것이다. 그것도 강력하게!

내담자 질은 얼마 전 자신이 내린 감정 주도적 선택의 사례를 전해주었다. 그녀는 친구 재닛을 만나 함께 점심을 먹기로 했다. 질은 먼저 약속 장소에 도착해 메뉴를 자세히 읽은 다음, 프라이드치킨을 먹기로 결정했다. 무척 좋아하지만 집에서 만들어 먹지는 않는 음식이었다. 그 순간 재닛이 날씬 하고 멋진 모습으로 걸어 들어왔다. 순간 질은 샘이 났고, 그 부러움이 음식 선택을 바꾸어놓았다. 샐러드가 먹고 싶지 않았지만 친구를 보는 순간 기분이 바뀌었고, 그 감정이 선택에 영향을 끼쳐 결국 샐러드를 주문한 것이 다(아, 물론 건강에 더 나쁜 옵션을 선택하는 경우도 있다. 똑같은 상황에서 샐러드 대신 더블 치즈버거를 고를 수도 있다).

이처럼 감정 주도적 선택은 긍정적인 감정에서 나오기도 한다. 예를 들어, 스토브 위에서 끓고 있는 스파게티 소스를 보면 파스타를 두 접시째 먹으 라고 권하시던 할머니가 떠오를 수 있다. 그 추억의 따스함에 배가 고프지 않는데도 먹는다. 또는 올리브를 곁들인 나비넥타이 모양 파스타 샐러드를 보면 첫사랑이 떠올라 그걸 주문할 수 있다. 사랑했던 그가 주문했을 만한 음식이기 때문이다.

감정은 두 얼굴이다. 음식과 나의 관계를 부정적으로 끌어내릴 수도 있고, 반대로 긍정적으로 끌어올릴 수도 있다. 이때 잇큐는 감정 주도적 먹기와 감정적 먹기 모두에 좋은 변화를 이끌어준다. 우리의 목표는 감정과 음식 과의 관계를 끊어버리는 것이 아니라, 그 관계를 알아차리고 건강하게 실 행하는 것이다.

자가진단 2
나는 얼마나 감정적으로 먹고 있을까?

나는 감정적 먹기나 감정 주도적 먹기에 취약한 사람인가? 나 자신에게 해당하는 항목에 V 표시해보자.

① ____ 감정에 압도되면 '아 몰라, 뭐든지 내 맘대로 먹을 거야'라고 생각한다.

② ____ 기분이 상쾌한 아침에는 건강에 좋은 음식을 선택하지만, 피곤하고 긴장이 풀리는 밤에는 최악의 결정을 내리곤 한다.

③ ____ 스트레스를 받은 상태에서는 무엇을 먹든 상관하지 않는다.

④ ____ 나는 음식으로 스스로를 달래고 위안하는 편이다.

⑤ ____ 기념할 일이 있을 때는 음식으로 분위기를 띄운다.

⑥ ____ 나는 지루할 때 음식으로 시간을 떼운다.

⑦ ____ 간식을 오도독거리고 씹으면 지금 느끼는 감정이 무뎌진다.

⑧ ____ 내가 선택한 음식에 사람들이 말하는 의견 때문에 음식 결정을 바꾼다.

⑨ ____ 계획대로 식사를 할 때도 있지만 전략 없이 먹을 때도 있다.

⑩ ____ 바쁠 때는 건강한 식생활이라는 목표를 포기하는 경향이 있다.

마음챙김 *Mindfulness*

몇 년 전, 일본 유학 중 처음으로 마음챙김을 접하면서 이 개념에 관심을 갖게 되었다. 이후 존 카밧진 박사의 베스트셀러 《마음챙김 명상과 자기치유 *Full-Catastrophe Living*》를 흥미롭게 읽으면서 관심이 더 높아졌다. 매사추세츠 의과대학교의 스트레스 완화 클리닉과 의료·건강관리·사회에서의 마음챙김 센터를 창립한 카밧진 박사는 마음챙김을 의학 연구에 도입하고,

그 기법을 사람들이 이해하고 실생활에 적용하도록 가르치는 데 중추적인 역할을 했다. 지난 15년 동안 나는 개인 생활이나 내담자와의 상담에서도 이 마음챙김을 적극 활용하고 있다.

우리가 자신이 먹을 음식을 선택하는 행위는 좋든 싫든 일상적 행동의 결과다. 우리는 매일 아침 시리얼을 고르고, 점심에는 메뉴를 보기도 전에 좋아하는 음식을 주문한다. 마음챙김은 이런 행동의 자동조종 장치를 끄고 의식을 일깨워서 분별 있는 결정을 내릴 수 있게 도와준다. 그 선택은 습관적인 무의식적인 선택이 아니라, 현재 나의 의식적인 선택으로 식사가 이루어진다. 즉 현재의 깨어 있는 감정과 생각을 바탕으로 먹는 행위를 선택하는 것이다.

오래전부터 나는 감정적 먹기를 하는 사람들과 섭식 장애가 있는 사람들이 힘든 감정을 마주하는 데 어려움을 겪으며, 그 감정을 마비시키기 위해 음식을 사용한다는 걸 알고 있었다. 그런 사람들은 또한 자기 자신을 아주 가혹하게 몰아붙인다! 그런데 그 많은 내담자들이 마음챙김 덕분에 음식과의 관계가 놀라울 만큼 달라졌다고 고백한다. 그들은 자기에게 귀 기울이는 방법을 배우고 나자, 자신의 생각이 얼마나 비판적이고 자기 파괴적인지를 깨달았다. 예를 들어 '그렇게 많이 먹다니, 난 정말 바보 같아!'와 같은 자기 파괴적 생각은 앞으로 내릴 결정에 심각한 영향을 초래할 수 있다. 그런데 마음챙김은 그런 부정적인 생각을 바꿔서 자신을 보다 부드럽게 돌볼 수 있도록, 그리고 좀 더 분별 있는 결정을 내릴 수 있도록 도와준다.

감성지능과 마찬가지로 마음챙김은 자기인식과 감정조절 능력이 신체적, 감정적 고통을 극복하는 데 도움이 된다는 생각을 바탕으로 한다. 달리 말해, 감성지능과 마음챙김 모두 인생은 힘들고 스트레스가 많으며, 고통으로 이어질 수 있다는 현실을 극복하기 위한 대안적인 전략이다.

식사 습관을 바꾸려고 노력해본 적이 있다면, 체중 문제가 고통스러울 수 있음을 누구보다 잘 알 것이다. 이때 마음챙김은 충동과 식탐, 그리고 힘든 감정을 잘 조절하고 극복하는 데에 탁월한 효과가 있다. 마음챙김 훈련을 하다보면 기분이 금세 편안하고 좋아진다. 내담자들과 나는 오렌지 한 조각이나 초콜릿 한 조각을 먹으면서 그 순간에 느껴지는 모든 감각을 음미하거나, 차분한 음악에 맞추어 눈을 감고 명상을 하기도 한다. 때에 따라 더 도전적인 훈련도 하는데, 이를테면 슬픔이나 실망 같은 괴로운 감정이 지나갈 때까지 그대로 참는 훈련이다(그런 감정은 대개 실제로 지나가버린다). 어떤 형태의 활동을 하든 훈련을 통해 내담자들은 신체적, 정서적으로 그 순간에 드는 감정을 더욱 잘 의식하게 되고, 그럼으로써 감정이 먹는 행동에 끼치는 영향을 더욱 잘 의식할 수 있게 된다.

마음챙김은 감성지능을 활성화시키는 한 가지 방법이다. 내가 지금 마음챙김 상태에 있는지, 아니면 아직 그 상태를 향해 나아가는 중인지 알고 싶다면 다음 자가진단을 체크해보자. 항목들 대부분이 감성지능 스킬과 비슷하지만 내면에 초점이 맞추어져 있고, 이미 과거에 벌어진 일이나 앞으로 자신에게 일어날 일이 아닌, 지금 일어나고 있는 일이라는 점에서 차이가 있다.

감성지능이 식사에 미치는 영향

샐러드와 치즈버거라는 선택권이 주어질 때, 대다수 사람들은 건강한 옵션이 어느 쪽인지 식별할 수 있다. 심지어 패스트푸드 체인의 생선 샌드위치 대비 크루톤(스프나 샐러드에 넣는 작은 빵조각―옮긴이)과 치즈를 뺀 그릴드 치킨 샐러드의 칼로리까지 정확하게 아는 사람들도 있다. 그렇다면 대체 왜 샐러드를 고르지 못하는 걸까?

무엇이 건강에 좋은 선택인지 안다고 그것을 선택한다는 법은 없다. 다만 감성지능 스킬이 있는지 없는지, 그것이 결정적인 역할을 한다. 폴라 C. 피터와 데이비드 브린버그는 감성지능 교육이 음식과 관련된 의사결정에 미치는 효과를 조사했다. 〈응용사회심리학 저널〉에 발표된 연구에 따르면, 사람들에게 일반적인 감성지능 스킬을 가르쳤을 때, 더 분별 있는 음식 선택을 내리는 것으로 나타났다. 이것은 고무적인 연구 결과다. 왜냐하면 오랫동안 학자들은 어떤 종류의 의사결정에 있어서든 생각을 감정과 분리된 것으로 보았기 때문이다. 하지만 이제 학자들은 이 연구에서처럼 둘 사이의 상호작용뿐만 아니라, 우리가 내리는 선택에 감정이 어떻게 영향을 주는지에 주목한다.

두 부분으로 구성된 이 연구의 첫 번째 실험은 120명의 학생 지원자들을 대상으로 실시되었다. 실험 목표는 동일한 영양학 지식을 갖춘 두 사람이 왜 음식과 관련해서 건강에 유익한 의사결정을 동일하게 내리지 않는지, 그래서 한 사람은 체중 때문에 곤란을 겪는 반면에 다른 한 사람은 겪지 않는지를 설명함으로써 감성지능의 역할을 밝혀내는 것이었다. 연구팀은 학생들의 체질량 지수(BMI, 신장과 체중에 기초한 체지방 측정치)와 함께 감성지능, 그리고 실제(알고 있는) 및 인지(안다고 생각하는) 영양·건강 지식을 분석했다. 그 결과, 체질량 지수, 감성지능, (실제 및 인지) 지식 사이의 상관관계가 드러났다.

구체적으로 설명하면 감성지능이 낮은 학생들은 지식이 늘어날수록 체질량 지수도 높아졌다. 그러나 감성지능이 높은 학생들은 지식이 높아지면 체질량 지수가 떨어졌다. 이것은 감성지능 스킬이 영양학적 지식을 체중과 건강에 도움이 되는 방향으로 사용하게끔 도움을 주지만, 감성지능이 부족하면 지식이 체중과 건강에 오히려 부정적인 영향을 준다는 사실을 말해준다.

두 번째 실험에서 연구팀은 146명의 자원자들(그 중 49명이 과체중)에게 설문을 실시하여 지난 24시간 동안 먹은 음식을 기록하게 했다. 그런 다음 참가자들은 체중을 측정하고 75분짜리 세션에 참여하여, 감성지능 교육을 받거나 영양과 1회 제공량에 관한 기초 정보를 배웠다. 감성지능 교육은 얼굴표정을 인지하고 복잡하게 뒤엉킨 감정을 이해하며, 죄책감 같은 부정적인 감정을 극복하는 내용으로 이루어졌다.

6주 뒤, 자원자들은 처음과 동일한 식단 설문지를 작성했고, 다시 체중을 확인했다. 과체중인 사람들은 감성지능 교육 덕분에 감정을 인지하고 경험하는 능력이 높아졌고, 결과적으로 칼로리 섭취량이 줄어들었다. 이 연구는 짧은 기간 안에 이루어졌기 때문에 연구팀은 그 사이에 늘어나거나 줄어든 체중을 결과 지표로 사용하지 않았다.

하지만 참가자들의 칼로리 섭취량이 줄었기 때문에 연구팀은 체중이 감소하는 추세였을 것으로 가정했다. 이 연구 결과를 바탕으로 내릴 수 있는 합리적 가정은 스트레스나 분노 같은 음식을 먹게 유도하는 감정에 감성지능 스킬을 적용함으로써 보다 건강하고 합리적인 선택을 강화할 수 있다는 사실이다.

감정의 다이얼 스위치

감정조절 능력이란 자기 감정을 이해하고, 그 감정이 자신에게 불리하게 작용하지 않고 도움을 주는 능력이다. 기분이 나쁠 때, 고지방의 당분이 많은 음식을 너무 많이 먹는 것은 나름대로 기분을 관리하려는 시도지만, 건강하지 못한 방식이라는 데에 문제가 있다. 감정은 조명 스위치처럼 온/오프 행위에 비유할 수 있다. 현대인의 생활에는 감정을 억제할 수 있는 방법이 널려 있다. 흔히 음식, 약물, 알코올의 힘을 빌리거나 인터넷이나 TV 앞에서 오랜 시간 멍하니 앉아 있는 방법이다. 안타깝게도 이런 방법들은 근본적인 해결책이 될 수 없다.

감정조절은 다이얼 스위치와 같다. 특정한 감정의 다이얼을 자신에게 최적의 강도로 돌리는 것이다. 예를 들어, 격노의 감정을 좀 더 감당하기 쉬운 분노나 짜증의 감정으로 낮출 수 있다. 심호흡, 혼잣말, 일기 쓰기, 명상 등 감정조절 스킬을 건강하게 활용하는 것도 방법이다. 중요한 것은 감정을 달래기 위해 쉽게 음식에 눈을 돌리지 않는다는 점이다.

다이어트는 잊고, 나 자신을 알라!

흥미롭게도 샐로비와 메이어의 감성지능 모델과 골먼의 감성지능 모델 모두 자기인식과 자기규율이라는 두 가지 능력을 강조한다. 자기인식은 내면을 들여다보는 능력, 즉 자신의 강점, 개성, 버릇, 자기표현 방식에 귀 기울이고 이를 이해하는 능력이다. 자기규율은 자기감정을 거리를 두고 바라보면서 감정이 더 악화되지 않도록 관리하는 능력이다.

예를 들어, 자기인식이 높고 자기규율을 잘하는 상사는 자신이 화난 상태를 어느 정도 인식할 수 있어서 자기 감정을 가라앉힌 후에 직원들과 대화를 나눠야겠다는 판단을 할 수 있다. 하지만 이런 판단을 할 수 없는 상사는 자신의 행동이 직원들에게 끼칠 영향을 알지 못한 채 무작정 직원들에게 잔소리를 늘어놓거나 트집을 잡는다. 그리고 나중에야 '오늘은 왜 다들 나를 피하면서 업무에 집중하지 못하는 거지?'라고 어리둥절해한다.

자기인식과 자기규율 능력은 음식과의 관계에도 영향을 준다. 자기인식 능력이 뛰어나고 자기규율이 높은 사람은 재빨리 '오늘 나 완전 스트레스 상태야'라고 인식하면서 얼른 주방에서 벗어난다. 음식의 유혹을 일부러 피하는 것이다. 그리고는 평소 자신이 즐겨하는 컴퓨터게임을 한다. 컴퓨터게임이 아이스크림 한 접시 못지않게 자신을 진정시키는 데 도움이 된다는 걸 잘 알고 있기 때문이다. 반대로 감자 칩을 한 봉지 다 비운 다음에야 '내가 대체 왜 그랬지?'라고 후회하는 사람도 분명 있다. 만약 당신이 그런 사람이라면 너무 자책하지 마라. 당신도 얼마든지 자기인식과 자기규율 능력을 키움으로써 식생활에 긍정적인 변화를 맞이할 수 있다.

이러한 현상을 내담자들에게서도 자주 목격해왔다. 연구 결과 또한 감성지능과 감정적 식사 사이에 직접적인 연관성이 있음을 보여준다. 이스라엘 연구팀은 21세에서 62세 사이의 남녀 90명에게 식사 태도와 감성지능 검사를 위한 설문지를 작성하게 했는데, 그 결과 감성지능 척도상 감성지능이 높은 사람들에게서 감정적 먹기 패턴이 덜 나타났다. 일반적으로 여성은 남성보다 감정적 먹기를 더 자주 하는 경향이 있지만, 연구팀이 성별과 나이를 변수로 고려한 후에도 감성지능과 감정적 먹기 사이의 관계는 그대로 유지되었다. 다시 말해 연구팀은 제3의 변수 때문에 이러한 결과가 나타나지 않았음을 조금 더 확신할 수 있었다.

이 연구결과는 납득이 간다. 자기감정을 잘 다스릴 줄 아는 사람은 음식 외의 방법으로 자신을 위로할 줄 알고 있다. 즉 먹어서 얻는 단기적인 즐거움과 먹는 것이 미칠 장기적인 건강과 정서적 행복을 비교해서 자신에게 더 유리한 선택을 한다는 것이다. 이 능력의 유무에 따라 스트레스를 받았을 때, 자기 자신을 노련하게 설득하여 초콜릿을 먹고 싶은 갈망을 벗어날 것이냐, 아니면 그 갈망에 빠져들 것이냐, 그것이 최종적으로 결정된다.

물론 어떤 사람들은 감정 주도적 먹기에서 천성적으로 벗어나기가 힘들다는 걸 기억해야 한다. 다시 말해, 감정적 먹기와 섭식 문제에 유독 취약한 특성을 가지고 태어나는 사람들도 있다. 하지만 그 외의 사람들은 감정 주도적 먹기에 쉽게 빠져든다.

Eat.Q. 사례

고지방 간식과 야식에 빠진 이유

어찌 보면 잇큐가 탄생하게 된 것은 내가 여러 해 동안 상담을 해온 용기 있고 부지런한 여러 내담자들 덕분이다. 그 가운데서도 내 머릿속에 잇큐의 개념이 서서히 끓어오르게 된 결정적 계기는 메리라는 똑똑하고 젊은 여성을 만나면서부터였다. 우리가 함께한 작업을 통해 나는 감정적 식사를 하는 사람들이 건강한 식사를 하고 싶은 욕구와 실제로 그렇게 하지 못하는 고통 사이에서 겪는 갈등을 처음으로 목격하게 되었다.

대학원 과정을 마칠 무렵, 나는 아주 똑똑하고 재능 있는 학생들만 입학이 허용되는 두 곳의 교육기관에서 섭식 문제가 있는 학생들과 함께 연구를 진행하게 되었다. 메리는 폭식 때문에 도움을 요청하러왔다. 겉보기엔 남부러울 것 없는 아가씨였다. 영리하고 음악적 재능도 있는데다 공부를 좋아해서 수학 교수가 되고 싶어 했다. 명확하게 답이 정해진 수학은 메리에게 안도감을 주었다. 열심히 문제를 풀고 숫자를 이리저리 가지고 놀다보면 정답을 찾을 수 있었다. 메리는 체중 감량에도 똑같은 원칙이 적용될 거라 생각했다. 그래서였는지 우리가 처음 만난 날 메리는 자리를 잡고 앉더니 체중 감량과 영양 섭취의 원칙에 대해 완벽히 교과서적으로 설명하고는 자신에게 필요한 건 '식단'이라고 결론지었다.

임상 경험이 거의 없는 새내기 심리학자였던 나는 이미 알고 있었다. 감정적 먹기에 익숙한 사람들의 경우, 기분이 좋을 때는 식단을 잘 지킬 수 있지만, 감정이 의사결정 능력을 장악하면 애초의 좋은 의도는 무용지물이 된다는 사실을 말이다. 그래서 메리의 요청을 들어주는 대신, 나는 앞으로 2주 동안 무엇을 언제, 어떤 상황에서 먹었으며, 먹을 때 어떤 기분이었는지 전부 기록해볼 의향이 있는지 부드럽게 물었다. 메리는 주저하면서도 그러기로 수긍했다.

2주 뒤, 메리가 기록한 식사일기를 보니 특정 패턴이 보였다. 시험이나 바이올린 연주회처럼 스트레스가 따르는 행사 전날에는 계획된 식단을 벗어나 예전의 식습관으로 돌아갔던 것이다. 그녀는 고지방 간식을 즐기고 밤늦은 시각에 단것을 많이 먹었다. 자신의 감정에 대해 말하거나 생각하는 것조차 주저했던 메리에게 이 단순한 관찰은 획기적인 이정표였다. 그녀는 난생 처음으로 자기가 먹는 음식과 감정 사이에서 어떤 연관성을 발견할 수 있었다.

그녀는 늘 두려움 속에 살았다. 우수한 학생인 척 지내고 있었지만 모두를 속이는 위선자 같은 기분이 들었다. 스스로 자신은 그 정도 성공을 이룰 만한 사람이 아니라고 여겼기에 언젠가 성공이 달아날까 두려웠다. 자신의 속마음을 발견하고 고무된 메리는 식사일기를 계속 써갔고, 우리는 다음 단계로 넘어갔다. 극도로 부정적인 감정을 느끼는 순간에 그 감정을 의식하고, 스스로를 진정시켜서 긍정적인 식사 결정을 내리는 단계였다. 이 단계로 올라서려면 더 많은 감정 수업과 인내, 연습이 필요했다.

이 과정에서 메리는 그동안 자신이 식사와 체중, 그리고 인생 자체를 일련의 방정식으로 단순화시키려 했다는 사실을 깨닫기 시작했다. 그보다 중요한 건, 그 이유를 이해하기 시작했다는 점이었다. 그녀는 조울증이 있는 어머니 손에 성장했다. 조증기의 어머니는 그녀를 있지도 않은 결점을 지적하기 바빴다. 게으르다느니, 성적이 완벽하지 않다느니, 음악 영재가 아니라느니 하면서. 그러다 울증기에 접어들면 소파에 누워만 있을 뿐 딸을 방치해두곤 했다.

어머니의 불안정한 행동은 메리에게 공포감, 자기비판, 수치심을 유발했다. 어머니의 손에서 벗어나기 위해, 그리고 고통스러운 감정을 회피하기 위해 메리는 가급적 학교에서 많은 시간을 보냈다. 그녀에게 수학은 예측 가능했고, 혼란스러운 가정생활에 마음을 가라앉히는 대안이 되어주었다. 더구나 그녀는 항상 정답을 맞혔기 때문에 누구도 그녀의 재능을 트집 잡을 수 없었다.

상담이 거듭되면서 메리는 자신을 음식 앞으로 내모는 감정들을 식별하고, 그러한 감정들을 그 순간에 관리할 줄 아는 능력을 키우게 되었다. 우리는 또한 어떤 상황에서 먹고 싶은 충동이 유발되는지 밝혀냈고(메리는 카페테리아의 뷔페 테이블에 풍성하게 담긴 음식 앞에 서면 식욕을 주체할 수 없었다) 거기에 대처할 방안을 강구했다. 이러한 감성지능의 스킬을 익히자, 메리는 순간의 '감정'이 아니라, 그 감정에 대한 '이해'를 바탕으로 무엇을 먹을지 결정할 수 있는 자유를 얻었다. 어린 시절의 고통스러운 감정을 인식하고 관리하는 데는 부지런함과 끈기 있는 연습, 그리고 무엇보다 용기가 필요했다. 다행스럽게도 우리의 공동 작업이 마무리되어갈 무렵, 메리는 전보다 자주 건강한 식사 결정을 내렸고 당연히 체중도 줄어들었다.

메리의 이야기는 영화 〈굿 윌 헌팅〉을 연상케 한다. 주인공 윌 헌팅(맷 데이먼 분)은 천재 수준의 아이큐를 가졌지만 매사추세츠 공과대학교의 청소부로 근무한다. 어린 시절에 괴롭힘을 당한 기억 때문에 윌은 지적 능력을 사용할 수도 없고, 화를 참을 수도 없으며, 놀랄 만한 수학 실력을 써먹을 직업을 구하거나 이성 교제를 지속해나갈 수도 없다. 인정 많은 심리학과 교수(로빈 윌리엄스 분)는 그가 감성지능 스킬을 끌어올릴 수 있게 도와준다. 자신의 감정을 대면하고, 그에 관해 이야기하며 감정을 있는 그대로 받아들임으로써 윌은 서서히 사람들과 소통하고 충동을 조절하며, 진지한 연애를 시작할 능력을 키우게 된다.

메리와 윌은 모두 아이큐 차트에서는 점수가 높지만 과거의 정서적 학대 때문에 감성지능은 매우 낮았다. 그러나 감성지능이 낮다고 해서 반드시 두뇌가 뛰어나다거나 학대를 경험했다는 뜻은 아니다. 성장 배경이나 아이큐에 관계없이 사람은 누구나 감정에 걸려 넘어질 수 있다. 그런데도 이런 사례를 소개하는 이유는 감성지능과 아이큐가 항상 완벽하게 일치하는 것은 아님을 잘 보여주기 때문이다.

메리의 이야기가 당신에게 힘이 되길 바란다. 내담자가 "식사 습관을 바꾸고 싶은데 도무지 안 되네요"라고 이야기할 때마다, 나는 메리를 떠올리고 똑같은 방법으로 그 사람의 잇큐를 끌어올려 도움을 줄 수 있다고 생각한다.

프랑스의 위대한 장군 나폴레옹 보나파르트는 "숙고할 시간을 가져라. 그러나 행동할 때가 오면 생각을 멈추고 뛰어들어라"라고 말했다. 축하한다! 이 책을 손에 든 순간, 당신은 이미 뛰어든 것이다. 아마도 식생활 방식을 바꾸어야겠다는 생각은 오래전부터 해왔을 것이다. 이제 장기적인 건강과 체중 목표에 방해가 아니라 도움이 되는, 똑똑한 음식 결정 내리는 방법을 배울 준비가 되었다. 그것만 해도 큰 도약이다.

Eat.Q. Up
나의 잇큐(Eat.Q.)는 얼마나 될까?

지금쯤 내 잇큐가 어느 정도 수준일까 궁금할 것이다. 높을까 낮을까? 전
문가일까 초보자일까? 이 책을 골라든 이상, 지금도 키워가는 과정일 가능
성이 높다.

자가진단 4
나의 잇큐 알아보기

아래 항목에서 나 자신에게 해당하는 항목에 Ⅴ 표시해보자.

① ____ 나는 따분함이나 스트레스처럼 식욕을 촉발하는 구체적인 감정을 식별
　　　할 수 있다.

② ____ 나는 걱정이나 죄책감처럼 식욕을 잃어버리게 하는 감정을 식별할 수
　　　있다.

③ ____ 나는 다른 사람들에게 내 감정을 분명하게 표현할 수 있다.

④ ____ 나는 계획이 바뀌어도 유연하게 대처할 수 있다.

⑤ ____ 나는 식습관에서 한 번 실수를 해도 본 궤도로 되돌아올 수 있다.

⑥ ____ 나는 나와 다른 이들이 체중과 섭식문제로 겪는 고생에 충분히 공감한다.

⑦ ____ 나는 감정적 공복감과 신체적 공복감을 구분할 수 있다.

⑧ ____ 나는 몸의 신호에 귀 기울일 수 있다(배가 부르면 그만 먹기, 먹어서 에
　　　너지 보충하기 등).

⑨ ____ 나는 배가 고프지 않을 때, 사람들이 음식을 권해도 요령 있게 사양할
　　　수 있다.

⑩ ____ 나는 감정을 회피하기 위해 음식을 사용하지 않는다.

⑪ ____ 나는 불편한 감정을 극복할 수 있다.

⑫ ____ 나는 음식에 대한 생각에 융통성이 있다.

⑬ ____ 나는 내 식사 방식에 익숙하고, 다른 사람들의 식사 방식을 모방하지 않
는다.

⑭ ____ 나는 스트레스가 식사 결정에 부정적인 영향을 주지 않게 잘 대처할 수
있다.

⑮ ____ 나는 음식이 당길 때 먹어서 식욕을 가라앉히든, 그냥 지나가게 내버려
두든 효과적으로 대응할 수 있다.

2장

음식 앞에서 평정심을 지키는 법

Keep Calm and Carry On.
평정심을 유지하고 하던 일을 계속하라.

— 영국의 공공포스터, 1939

위 인용구는 내가 가장 좋아하는 문장이다. 우리가 매일 실천해야 할 행동 강령을 이보다 간명하게 표현할 수 있을까. 우리는 스트레스 가득한 일상생활 속에서도 애써 평온함을 유지하고, 쉴 새 없이 의사결정을 내려야 한다. 대학시절 우연히 런던을 방문했다가 이 경구가 적힌 포스터를 구입했다. 당시 심리학자를 꿈꾸던 내 방 벽에 붙여두기에 안성맞춤이라고 생각하면서 (졸업이 얼마 남지 않은 시점이었다).

훗날 그 포스터는 내담자들은 물론, 나에게도 큰 도움을 주었다. 본격적으로 상담을 시작한 후, 마음이 심란하거나 상처가 많은 내담자들을 만날 때면, 으레 그 포스터로 눈길을 돌리곤 했다. 그런데 몇 년 뒤 누군가 몰래 내 사무실에 들어와서 그 포스터를 떼어갔다. 처음에는 무척 화가 났지만 나는 이런 상황도 다른 관점에서 받아들이기로 했다. '어쩌면 포스터를 훔쳐 간 사람은 나보다 훨씬 더 그 경구가 절실했을 거야!' 그래도 포스터의 이미지와 메시지는 내 의식 깊이 새겨져 있었다. 그 경구는 하루하루를 동요하지 말고 침착함을 유지하기 위해 노력해야 한다는 사실을 상기시켜주었다.

대부분의 사람들은 "하던 일을 계속하라"라는 말을 잘 이해한다. 혹독한 시련이 닥치고, 돈 문제가 꼬이고, 직장이나 인간관계가 흔들릴 때, 사실 하던 일을 계속하는 것밖에 우리가 할 수 있는 일은 없다. 그런데 정작 어려운 건 평정심을 유지하는 일이다. 눈앞에 닥친 시련 앞에서든, 감자튀김 앞에서든, 마음이 평온한 상태일 때 우리는 최선의 결정을 내릴 수 있다.

그렇다면 평온한 마음은 어디서 오는가. 평정심을 유지하려면 우선 두 가지가 필요하다. 첫 번째는 심리적 측면에서 어떤 상황이든 감당할 수 있다는 자기믿음을 가져야 한다. 두 번째는 생리학적 측면에서 몸이 이른바 '투쟁-도주' 반응으로 넘어가지 않도록 예방방법을 알아두어야 한다. 투쟁-도주 반응이란 신체적 생존에 위협이 된다고 인지하는 상황에 직면했을 때, 자동으로 발동되는 원초적·본능적 반응이다(투쟁-도주 반응에 대해서는 7장에서 자세히 알아볼 것이다). 일단 이 반응이 시작되면 사실상 결정이 불가능한 상태에 빠진다는 사실만 알아두자. 이 상태에서는 온통 생존에 집중하다보니 생각과 감정을 헤아릴 여력이 없기 때문이다.

우리의 본능적인 반응 모드는 순간적인 결정에 생사가 좌우되던 수억만 년 전으로 거슬러 올라간다. 그때는 목전에 위험이 닥치면 행동의 유불리를 따지지 않고, 당장 방향을 틀어 도망가야만 살아남을 수 있었다(본능은 몸에 새겨진 생물학적 반응이다. 반면, 직관은 조금 더 고차원적인 사고 프로세스에 뿌리를 두고 있다).

투쟁-도주 반응은 우리 몸에 새겨져 있다. 현대인은 생존에 즉각적인 위협을 느낄 일이 거의 없으므로 투쟁-도주 반응이 필요한 경우가 좀처럼 드물다. 하지만 만성적인 스트레스와 격한 감정은 투쟁-도주 반응을 일으킬 수 있다! 다행스러운 점은 몸과 마음을 평온한 상태로 전환시키는 방법이 학습으로 가능하다는 사실이다. 게다가 평온한 상태를 유지하는 것은 건강한 식사를 선택하고 감정적 먹기를 지양하는 데에 큰 도움이 된다.

똑똑한 의사결정은 감정이 완전히 배제된 결정이 아니다. 또 감정에 가려지거나 휘둘린 결정도 아니다. 무엇보다 음식 앞에서 어떤 감정을 느끼고 있는 자기 자신을 인식하는 것이 중요하다. 감당하기 힘든 스트레스, 타오르는 분노, 가슴이 미어지는 듯한 슬픔, 혹은 축하의 기쁨 등 당신을 음식 앞으로 내모는 다양한 감정을 경험할 때마다 당신이 이런 감정을 느끼고 있다는 사실을 정확히 인식해야 한다. 그래야 당신에게 해가 되지 않고 득이 되는 음식을 선택할 수 있다. 무엇보다 이 모든 것은 당신의 평정심 유지에 달려 있다.

모든 결정이 언제나 이성적이지는 않다

영화 〈스타트렉〉에서 스폭은 감정이 생각을 지배하거나 좌우하도록 내버려두지 않는다. 우리가 그처럼 냉정하게 결정을 내릴 수 있다면 '한 조각 더 먹을까, 말까' 갈등을 유발시키는 치즈케이크를 가볍게 내려놓을 수 있을지 모르겠다. '어서 먹고 싶어'와 '먹어서는 안 돼' 사이의 미묘한 내적 갈등은 조금도 없이.

그러나 연구 결과는 많은 사람들이 익히 알고 있는 바를 다시금 확인시켜준다. 우리의 의사결정이 언제나 이성적이지는 않다는 사실이다. 감정은 뇌의 행동 선택 과정에서 중대한 영향력을 발휘한다. '오늘 저녁으로 무엇을 만들까'처럼 사소한 결정은 물론, '누구와 결혼을 할까'처럼 인생을 바꾸는 중대한 결정까지 우리가 의사결정을 내리는 데는 반드시 감정이 필요하다. 만약 조금도 감정이 개입되지 않고 결정을 내린다면, 수많은 옵션의 장단점을 끝없이 비교하는 함정에 빠질 가능성이 있다. 때로는 본능적인 반응만이 그 고착 상태를 깰 수 있다.

감정은 두 얼굴이다. 감정은 먹기를 결정하는 데 영향을 주지만, 결정 과정에 항상 도움이 되는 것은 아니다. 부부 싸움 때문에 열불이 나서 저녁을 건너뛰는 경우를 생각해보라. 또 최근에 체중이 2킬로그램이나 늘어서 구직 면접에 가기 불안한 상황도 있다. 아니면 스트레스로 찌든 하루를 보내고 밤잠도 설친 상태에서 순식간에 과자 한 봉지를 비워버리는 일도 자주 벌어진다.

이처럼 음식을 둘러싼 의사결정에 감정이 끼치는 막대한 영향을 이해하면, 건강에 좋지 않은 행동을 하고 싶은 유혹을 떨쳐내는 데에 큰 도움이 된다. 더 나아가 이 유혹을 더 나은 행동으로 변화시키는 계기도 될 수 있다.

문화적인 영향 탓인지 식사는 사람이 내릴 수 있는 의사결정 중 감정이 가장 많이 개입되는 결정이기도 하다. 평소에는 심리적으로 안정적인 여성들도 여럿이 레스토랑에 가면 여러 탄식을 내뱉는다. 샐러드를 주문하지 않았다는 둥, 디저트를 주문했다는 둥, 고칼로리를 태우러 곧장 헬스장으로 달려가지 않았다는 둥. 이런 음식에 대한 죄책감은 무엇을 얼마나 먹을 것인가 하는 결정에 막대한 영향을 끼친다. 실제로 슈퍼마켓 체인 트레이더조 (Trader Joe's)는 '죄책감을 줄인(reduced guilt)' 군것질거리를 판매한다. 마치 지방과 탄수화물을 먹으면 반드시 죄책감을 느껴야만 한다는 듯이! 그런가 하면 아무런 죄책감 없이 더 먹어도 좋다고 광고하는 다이어트 식품들도 있다. 음식을 감정과 연결 짓는 것은 강력한 힘을 발휘하고, 광고주들은 이 점을 간파하여 자신들에게 유리한 쪽으로 이용한다. 행복이나 기쁨과 같은 단어를 사용해 초콜릿을 묘사하는 경우가 대표적이다.

감정은 다양한 방식으로 우리에게 영향을 준다. 분노와 조바심 같은 감정은 성급한 결정을 내리게 자극할 수 있다. 걱정, 스트레스, 두려움 같은 감정은 사람을 마비시켜 아무것도 결정할 수 없게 만들어버린다. 음식과 감정 사이의 연관 관계를 조명하는 연구는 수백, 아니 수천 건에 달한다. 그러나 연구 내용은 서로 상충한다. 예를 들어, 어떤 연구는 불안이 음식 섭취량을 감소시킨다고 말하는 반면, 오히려 늘린다고 주장하는 연구도 있다. 이러한 모순은 연구자들이 감정과 식습관의 밀접한 연관 관계에 작용하는 복잡한 요인들의 역할을 아직 밝혀내고 있는 중이라는 뜻이다.

나를 찾아온 내담자들의 경우, 전화를 기다릴 때나 중간고사를 치를 때 느끼는 것과 같은 가벼운 불안은 식사량의 증가로 이어지는 듯하다. 반면 이혼으로 인해, 혹은 만성질환이 있는 누군가의 간병 때문에 심각한 불안이 생긴 사람들은 식욕을 잃고 굳이 노력하지 않아도 체중이 줄어든다. 그렇기 때문에 감정이 의사결정 과정에 도움이 될지 방해가 될지는 감정의 본질, 강도, 지속 기간뿐 아니라 여러 가지 다른 변수(성별, 체중, 다이어트 여부)에 따라 결정된다.

모든 사람은 고유하다는 점을 잊지 말자. 어떤 감정은 다음 목록에 소개한 연구에서 설명한 대로 당신에게 영향을 주겠지만, 별 영향이 없는 감정도 있을 것이다. 중요한 건 감정이 음식 결정에 영향을 준다는 사실에 당신도 나만큼 확신을 갖는 것이다.

감정과 의사결정의 관계

싫든 좋든 감정이 우리의 의사결정에 영향을 미친다고 주장하는 연구 결과를 몇 가지 소개한다.

외로움

캐나다 연구팀의 조사에 따르면, 외로움이라는 감정이 식사량에 영향을 끼치는 방식은 음식 섭취량을 줄이려고 노력 중인지 아닌지에 따라 달라질 수 있다고 한다. 연구팀은 58명의 여학생에게 외로움, 우울감, 무질서한 식습관을 평가하기 위해 과학적으로 구성된 설문지를 작성하게 했다. 그런 다음, 슬픔 혹은 외로움을 느끼도록 참가자들을 점화(priming, 하나의 자극이 이어지는 정보의 처리에 영향을 주도록 준비시키는 심리학 기법—옮긴이)시켰다. 그 뒤에 참가자들에게 쿠키를 제공했고, 이들은 미각에 관한 실험을 진행 중인 줄로 알고 쿠키를 먹었다. 그 결과, 다이어트 중이거나 섭취량을 제한하는 여성들은 외로움을 느끼도록 점화되었을 때, 쿠키를 더 많이 먹었다. 그러나 다이어트 중이 아닌 여성들은 외로움에 대한 반응으로 쿠키를 오히려 덜 먹었다.

피로

2010년 〈미국 임상영양학 저널〉에 실린 한 연구는 현명한 의사결정을 내리기 위해 모든 정보를 면밀히 살피는 능력이 피로로 인해 약화될 수 있음을 밝혀냈다. 연구팀이 건장한 젊은 남성 12명의 수면을 하룻밤 동안 제한하자, 피험자들은 다음 날 식사 전 훨씬 큰 공복감을 호소했고, 결과적으로 그날 하루 동안 22퍼센트 더 많은 칼로리를 섭취했다. 한편 수면장애는 폭식을 하는 사람들에게도 자주 나타나는 증상이다.

행복

우리가 알다시피 부정적 기분은 원하는 것보다 더 많이 먹도록 사람을 자극한다. 그런데 2010년 학술지 〈식욕*Appetite*〉에 발표된 한 연구에 따르면, 이것은 기분이 좋을 때도 마찬가지이다. 실험에서는 감정적 먹기를 통제하는 유형인지, 통제하지 않는 유형인지 가려내기 위해 106명의 여성들에게 설문지를 작성하게 했다(통제형인 사람들은 식사를 효과적으로 제어하는 반면, 비통제형인 사람들은 제어하지 않는다).

검사 후, 긍정적인 감정을 느낄 수 있게 재미있는 영화의 한 토막을 보는 그룹과 과학 다큐멘터리를 보는 그룹으로 자원자들을 무작위 배치했다. 동영상을 본 후, 자원자들은 기분을 평가하는 설문지를 작성했고, 설문을 작성하는 동안 연구팀은 각 자원자 앞에 쿠키가 8개씩 담긴 그릇을 놓아주었다. 그 결과, 통제형인 참가자들은 기분이 좋아진 상태에서 쿠키를 3.3개 덜 먹었으나, 비통제형인 참가자들은 기분이 좋아진 상태에서 쿠키를 1.7개 더 먹었다.

슬픔

2013년 〈식욕〉지에 발표된 연구에서 연구팀은 감정적 먹기를 평가하기 위해 설문을 실시한 후, 60명의 여학생들을 추려내 아주 높은 점수를 받은 그룹과 아주 낮은 점수를 받은 그룹으로 분류했다. 연구팀은 감정에 호소하는 영상과 음악을 활용한 가상현실 시스템으로 기쁨 또는 슬픔을 유도했다. 그랬더니 감정적 먹기에서 높은 점수를 받은 사람들은 즐거운 기분으로 조건화된 뒤보다 슬픈 기분으로 조건화된 뒤에 훨씬 더 많이 먹었고, 짠 음식보다 단 음식을 더 많이 먹었다.

반면, 감정적 먹기에서 낮은 점수를 받은 사람들은 슬픈 상태와 기쁜 상태로 조건화된 경우 양쪽 모두 비슷한 양을 먹었다. 따라서 감정적 먹기를 하는 사람은 부정적인 감정이 들 때, 자신을 위로하기 위해 음식을 더 먹을 위험이 더 높다고 볼 수 있다. 그러나 긍정적인 감정 또한 과식의 원인이 될 수 있음에 주목해야 한다.

우울

1,000명이 넘는 사람들을 대상으로 진행된 한 연구에서는 우울증 점수가 높으면 초콜릿 섭취량이 많아졌다. 사실, 심한 우울증을 암시하는 우울증 점수를 받은 사람의 경우, 초콜릿 섭취량이 2배 이상이었다. 이것은 2010년 〈내과학 자료집〉에 실린 연구에서 밝혀진 사실이다. 이 연구의 참가자 1,018명 가운데 역학연구센터 우울척도(Center for Epidemiologic Studies Depression Scale, CES-D)에 따른 진단 결과, 우울증 점수가 높은 사람들은 검사 점수가 낮은 사람들에 비해 초콜릿을 약 60퍼센트 더 많이 섭취했다.

결단의 순간 *moment of decision*

소비자 행동과 영양학 분야의 전문가인 브라이언 완싱크 박사의 연구에 따르면, 평범한 미국인은 무엇을 먹을까와 관련해 매일 200가지 이상의 의사결정을 내린다고 한다. 그런데 그 결정들 중 일부는 체중과 건강에 도움이 되지만 일부는 그렇지 못한다.

건강과 행복에 도움이 되는 결정과 그렇지 못한 결정을 갈라놓는 요인은 무엇일까? 중요한 요인 한 가지는 이른바 '결단의 순간(moment of decision)'이다. 냉장고를 열고, 메뉴를 살피고, 드라이브스루에서 주문을 시작하는 순간, 먹을지 말지 결정하는 그 순간을 나는 그렇게 부른다. 그 순간에 다다르면 다른 모든 결정을 내릴 때와 마찬가지로 생각과 감정이 똑같이 중요하게 작동한다.

선택의 순간을 의식하기

의사결정에서 감정의 역할을 조종할 수 있으려면 우선 결정해야 할 의사결정이 있음을 인정해야만 한다. 사실, 음식을 앞에 두고 당신이 직면해야 할 첫 과제는 결단의 순간을 의식하는 것이다. 그것은 곧 'A안(먹는다)' 또는 'B안(먹지 않는다)' 중 하나를 선택해야 한다는 것을 인식할 만큼 마음의 여유를 갖는 걸 의미한다. 그렇게 중대한 순간을 의식적으로 맞이하려면 훈련이 필요하다. 처음 만난 내담자 가운데 많은 사람들이 다음과 같은 실수담을 털어놓는다. "저는 '앗, 안 돼!'라고 생각했어요. 그런데 그 생각을 하면서 이미 먹고 있더라고요!" 또 이렇게 말하는 사람도 있다. "올바른 결정을 내린 것인지 생각해보기도 전에 아이스크림 한 접시를 절반쯤 먹고 있었어요. 아니, 제가 실제로 결정을 내렸는지조차 모르겠어요."

충분히 이해할 수 있는 일이다. 어떤 연구에 의하면 우리는 결정을 내린 후 7초 뒤에 그 결정을 의식한다고 한다. 의도적으로 결정을 내리고 행동하는 경우가 많지 않다는 뜻이다. 버릇처럼 먹을 것에 손이 가는 상황을 떠올리면 된다. 자동조종 먹기 모드에 접어들어 생각과 감정으로부터 멀어진 상태일 때, 결단의 순간은 미처 의식도 하기 전에 왔다가 가버릴 수 있다.

당신이 과체중이라면 평균 체중인 사람에 비해 부정적인 결과가 더 많이 따르는 결정을 더 충동적으로 내리고 있을지 모른다. 네덜란드의 한 연구팀은 아이오와 도박 과제(Iowa Gambling Task, 실생활에서 의사결정력을 측정하기 위한 심리 테스트)를 사용해 폭식 장애가 있는 여성들이 평균 체중인 여성이나 과체중 여성(체질량 지수 25 이상)에 비해 어떠한 의사결정을 내리는지 비교해보았다. 연구팀은 또한 폭식의 강도, 처벌과 보상에 대한 민감성, 자제심을 측정하기 위한 설문지를 자원자들에게 나누어주었다.

본래 아이오와 도박 과제는 직접 게임을 해보는 사이에 전략을 파악해나가는 카드 게임이다. 과체중 그룹과 폭식 그룹은 이 테스트의 수행 능력이 떨어지는 반면(실수에서 교훈을 얻지 못한 반면), 평균 체중의 여성들은 수행 능력이 뛰어났다. 게다가 과체중 여성들은 게임 중에 단기적 보상과 장기적 대가가 따르는 결정을 내리는 경향이 있었다. 이러한 관찰 결과를 바탕으로 연구팀은 과체중 여성들이 즉각적인 보상에 더 민감할 수 있음을 시사했다. 말하자면 음식과 즐거운 분위기를 남들에 비해 더 큰 보상으로 경험한다는 뜻이다.

이러한 연구 결과는 당신에게 어떤 의미로 다가오는가? 당신이 만약 체중 때문에 고민 중이라면 장기적인 대가(체중 증가)보다 단기적인 보상(지금 당장 기분 좋은 것)에 마음이 휩쓸려서인지도 모른다. 혹시 당신 이야기인가? 만일 그렇다 하더라도 지금부터 달라질 수 있다. 다음 식사나 간식 때는 결단의 순간을 찾아보라. 그리고 소리 내어 인정하라. "때가 왔다. 지금이 내 결단의 순간이다." 그다음 단계는 의식적인 결정을 내리는 것이다.

감정 주도형 vs. 통찰 주도형

내담자 댄은 이렇게 말했다.

"저는 재택근무를 해요. 사람들은 참 좋겠다고 말하지만, 사무실의 칸막이

자리를 벗어나 침실 한 귀퉁이에 작업 공간을 마련한 후 4.5킬로그램이나 불었어요. 매일 지루하거나 피곤해질 때마다 음식 생각이 간절해지거든요. 특단의 조치를 내려야 한다는 건 알아요. 슬금슬금 주방으로 가서 20분쯤 냉장고 안을 뒤진다거나, 아니면 엉덩이 붙이고 앉아서 일을 계속하든지, 아무튼 항상 이 둘 사이에서 항상 괴로워요.”

앞에서 나는 효과적인 의사결정은 생각과 감정의 조합이라고 말했다. 그러나 이 내담자의 이야기는 뭔가 먹으라고 충동질하는 감정에 대응하는 것이 얼마나 곤혹스러운지를 명확하게 보여준다.

그동안의 연구에 따르면 체중으로 고심하는 사람들이 내리는 의사결정은 감정과 밀접하게 연관되는 경향이 있다. 그러다보니 순간의 기분만으로 충동적인 결정을 내릴 가능성이 높다. 또한 섭식 장애가 있는 사람들은 감정을 견뎌내기 힘들어하고(감정을 강렬하게 경험하기 때문에) 재빨리 차단해버리고 싶어 한다는 연구 결과도 있다. 감정을 견뎌낸다는 것은 그 감정을 쉽게 바꾸려고 하거나, 반응하지 않고 있는 그대로 받아들인다는 뜻이다. 자신의 감정을 인지하지 못하거나 완전히 차단해버릴 경우, 결정의 질은 급격히 저하될 수 있다. 조심하지 않으면 냉장고 문을 열고 보이는 대로 집어들거나, 식당에서 메뉴판을 아예 접은 후, 원래의 식습관 목표에 어긋난 메뉴를 결정할 수 있다. 나는 그 순간을 감정적 결정(DWE, deciding while emotional)이라고 부른다. 가장 바람직한 시나리오는 감정을 지혜롭게 사용하여 음식 선택의 객관적 지침으로 삼는 것이다. 결단의 순간, 당신이 택할 수 있는 길은 감정 주도적 결정과 통찰 주도적 결정, 이 두 가지다.

먼저 감정 주도적 결정(emotion-driven decision)을 내리는 사람은 ‘반응’한다. 이성적인 생각보다 그 순간에 느끼는 기분을 바탕으로 무엇을 먹고, 먹지 않을지 선택하는 것이다. 이 경우 현재의 감정 상태에 따라 결정의 질이 달라진다. 예를 들어, 당신이 지금으로부터 5분 뒤 무엇에 발끈 화를 내는 상황이 벌어진다고 가정해보자. 교통체증이든, 상처가 되는 배우자의 한마디든, 신문에 난 어떤 사건이든 이유는 상관없다. 분노를 주체하지 못한 당신은 '에라 모르겠다!'라고 생각하면서 과자 반 봉지를 먹는다. 그렇게 충동적이고 감정 주도적인 먹기를 결정한 상태가 바로 '감정적 결정'이다.

반대로 통찰 주도적 결정(insight-driven decision)을 내리는 사람은 '대응'한다. 감정이 결정을 장악하게 내버려두는 대신, 감정을 결정의 지침으로 삼는 것이다. 이 경우 인지, 예측, 준비가 가능하다. 즉, 감정이 결정에 영향을 줄 수 있음을 이해하고, 발생 가능한 결과를 예상하며, 상황이 종료되고 나서가 아니라 실시간으로 충동을 관리한다. 잇큐를 높인 상태라면 앞의 예에서 자신이 화가 난 상태를 인지하고, 잘못된 음식을 선택하는 경향이 있음을 이해할 수 있다. 따라서 분노를 긍정적인 방향으로 다스리기 위해 준비 수 있게 된다. 다시 말해, 긍정적인 선택을 내릴 수 있게 감정적으로 준비된 상태에서 결단의 순간을 맞이하는 것이다.

다음의 감정 주도적 사고와 통찰 주도적 사고의 예를 읽어보라. 어느 쪽이 당신에게 더 친숙한가? 당신의 감정이나 통찰은 당신을 음식으로 향하게 하는가, 아니면 음식에서 멀어지게 하는가?

감정 주도적 사고	통찰 주도적 사고
난 저걸 먹고 싶어!	만약 저걸 먹으면 괴로울 거야.
다이어트 따위 관두자.	이건 나에게 필요치 않아. 내가 그냥 먹고 싶어 할 뿐이지.
불공평해. 왜 내가 원하는 걸 먹지 못하지?	먹고 싶은 갈망은 곧 지나갈 거야.
나 너무 스트레스 받은 상태야. 당장 초콜릿이 필요하다고.	이건 건강한 식생활을 하겠다는 내 목표에 도움이 되지 않아.
너무 먹고 싶어. 피자를 먹지 못하면 미쳐버릴 것만 같아.	지금 저걸 먹으면 음식으로 기분을 달래는 거야. 그건 절대 1분 이상 지속되지 않아.
휴가 중이니까 즐겨야지.	나는 무엇을 먹을지 신중하게 선택할 수 있어.

공감 간극에 빠지지 말라

이런 상황을 가정해보자. 동료 중 한 명이 금요일마다 미니 도넛을 사무실에 가져온다. 당신은 그걸 아무 생각 없이 입 안에 넣는다. 내가 당신에게 이번 금요일에도 도넛을 하나 (혹은 그 이상) 먹을 것인지 지금 당장 예측해보라고 하면 당신의 대답은 지금 이 순간의 기분에 따라 달라질 것이다. 기분이 좋은 상태라면 '아니요, 먹지 않을 거예요'라고 대답할 가능성이 높다. 하지만 막상 금요일이 되었는데 기분이 별로 좋지 않다면 어떻게 될까? 게다가 문제의 그 미니 도넛이 휴게실 테이블 위에 놓여 있다면?

공감 간극(empathy gap)이란 지금 당장 느끼는 기분 이외에 다른 기분을 상상할 수 없는 상태를 가리키는 심리학 용어다. 만약 몹시 허기진 상태로 슈퍼마켓에 갔고, 허기지지 않은 상태를 상상할 수 없었기 때문에 필요한 것보다 훨씬 더 많은 양의 식료품을 구입한 경험이 있다면, 당신은 공감 간극에 빠져본 적이 있는 것이다.

위의 경우는 흥분에서 냉정(hot-to-cold)의 공감 간극에 빠진 것이다. 흥분된 감정(분노, 스트레스, 좌절)을 경험할 때는 그 감정이 결국 지나가리라는 사실을 고려할 수가 없다. 마찬가지로 뭔가 먹고 싶은 욕구가 강하게 끓어오르면 그 욕구가 희미해질 수 있다는 점을 고려하지 못해 '지금 당장' 뭔가를 먹어서 가라앉혀야 한다.

반대로 냉정에서 흥분(cold-to-hot)의 공감 간극에 빠지는 경우, 흥분된 감정이 그 순간에 발휘할 영향력을 과소평가하게 된다. 식탐을 겪지 않을 때는 초콜릿이나 피자를 네 조각째 먹고 싶은 욕구가 얼마나 거세게 나를 압박할지, 음식에 대한 갈망을 경험하는 순간, 그 요구를 다스리는 것이 얼마나 힘들지를 상상하기란 매우 어렵다. 그래서 그로 인해 통찰 주도적 결정을 내리는 능력이 얼마나 심각하게 손상될지 상상하기조차 힘들게 된다. 흥분된 감정이 결정 능력을 얼마나 크게 무력화시킬 수 있는지 과소평가하기 때문에 이를 대비하여 계획을 세우기란 매우 어렵다.

내담자들은 쓰라린 경험을 통해 이 사실을 깨닫는다. 예를 들어, 식단 짜기를 대수롭지 않게 여기는 내담자들이 있다. '나는 식단 필요 없어. 무엇을 먹어야 하는지 다 알고 있는데, 뭘'이라고 생각하면서. 그러고는 다음 세션에 와서 지난 세션 다음 날 다이어트를 망쳤다고 하소연한다. 차분하고 느긋했던 기분이 좌절과 불안으로 돌변하는 상황을 상상하지 못해, 막상 스트레스나 분노가 닥치면 감정 주도적 결정을 내리는 것이다.

공감 간극에 대한 이해를 활용하면 감정이 결단의 순간에 영향을 주는 방식을 좀 더 정확하게 인지하고, 예측하고, 준비할 수 있다. 당신이 대체로 오후에 군것질 생각이 난다는 걸 알고 있다면 그 욕구를 인정하고, 자판기를 이용할 필요가 없도록 건강에 좋은 간식을 미리 챙겨가라. 앞으로 겪게 될 걸 아는 감정에 대비할 수는 있지만 그 감정을 막을 수는 없다. 심술궂은 상사에 대한 분노든, 매일의 출퇴근길에 대한 짜증이든, 감정이 올라오는 것 자체는 피할 길은 없다. 그러다 마침내 감정적인 식탐의 한가운데에 빠지면 그 식탐도 지나갈 것임을 상기하면서 차츰 사라질 때까지 기다려볼 수 있다. 물론 인지·예측·준비의 과정을 잘 실행하는 경우에 가능하다.

이걸 다 어떻게 해내느냐고? 결단의 순간이 다가오면 일단 마음챙김을 위한 멈춤의 시간을 가져보자. 생각 없이 반응하려는 최초의 충동을 자제하는 데 도움이 될 수 있다. 인내심을 갖고 훈련을 계속해보자.

자신의 감정을 아는 능력

자신의 감정을 인지하는 능력은 감성지능의 기본 요소다. 감정을 인지한다는 것은 감정을 느끼는 순간, 그것이 무슨 감정인지 아는 것이다. 예전에 섭식 장애, 신체 이미지, 체중에 관해 쓴 책에서도 밝혔듯이 마음챙김과 인식은 내가 내담자들과 나누는 작업의 핵심이다.

마음챙김은 지금 이 순간, 느끼고 생각하는 것을 열린 마음과 열린 태도로 깊이 인식하는 일이다. 수세기 전, 불교 전통에서 유래된 개념인 마음챙김은 하나의 경험인 동시에 태도다. 비유하자면 오래된 라디오의 주파수를 맞추기 위해 또렷한 신호가 잡힐 때까지 라디오 다이얼을 돌리듯 내 몸과 마음에 귀 기울이는 일이다.

'내 기분은 내가 잘 알지'라고 생각할 수도 있다. 그러나 마음챙김과 감성지능은 감정에 귀 기울이는 또 다른 방법을 제시한다. 머릿속에 있는 생각뿐 아니라 몸과 마음까지 관심을 두는 방법이다. 예를 들어 당신이 스트레스를 받는 상태임을 안다고 치자. 이러한 인식은 좀 더 깊은 차원에서 그 스트레스에 귀 기울이는 데 도움이 된다. 스트레스가 마음에 어떤 생각을 일으키는지, 그 결과 당신이 어떤 감정을 경험하는지, 그런 감정이 몸에서 어떻게 느껴지는지 살필 수 있게 된다. 스트레스를 경험할 때는 그냥 놔두어라. 스트레스를 통제하거나 판단하지 말고 있는 그대로 받아들이라는 뜻이다. 스트레스의 본질을 알면 스트레스로 인해 먹고 싶은 욕구나 충동이 자주 찾아올 때, 지혜롭게 대응할 수 있다.

그런데, 애석하게도 미국인들은 자신의 기분을 식별하고, 그 상태로 머무르는 데에 그리 능숙하지 못하다. 미국의 문화는 감정을 마비시키라고, 감정으로부터 도망치라고, 감정에 귀 기울이지 말라고 가르친다. 우리는 따분함을 다스리는 데도 서투르다. 가만히 앉아 있기란 지루한 일이다. 휴대폰, 컴퓨터, 소셜 미디어 때문에 상황은 더욱 악화되었다. 기술은 우리에게 혼자 있을 시간, 고요함을 음미할 기회, 잠깐의 멈춤조차 허락하지 않는다. 그러다 보니 결단의 순간은 더욱 불편하게 느껴질 수 있다.

게다가 우리는 성취와 결과를 가치 있게 여기는 문화 속에 살고 있다. 그런 탓에 현재보다 미래에 집중되어 있다. 우리는 내일 혹은 지금으로부터 5년 뒤 자신이 어떤 기분일지 전혀 모른다. 지금 느끼는 기분만이 우리가 인식할 수 있을 뿐이다. 그런데 긍정적이든 부정적이든 지금 느끼는 그 감정은, 우리의 생각과 행동을 결정짓고 현재와 미래의 음식 선택에 영향을 줄 수 있다. 우리는 먼저 행동한 다음 나중에 질문을 던진다. 하지만 반응하지 않고 대응하는 방법을 배우면 보다 현명하게 먹는 행동을 결정할 수 있다. 수많은 연구에서 마음챙김 식사 기법은 식탐을 통제하고 과식을 완화하며, 다이어트 없이 체중 감량을 촉진하는 데 도움이 된다는 사실이 밝혀졌다. 당신이 이 책에서 배울 감성지능 스킬들은 감성지능 훈련과 마음챙김 기법을 접목한 방식으로 식욕을 부추기는 일상적인 스트레스와 감정적 방아쇠를 극복할 수 있게 도와줄 것이다. 실천 방법은 간단하지만 음식을 통한 자기 위안을 거뜬히 대체할 수 있다.

식탐 앞에서 평정심을 부르는 법

감성지능 이론에서 인식은 의사결정의 질을 결정하는 중요한 열쇠이다. 또한 마음챙김을 위한 잠시 멈춤(몇몇 내담자들을 이것을 '멈춤 버튼 누르기'라고 부른다)은 인식 상태에 이르는 데 도움을 준다. 먹고 싶은 충동과 실제로 먹는 행위 사이에 간격이 발생하기 때문에 이 도구는 다음과 같은 면에서 유익하다.

· 결단의 순간을 인식하게 도와준다.

· 지금 느끼는 감정과 공복감의 수준에 귀 기울일 수 있다.

· 마음을 진정시키고 현명한 결정을 내릴 수 있다.

음식을 앞에 두고 많은 사람들이 평정심을 유지하기 어려워한다. 스스로에게 '좀 진정하자'고 명령해야 하는 부담감 때문이다. 그보다는 몸이 '투쟁-도주' 모드로 넘어가 호흡과 심장 박동이 빨라지지 않도록 미리 막는 방법이 더 효과적이다. 이때 멈춤 버튼 누르기 방법이 도움이 된다. '멈춤 버튼 누르기(PAUSE)'는 신체의 움직임을 적극적·의도적으로 둔화시켜 평정심이 유지되고 있다고 몸이 착각하게 함으로써 자기 통찰 주도적 결정을 내릴 기회를 마련하는 방법이다. 내 안의 평정심을 부르는 멈춤 버튼 누르기 공식은 아래와 같다.

- **P(Perceive)** : 인지하라. 잠시 멈추고 귀 기울인다. 바로 이 순간이 결단의 순간임을 확인한다.

- **A(Allow)** : 기다려라. 그 인식이 충분히 차오를 때까지 적어도 10초를 기다린다.

- **U(Understand)** : 감정을 이해하라. 우선, 지금 느끼고 있는 감정을 두세 단어로 요약한다(슬프다, 화난다, 행복하다, 짜증난다 등). 다음으로 생각이 통찰에 의해 주도되고 있는지, 아니면 감정에 의해 주도되고 있는지 자문해본다. 마지막으로 몸의 언어에 귀 기울인다. 지금 느끼는 감정에 대해 몸은 어떤 실마리를 제공해주는가(꽉 쥔 주먹, 축 처진 어깨, 가쁘고 얕은 호흡) 등.

- **S(Stay)** : 그 순간에 머물라. 그리고 집중 호흡법을 실행한다. 감정을 밀어내버리고 싶은 충동('난 이런 기분 원치 않아!')이 있다면 그 충동을 인지한다. 감정으로부터 달아나지 말고 감정에 더 가까이 다가가, 그 감정을

어떻게 활용해야 감정에 떠밀리지 않고, 감정을 판단의 지침으로 삼을지 스스로 질문해본다.

- E(Entertain) : 선택지를 고려하라. 적어도 두 가지를 생각한다. 구체적인 식사 방식도 좋고(A안: 한 그릇 더 먹는다, B안: 건너뛴다, C안: 한 입만 더 먹는다), 음식을 대신해 몸(산책, 킥복싱 수업), 정신(컴퓨터 게임, 십자말풀이), 영혼(기도, 명상)을 진정시켜줄 대안들도 괜찮다.

멈춤 버튼 누르기는 통찰의 순간으로 이어질 수 있다. 피곤에 지친 아이 엄마라면 매일 특정 시간대에 찾아오는 특정 스트레스 요인이 앞으로도 계속될 것임을 깨닫는 게 통찰의 순간일 수 있다. 적어도 한동안은 상황이 달라지지 않을 것이지만 스트레스를 예측할 수는 있다. 그때가 하루 중 가장 취약해지는 시간임을 미리 알아두는 것이다. 문제에 대한 해결책은 문제 그 안에 있다. 이 경우 적절한 조치는 슬로쿠커(slow cooker, 오랫동안 일정한 온도로 요리를 해주는 조리기구 —옮긴이)와 건강한 요리법들이 가득 소개된 요리책을 읽거나 산책을 하고, 아니면 집으로 돌아가기 전에 건강에 좋은 간식을 조금 먹어두는 것도 방법이다.

어쩌면 당신은 감정이 당신을 음식으로 이끈다는 사실을 오래전부터 알고 있었을지 모른다. 아니면 그 사실을 이제 막 깨닫기 시작했을 수 있다. 어느 쪽이든 용기를 내기 바란다. 머지않아 당신은 결단의 순간을 식별하고, 마음챙김을 위한 멈춤의 시간을 가지며, 감정에 반응하지 않고 대응함으로써 보다 건강한 식사 결정을 내릴 수 있다. 먹을 것인가, 먹지 않을 것인가를 놓고 선택할 수 있다는 사실을 깨닫게 되니 어떤 기분이 드는가? 그런 사실이 희망적으로 다가온다면 훌륭하다!

메뉴판 앞에서 당신의 감정은?

———

자제심, 즉 충동을 관리하는 능력은 자기인식에서 나온다. 자제심과 자기인식은 모두 감성지능의 한 특징이다. 당신이 어떤 방식으로 의사결정을 내리는지 안다면 감정이 당신의 선택에 얼마나 많이 관여하는지 이해하게 될 것이다. 다음 질문에 답을 해보면서 당신의 의사결정 방식을 확인해 수 있다.

자가진단 5

당신이 레스토랑의 메뉴를 들고 있다고 가정해보자. 간이식당이든 고급 레스토랑이든 상관 않다. 당신은 아래와 같이 행동할 가능성이 얼마나 높은가? 해당 항목에 V 표시해보자.

( ) 1. 먼저 마음에 와 닿는 항목을 고른 다음, 나머지 선택지를 읽지 않고 메뉴를 덮는다.

( ) 2. 결정장애에 시달리고 한 가지 메뉴를 선택하는 데 어려움을 느낀다.

( ) 3. 모든 선택지를 숙고하고 장단점을 저울질하면서 메뉴를 여러 번 훑어본다.

( ) 4. 즉흥적인 결정에 따라 괜찮게 느껴지는 첫 번째 항목을 선택한다.

( ) 5. 선택지에 압도되어 다른 누군가에게 선택을 맡긴다.

( ) 6. 안전을 위해 가장 친숙하고 단순하게 느껴지는 음식을 선택한다.

( ) 7. 정말 먹고 싶은 음식이 아니더라도 다이어트를 위해 필요한 음식을 주문한다.

( ) 8. 결정을 하고 싶지 않아서 아예 외식을 하지 않는다.

( ) 9. 너무 바빠서 담당 서버에게 아무거나 갖다 달라고 부탁한다.

( ) 10. 메뉴 읽기는 건너뛰고 가장 맛있어 보이는 음식 사진을 기준으로 선택한다.

( ) 11. 메뉴를 분석한 다음, 각 음식과 곁들임 요리를 일일이 평가한 후 판단한다.

( ) 12. 취향에 맞게 맞춤형 주문을 한다.(예: 마요네즈는 빼고, 감자튀김은 브로콜리로 대체)

( ) 13. 레스토랑에 도착하기 전에 인터넷으로 메뉴를 찾아본다.

( ) 14. 그때그때 느낌대로 주문한다. 기분에 따라 건강에 좋은 옵션을 주문할 때도 있고, 엉뚱한 옵션을 선택하기도 한다.

( ) 15. 배고픔의 정도에 따라 주문한다. 진짜 배가 고프면 무엇이든 상관없다!

채점하기

당신에게 해당하는 항목을 체크하고, 다음 스펙트럼에서 자신의 위치를 가늠할 수 있다.

충동적 / 즉흥적	숙고	강박적 / 우유부단
대응 속도 빠름	←——→	대응 속도 느림

1, 4, 10, 14, 15번 : 충동적/즉흥적

당신은 빠른 속도로 흥미롭고 다채로운 결정을 내리는 경향이 있다. 그러나 의사결정이 감정 주도적으로 이루어질 가능성이 높아서 순간의 기분에 따라 결정이 달라진다. DWE 상태에 이르기 전에 당신이 해야 할 일은 마음챙김의 휴식을 갖는 것이다. 그럼으로써 당신이 느끼고 있는 기분과 마주하고 모든 선택지를 저울질해볼 시간을 벌 수 있다.

3, 6, 11, 12, 13번 : 숙고

당신은 충분히 시간을 들여 선택지를 고려한다. 만약 메뉴를 깊이 생각해보면서 선택지와 자신의 기분(먹고 싶은 음식)을 잘 조화시켜 통찰 주도적 결정에 이른다면 그것은 매우 바람직하다. 그러나 숙고의 결과, 단지 먹고 싶다는 이유로 건강에 좋지 못한 선택을 내릴 가능성도 있다. 다행스러운 점은 건강에 좋고 미각을 만족시키는 옵션을 찾는 법이 학습 가능하다는 사실이다.

2, 5, 7, 8, 9번 : 강박적/우유부단

의사결정은 매우 고통스러운 일이다. 당신은 선택지를 과도하게 고민하고, 식사 파트너에게 결정을 떠넘기는가 하면, 주변 사람들이 주문하는 대로 주문하기도 한다. 이 경우는 직관에 의존하는 방법도 도움이 된다. 지금 드는 생각보다 지금 느껴지는 기분을 스스로 점검해보는 것이다. 너무 오래 생각하지 마라. 생각이 당신을 마비시킬 수도 있다. 식사 파트너에게 결정을 떠맡기는 것은 그 사람의 자유를 방해하는 행위다!

이제 당신의 식사를 결정하는 스타일을 알게 되었다. 이제부터 다음에 무엇을 먹을지 결정할 때는 당신이 스펙트럼의 어느 위치에 와 있는지 생각해보고 반대 방향으로 조금씩 이동해보자(정 중앙에 위치한 경우는 제외). 충동적으로 결정을 내리는 편이라면, 조금 힘들더라도 모든 선택지를 읽으려고 노력해보자. 결정에 대한 강박이 있다면 자신의 직관을 조금 더 믿어보자.

3장

알아차리고, 받아들이고, 전환하라

가진 도구가 망치밖에 없으면
모든 문제가 못으로 보인다.

— 에이브러햄 매슬로(심리학자, 1908~1970)

위 인용문은 문제를 해결해야 할 상황에서 우리가 진퇴양난에 빠지는 이유를 심리학자 매슬로가 비유적으로 설명한 표현이다. 이것은 과식의 문제에도 완벽하게 들어맞는다. 너무 많은 사람들이 다이어트만이 과식의 유일한 해결 도구라고 생각하며 여기에 달려든다. 정말 그럴까?

이번 장에서는 당신을 새로운 도구로 안내한다. 감정을 알아차리고(Embrace), 받아들이며(Accept), 음식 외의 긍정적인 대안으로 전환하는(Turn), 이른바 EAT 3단계 방법이다. EAT법(EAT 3단계를 줄여서 EAT법으로 부른다)은 감성지능 모델에서 차용한 감정조절 스킬에 마음챙김을 결합한 식습관 방법이다. 이는 감성지능을 이용하여 음식과의 관계를 건강하게 바꾸는 데 중요한 역할을 한다. 즉 먹고 싶은 갈망을 잘 다스리고, 탐식이나 폭식을 극복하는 데도 큰 도움을 줄 것이다.

감성지능을 높이면 감정적 먹기를 멈출 능력도 저절로 높아진다. 그런데 이 새로운 도구를 효과적으로 활용하려면 과식의 문제를 새로운 방향으로 바라볼 의지가 있어야 한다. 과식은 다이어트로 대적한다고 굴복시킬 수 있는 만만한 상대가 아니다. 섭취량 제한만으로 고칠 수 없다는 말이다. 과식은 보다 깊은 차원에서 정신과 육체의 문제로 봐야 한다. EAT법을 만나기 전, 내담자들은 음식과의 싸움에 대해 근시안적 시각이 대부분이었다. 그들은 이렇게 이야기한다.

"절대 체중이 줄지 않아요!"

"식습관을 고쳐보려고 했지만 보기 좋게 실패했어요."

"그래봤자 무슨 소용이에요? 다이어트는 잠깐 효과가 있을 뿐, 결국 그 자리로 돌아온다고요."

그들은 다이어트에 지쳐 있었고 희망을 잃어버린 상태였다. 하지만 EAT법을 완전히 몸에 익히고 나면 상황은 더 나은 쪽으로 움직이기 시작한다. 음식과 끊임없는 싸움을 벌이는 대신, 마침내 먹는 것을 즐길 수 있다는 희망을 느끼기 시작한다. 내담자 중 일부는 체중 변화를 확인하고 뛸 듯이 기뻐한다. 변화는 겉모습에 그치지 않는다. 그들은 대인 관계나 음식과의 관계에 좀 더 자신감을 갖게 된다. 자신이 원하는 것, 필요한 것, 가치 있게 여기는 것이 무엇인지 확실히 알게 되고, 결단력이 높아지며 자기감정에 대해 좀 더 주도권을 갖고, 기분과 행동 사이의 연관 관계를 더 깊이 인식하게 된다. 하는 말도 이렇게 달라진다.

"저는 할 수 있어요."

"이건 과정일 뿐이에요. 하룻밤 사이에 이루어질 수는 없잖아요."

"체중계에서 내려와 자신감을 쌓는 데 집중해야겠어요."

"신기하게도 감정에 주도권을 맡겨버리지 않으니 과식하지 않게 되더라고요."

EAT법은 최정상급 의학 및 영양학 학술지에 발표된 수십 가지 임상 연구를 근거로 한다. 이러한 연구들은 섭식 문제의 원인으로 낮은 감성지능을 지목한다. 포만감을 느낀 후에도 계속 먹고, 화가 나거나 지루할 때 음식에 의존하며, 쾌감을 주는 음식을 충동적으로 과식하는 등의 행동이 낮은 감성지능 때문이라는 것이다. 또한 감정을 다스리는 스킬을 배우면(학습이 가능하다는 점을 부디 잊지 말기 바란다!) 감성지능을 높이고 감정에 휩쓸려 음식을 먹으려는 경향을 완화할 수 있다는 연구들도 있다.

EAT 1단계
감정을 알아차려라

이 단계에서는 감정에 귀 기울임으로써 감정을 알아차리는 방법을 배운다. 어떤 감정이든 그 감정을 인지하고, 식별하고, 느끼기 위해서다. 나는 감정을 느끼는 것을 "감정을 맞아들인다"고 표현한다. 찾아온 손님을 안으로 맞아들이듯이. 감정에 귀 기울이는 능력이 커진다면, 당신을 음식으로 내모는 감정을 알아내고, 여기에 휘둘리지 않도록 자신을 보호하는 데 더욱 능숙해질 것이다.

운전면허가 있다면 사각지대가 무엇인지 알 것이다. 사각지대란 운전대 앞에 앉았을 때 정상적인 시야 바깥에 위치한 구역을 말한다. 그 구역을 보려면 의식적으로 고개를 돌려야 한다. 가끔씩 인간에게는 감정의 사각지대가 있어서 의식적으로 찾아보거나 누군가가 지적해주지 않으면 볼 수 없는 감정들이 있다.

직업이 교사인 에리카는 사소한 일에 곧잘 화를 냈는데, 그게 그녀의 타고난 성격이었다. 그 사실을 나도 알았고 그녀의 친구와 가족들도 알았다. 사실상 가까이에 있는 사람들은 다 알고 있었지만, 에리카 본인은 전혀 몰랐다. 물론 친구와 가족들에게 '너 또 소리 지르고 있어'라는 말을 자주 듣는다는 건 알고 있었다.

상담을 진행하면서 에리카는 자신이 끊임없이 짜증을 내며 그 짜증을 요란스럽게 표현하지만, 그런 사실을 자신은 전혀 '의식하지' 못하고 있음을 깨닫게 되었다. 그런 그녀가 자기 목소리에 귀 기울임으로써(평소와 같은가? 격앙된 목소리인가? 또 소리를 지르고 있는가?) 짜증에 미리 대처할 수 있었다. 그러자 놀라운 변화가 일어났다. 주변 사람들과의 관계가 개선되었을 뿐 아니라 속상하거나 화가 날 때 음식을 집어 드는 횟수도 줄어든 것이다. 에리카는 몸의 언어에 귀 기울이면서 자신이 화가 났음을 알려주는 실마리를 찾아낼 수 있었다. 예를 들어 화가 나면 몸이 떨리거나 얼굴이 붉어졌다.

감정을 알아차리는 방법을 배울 때, 몸은 당신이 느끼는 감정에 대해 중요한 정보를 제공한다. 몸을 떨거나, 호흡이 가빠지거나, 어깨가 축 처져 있거나, 주먹을 꼭 쥐는 것과 같은 신체 언어는 몸 안에서 벌어지고 있는 일에 첫 번째 실마리가 될 수 있다(9장에서 신체 언어를 더 자세히 다룰 것이다). 또한 몸은 상충하는 정보를 보여주기도 한다. 업무 중 겉으로는 미소를 짓고 있지만 속은 부글부글 끓고 있는 경우를 들 수 있다.

감정을 말로 표현하기

1단계의 핵심은 감정을 말로 표현할 때 그 가치를 깨닫는 것이다. 다소 회의적인 내담자들은 이 간단한 행동이 식습관과 체중 관리에 어떻게 도움이 되느냐고 묻는다. 그럴 때 나는 다음과 같이 설명한다. 라디오를 들으면서 운전 중인데 갑자기 주파수가 맞지 않는다고 상상해보자. 시끄럽고 치직거리는 잡음이 차 안을 가득 메운다. 당신은 얼른 라디오를 끄고 귀를 괴롭히는 소음을 침묵시킨다. 그 잡음은 불확실하고 혼란스러운 감정과 비슷하다. 내면의 잡음이 참기 힘들 정도로 커지면 당신은 그걸 먹는 것으로 침묵시킬 수 있지만, 안타깝게도 음식이라는 '진통제'의 힘이 떨어지면 잡음은 다시 돌아온다.

이번에는 운전 중 라디오에서 한 번도 들어본 적 없는 노래가 흘러나오고 있다고 상상해보자. 낯설지만 어쩐지 마음에 와 닿는 노래다. 자연스럽게 곡에 빠져든다. 당신은 볼륨을 높이고 열심히 가사를 듣는다. 갑자기 눈물이 핑 돈다. 이유는 알 수 없다. 혹은 어떤 추억이 의식의 표면으로 끓어오른다. 수년 간 한 번도 떠올린 적 없는 추억이었다. 당신은 당혹스럽다. 이건 어디서부터 비롯된 걸까? 아무래도 상관은 없다. 노래 가사가 당신의 감정을 정확하고 완벽하게 포착하고 있기 때문이다. 당신은 계속 노래를 흥얼거린다. 완전히 입에 붙을 정도로. 그 후로 속상한 일이 생기면 그 노래가 떠오르고 즉시 마음이 차분해진다. 당신이 느끼는 기분을 어느 누군가가 알고 있다는 것, 혼자가 아니라는 안도감이 든다.

감성지능을 높이면 그 '노래'를 찾을 수 있다. 감정을 완벽한 언어로 표현할 수 있는 능력을 얻는다. 잡음은 사라진다. 정확한 표현을 찾으면 마음이 진정되고 잘 대처할 수 있다. 누구든 가끔은 마음의 주파수를 맞추는 데 어려움을 겪지만, 감정적 먹기를 하는 사람들은 그걸 무척이나 힘들어한다. 주파수를 맞출 수 없을 때, 그들의 감정은 뇌를 장악해버리는 경향이 있다.

내담자 재키는 EAT법을 이제 막 익히기 시작했고, 음식과 관련된 실수는 현저히 줄어든 상태였다. 그런데 어느 날 그녀는 당황한 상태로 상담실에 들어왔다. 전날 밤 약혼자와 저녁을 먹으러 식당에 가서 메인 요리를 절반쯤 먹고 나머지 절반은 집으로 가져왔다고 했다. 우리가 함께 논의한 적이 있고 몇 차례 성공한 적이 있는 전략이었다. 그러나 이번에는 저녁을 먹고 나서 여전히 배가 부른 상태인데도 남겨온 음식을 깨끗이 먹어치웠다.

"이유조차 모르겠어요.." 그녀는 허탈한 듯 말했다.

"냉장고를 열기 직전에 어떤 기분이었나요?" 내가 물었다.

그녀는 한숨을 쉬었다. "짐이 저녁 식사 때 한 이야기를 생각 중이었어요. 우리 재정 상태가 조금 나아질 때까지 결혼식을 미루는 게 좋겠다고 했거든요. 제 입장에서 그 말은 파혼 선언처럼 들렸어요. 집에 돌아와서 저는 패닉 상태가 되었고, 미처 깨닫기도 전에 뭔가를 먹고 있더라고요."

"어떤 감정을 느꼈는데요?" 내가 다시 물었다.

"음… 불안했던 것 같아요. 정말 너무나 불안했어요."

그 순간 나는 그녀의 얼굴에 떠오른 표정을 보았다. 내담자들이 의외의 연관성을 깨달을 때 자연스럽게 나오는 표정이었다. 재키는 그렇게 감정을 말로 표현하고 나서야 아무 이유 없이 얼빠진 행동을 하지는 않는다는 걸 이해했다. 그녀는 결단의 순간 두려움이라는 감정에 대응하지 않고 반응했고, 그 때문에 음식을 먹은 것이었다. 만약에 그 감정을 알아차렸더라면, 즉흥적으로 반응하는 대신, 멈춤 버튼을 누르고 대응하기가 더 수월해졌을지 모른다.

말이 떠오르지 않을 때

'말은 마음의 목소리.'(공자)

누구나 감정을 말로 표현하기 어려워한다. 감정은 복합적이고 혼란스러워서 때로는 그 감정을 표현할 어떤 말도 떠오르지 않을 때도 있다. 특히 감정표현불능증이 있는 사람들은 자신의 감정을 알아내고, 표현하는 데 유난히 어려움을 겪는다. 나는 이런 증상이 있는 내담자들과 함께 작업한 적이 있다. 내 경험상 이들은 섭식 문제를 풀기 전에 자신이 느끼는 감정을 말로 표현하는 방법부터 배워야 한다. 다행히 이것은 학습이 가능하다. 배우자나 연인과의 문제로 속만 끓이는 대신, 상대방에게 당당히 "자기야, 나 속상한 일이 있어. 우리 얘기 좀 해"라고 말할 수 있어야 한다.

우리가 감정 표현을 배워야 할 타당한 이유가 있다. 바로 타인과의 건강한 관계, 음식과의 건강한 관계를 위해서다. 당신이 어떤 감정을 느끼는지 인식하는 능력과 이에 건강하게 대응하는 능력은 중요하다. 그런데 자신의 감정을 말로 표현하지 못한다면, 좋은 관계를 맺고 건강한 식생활을 유지하는 데도 어려움이 생길 수 있다.

나는 임상 경험을 통해 감정을 표현하기 어려워할수록 섭식 문제가 심각해진다는 것을 직접 확인했다. 감성지능이 높은 사람들은 감정표현불능증이 발병할 가능성이 낮고, 감성지능이 낮은 사람들은 발병 가능성이 높다. 다음 질문을 통해 당신이 감정을 표현하는 데 얼마나 어려움을 느끼는지 판단해볼 수 있다.

- 어떤 감정이 느껴지면 그때그때 그 감정을 처리하는가, 아니면 몇 시간 혹은 며칠 뒤에 처리하는가?

- 격한 감정이 느껴질 때 마음을 닫아버리거나 말하고 싶어 하지 않는 편인가?

- 기분을 표현할 때, 엉뚱한 단어를 선택하곤 하는가? 예를 들어 실제로는 '좌절감'을 느끼는데 '스트레스'를 받았다고 말하는가?

- 남들에게 기분을 말할 때 그들이 당신의 말을 이해하지 못할 것 같은가?

- 두통, 근육 긴장, 배탈 등 여기저기 불편한 곳이 많은 편인가?

- '내 감정을 설명하려고 애써봐야 무슨 소용이야? 어차피 아무도 이해하지 못할 텐데'라고 자주 생각하는가?

- 감정이 시시때때로 바뀌는 편이라 파악하기조차 어려운가?

- 감정을 실제로 느껴보기보다 감정에 대한 생각을 더 많이 하는가? 예를 들어, 슬픔을 느끼고 있다는 사실에 대해 생각하는가, 아니면 가슴이 찢어질 듯한 상태로 슬픔을 직접 경험하는가?

- 몸이 혼란스러운 신호를 보낸 적이 있는가? 예를 들어, 심장이 빠르게 뛰기 시작할 때 혹시 그것이 아픈 것인가, 화가 난 것인가?

- 때로는 남들이 마땅히 '느껴야 한다'고 생각하는 것과 다른 감정을 느끼는가? 예를 들어 뭔가를 잃어버렸을 때, 남들은 슬퍼해야 한다고 생각하지만, 당신은 화가 나는가?

감정은 기분과 환경에 따라 빠르게 변할 수 있기 때문에 몇 개의 질문에 '예'라고 답했다고 크게 문제될 건 없다. 하지만 대다수의 질문에 '예'라고 답했다면 3부의 도구들을 통해 감정을 말로 표현하는 능력을 향상시킬 수 있다.

EAT 2단계
감정을 받아들여라

감정은 수도꼭지와 같다. 너무 콸콸 쏟아지게 틀어놓으면 감정에 초토화되거나 제압당할 수 있다. 감정의 흐름이 너무 거세기 때문이다. 그렇다고 아예 꺼버리면 필요한 물을 얻을 수 없다. 수용은 수도꼭지를 조절하고 감정의 흐름을 관리할 수 있게 도와준다. 수용의 첫 단계는 감정을 허락하는 것이다. 감정에 완전히 마음을 열고 있는 그대로 감정을 직시하면 그 감정을 잘 이용할 수 있다.

EAT법 2단계에서는 감정을 수용하는 방법을 배운다. 그래야 그 감정을 생산적으로 이용할 수 있다. 감정을 반드시 이용해야 하는 이유는 충실한 의사결정을 내리는 데 꼭 필요하기 때문이다. 우리가 당장 조치가 필요한 상황에 주의를 기울일 수 있는 건, 감정 덕분이다. 그런데 감정을 무시하거나, 쫓아버리면 융통성 있게 대처하지 못하는 위험에 빠지게 된다.

휴가를 맞아 크루즈 여행을 떠났다고 가정해보자. 식당에 들어가는 순간, 어마어마한 양과 종류의 음식들에 압도되었다. 선택할 수 있는 음식의 가짓수가 너무 많고, 올바른 식사 결정을 내려야 한다는 부담감도 너무 크다. 당신은 뷔페의 광경을 보고 느낀 심리적 압박을 극복하지 못한 채, 자기합리화로 그 감정을 차단해버리고('지금은 휴가 중이잖아. 안 될 것도 없지?') 몇 번이고 접시가 넘치도록 음식을 담아온다. 안타깝게도 감정적 먹기나 스트레스성 폭식을 하는 사람들은 수도꼭지를 콸콸 쏟아지게 열어놓았다가 당황해서 흐름을 완전히 차단해버리는 일이 잦다. 법무사로 일하는 맨디는 초콜릿이 감정의 수도꼭지를 얼마나 잘 잠가주는지에 관해 솔직한 심정을 들려주었다.

"상사가 제 책상에 또 한 무더기의 서류더미를 올려놓으면 저는 정말 참을 수 없는 기분이 돼요. 겁이 나고, 열도 받고, 문을 박차고 나가 다시는 돌아오지 않고 싶어지죠. 이럴 땐 초콜릿이 약이에요. 저를 부드럽게 달래주고 시중의 어떤 약보다 효과적으로 스트레스를 차단시켜주니까요. 너무 잘 들어서 속이 상할 정도예요."

시간을 들여 훈련한 끝에 맨디는 감정을 허락하는 것, 곧 수용하는 것이 생각의 방향을 돌리는 데 중요한 역할을 한다는 걸 깨달았다. 이 생각이 다시 행동의 방향도 돌려세운다는 사실까지도.

대개의 경우, 수용은 감정을 머리로 해석하고 이해하는 데서 비롯된다. 감정을 생각과 접목하는 방법을 배우면 통찰 주도적인 결정을 내리는 비중이 높아진다. 처음에는 감정을 수용하기가 어려울 수 있으나, 약간의 거북함을 견딜 힘이 있다면, 감정을 음식과 함께 꾸역꾸역 삼켜버리거나 마비시키지 않고, 모든 감정에 직접적으로 대처하는 방법을 배울 수 있다.

쉽지는 않았지만 맨디는 스트레스가 업무의 일부임을 인정해야 했다. 인정한 다음은 행동이었다. 상사가 '서류더미 투하'를 하면 적어도 1분 동안 조용히 그 자리에 앉아 있었다. 스트레스를 인식하고 맞아들이며, 그 다음에는 상사에게 대들거나 초콜릿으로 스스로를 달래지 않았다. 그리고 핵심적인 평정심 도구와 이 책에서 소개하는 다른 도구들을 사용해 밀려드는 분노, 걱정, 짜증을 잘 참아냈다. 그러는 사이 맨디는 감정도, 초콜릿에 대한 갈망도 지나가는 한때라는 걸 깨달았다. 기분이 썩 좋은 상태가 아님을 받아들이고, 잠깐 동안은 괜찮다는 사실을 기꺼이 수용할수록 식탐을 더 효과적으로 이겨낼 수 있었다.

바꿀 수 없는 것을 받아들인 이후

"결국 비가 올 때 할 수 있는 최선은 비가 계속 내리게 내버려두는 것이다."
(헨리 워즈워스 롱펠로)

수용은 현실의 상황을 바꾸려 시도하지 않고 있는 그대로 받아들이는 행위다. 이것은 기독교부터 불교까지 많은 종교와 영적인 믿음의 핵심 전제이기도 하다. 물론 이것은 쉬운 것이 아니다. 문명의 발단 이래 인간은 줄곧 당면한 상황을 받아들이기 힘겨워했다. 그래서인지 로마의 황제 마르쿠스 아우렐리우스는 "운명이 맺어준 것들에 적응하고, 운명이 맺어준 사람들을 사랑하되 진심으로 그렇게 하라"는 말을 남겼다.

수용이라는 개념은 알코올 의존증 및 여타 중독을 극복하기 위한 치료의 일환으로 1930년대부터 존재해왔다. 특히 '익명의 알코올 중독자들(Alcoholics Anonymous, AA)'이라는 모임을 통해 주목을 받았다. AA는 신학자 라인홀트 니버가 1940년대에 쓴 평온을 비는 기도(Serenity Prayer : 주여, 우리에게 우리가 바꿀 수 없는 것을 평온하게 받아들이는 은혜와 바꿔야 할 것을 바꿀 수 있는 용기, 그리고 이 둘을 분별하는 지혜를 허락하소서.―옮긴이)를 변형시켜 사용했다. 이 기도문은 익명의 과식자들(Overeaters Anonymous, OA)을 비롯한 대다수 12단계 프로그램(알코올, 도박 등 다양한 중독의 치료와 회복을 위한 프로그램의 명칭―옮긴이)의 핵심 강령을 담고 있다.

섭식 치료에서도 수용 개념이 뚜렷이 부각되기 시작한 것은 최근에 들어서

다. 수용전념치료(Acceptance and Commitment Therapy, ACT)의 창시자인 심리학자 스티븐 헤이스는 변화의 열쇠로 수용을 적극 지지한다. 현재의 위치를 인정해야만 변화할 수 있다니 모순으로 여겨질 수 있지만, 증거에 따르면 이 방법은 분명 효과가 있다.

그렇다면 수용이 식생활 관리에 어떻게 도움이 될까? 우선 엄청난 양의 감정적 에너지를 절약해준다. 혹시 '가장 꼭대기 선반에 있는 초콜릿은 잊어버리자. 아예 생각을 하지 말자'고 다짐한 적이 있는가? 그것은 사고 억제(thought suppression) 행동이다. 명백하게 존재하는 감정과 생각을 내리누르려 애쓰고 있다는 뜻이다. 그런데 음식 생각을 잊으려고 애쓰면 오히려 생각이 더 난다는 연구 결과가 있다. 억제나 억압보다는 인정이 보다 건강한 대안이다. 먹고 싶은 갈망이 있음을 인정하고 수용하는 것이 갈망을 없애려고 애쓸 때보다 더 나은 결과로 이어질 가능성이 높기 때문이다.

감정도 마찬가지다. 감정은 내면의 자아가 보내는 심부름꾼이다. 감정에 맞서 싸우려고 애쓸수록 그 감정은 더 강력해진다. 감정을 수용하고 맞아들일수록 감정의 힘은 더 약해지고, 역설적이게도 당신은 더 강해진다. 수용은 일회적인 이벤트가 아니라 과정임을 알아야 한다. 감정 때문에 힘들어하고 감정을 헤쳐 나가는 것도 그러한 과정의 일환이다.

EAT 3단계
긍정적 대안으로 전환하라

"아픈 경험을 극복해낸다는 건, 구름사다리를 건너는 것이다. 앞으로 나아가려면 어느 시점에서는 손을 놓아야 한다." (C.S. 루이스)

EAT법의 T는 이 아름다운 인용문과 비슷하다. 과거를 놓아주고 다음 막대를 향해 손을 뻗어야 한다는 것이다. 우리에게는 힘든 감정을 관리하는 건전한 방법이 있다. 친구에게 문자를 보내거나, 화가 날 때는 산책을 하거나, 휴식 시간과 따분함을 소셜 미디어로 채우기도 한다. 하지만 T도구들은 최신 연구 결과에 기초한 새로운 방법들을 제안한다.

지금 당장은 먹는 것이 주체하기 힘들 만큼 강렬한 감정에 대응할 수 있는 유일한 행동처럼 느껴질 수 있다. 그러나 사실은 그렇지 않다. 다른 선택지도 분명 있다. 새로운 도구를 사용하는 것은 정문 대신 뒷문으로 들어가는 것과 같다. 그동안 당신은 정문만을 사용하도록 훈련받아왔다. 쉽고, 직접적이고, 효과적인 방법이었을 것이다. 하지만 당신은 그동안 뒷문이 어디에 있는지 몰라서 사용하지 못했을 뿐이다. 뒷문도 정문 못지않게 효과적이다. EAT법의 T가 감정에 대처하는 새로운 대안들은 당신에게 그 뒷문을 열어준다.

T도구들은 충동조절, 관심 돌리기, 이미지 활용 등 감정을 조절하는 창의적인 방법에 초점을 맞추고 있다. 이 '전환' 단계에서는 음식에 대한 갈망을 예방하거나 극복하고, 임상적으로 입증된 기법과 훈련을 사용하여 음식 없이 자신을 위로하는 법을 제시한다. 그리하여 충실히 지킬 수 있는 식단을 계획하고, 건강에 유익한 결정을 내리는 요령을 배울 수 있다. 스트레스는 평소 같으면 당신을 냉장고 속 아이스크림으로 달려가게 만드는 요인이지만, 이제 당신이 배우게 될 도구들은 그러한 스트레스에 잘 대처할 수 있게 설계되어 있다.

자신에게 효과적인 방법이 무엇인지 알아두는 것은 효과 없는 방법을 아는 것 못지않게 중요하다. 그러므로 이 섹션에 뛰어들기에 전에, 당신을 먹을

거리 앞으로 몰아세우는 감정을 다스리기 위해 현재 사용 중인 건전한 도구를 하나만 찾아내자. 대단한 방법이 아니어도 좋다. 또 늘 효과적이지 않아도 괜찮다. 사람마다 특정한 유형의 도구에 끌리기 마련이다.

당신은 몸을 쓰는 도구에 의존하는 편인가(집 청소, 정원 가꾸기, 운동하기)? 아니면 사람들과의 소통에 익숙한 쪽인가(전화 통화, 친구와 함께 있기)? 그것도 아니면 인지적 전략을 구사하는가(스트레스를 진정시키기 위해 일부러 할 일을 만들고 그 일을 완수하기)? 그 도구를 머릿속에 단단히 기억해둔 다음, EAT법과 어떻게 중복되는지 살펴보라. 어떤 감정 때문에 믿고 의지하는 도구에 손을 뻗게 되고, 그 감정의 어떤 면 때문에 그 도구가 필요한가, 마지막으로 그 도구의 어떤 면 때문에 당신에게 효과가 있는지를 주의 깊게 살펴보라.

일례로 한 내담자는 요리 솜씨가 뛰어난 부인을 둔 덕택에 냉장고에 언제나 만족감을 주는 음식이 가득 채워져 있었다. 그래서 재택근무를 할 때면 그의 간식양은 열 배로 늘어났다. 우리는 그에게 꼭 맞는 도구를 제안했다. 일하다 지루해져서 뭔가 먹고 싶은 충동이 들 때마다 개를 산책시키기로 한 것이다. 나는 하루에 몇 번이나 개를 산책시키는지 살펴보다가 그가 개 목줄을 가지러가는 다른 상황에도 주목하게 되었다. 지루함도 원인이었지만 좌절감이나 집에 혼자 있는 상황(외로움)처럼 다른 감정 때문일 때도 있었다. 그는 음식 대신 긍정적인 대안에 눈을 돌리는 자기 모습을 관찰하면서 자신감이 높아졌고, EAT법의 효과를 직접 확인할 수 있었다.

Eat.Q. 사례
분노를 참지 못하면 미친 듯이 먹는다

내담자들에게 EAT법을 가르칠 때, 내가 가장 먼저 하는 일은 어느 부분에 주력해야 하는지를 파악하는 것이다. 어떤 사람들은 E(embrace)부터 시작한다. 너무 오랫동안 감정을 억누르거나 부인해왔기 때문에 감정적 마비 상태에 이른 경우다. 감정을 행동의 지침으로 삼아 의식적으로 바람직한 결정을 내리려면 감정이 꼭 필요하다. 어떤 사람들은 자신의 감정을 잘 알고 있어서 A(accept), 즉 감정 수용하기부터 시작한다. 대부분의 내담자들은 T(turn)와 관련해 도움이 필요하다. 먹음직스러운 간식이나 마음을 달래주는 음식을 대면했을 때, 음식 대신 긍정적인 대안으로 전환하거나 감정을 극복하기 위한 도구를 찾아야 하는 상태이다.

지금쯤 당신은 이런 궁금증이 들 수도 있다. '나는 지금 어디에 위치하지? 어느 부분에서 가장 도움이 필요할까?' 내담자 중 한 명인 앤드리아의 경험을 소개한다. 앤드리아는 E(알아차리기)와 A(받아들이기)에 별 문제가 없었는데, T(전환하기)와 관련해서는 도움이 필요했다.

첫 상담부터 앤드리아는 자기 기분을 정확히 알고 있었다. 몹시 화가 난 상태였다! 돌봐야 할 아이가 셋이고, 까다로운 고객을 상대하는 서비스직에 종사하고 있었다. 게다가 감정 표현이 없는 남편은 그녀를 한계점으로 몰고 갔다. 남편 앤디는 야근이 많았고, 집에 돌아오자마자 곯아떨어지기 바빴다. 앤디는 원래 우직하고 과묵한 스타일이었다. 결혼 초에 앤디는 대화로 그녀의 흥분을 다독여주어서 한동안은 그녀가 자기감정을 관리하는 데 도움을 주었다. 하지만 그도 점차 지쳐갔는지 아내의 말에 더 이상 귀 기울여주지 않았다.

둘의 관계는 점점 악화되어갔다. 앤드리아는 아이들 뒤치다꺼리에 쩔쩔매고 신경이 곤두설 때마다 뭔가를 먹었다. 짜증을 못 견디고 먹었다는 걸 후회하며 남편에게 도움을 청하기도 했다. 그러나 스트레스와 분노를 관리할 수 없는 상태에서 그녀의 요청은 외조가 부족한 남편에 대한 질책으로 뒤바뀌었다. 남편은 아내의 말을 듣지 않으려 했다. 그러자 방치된 느낌, 무력한 기분, 분노를 이기지 못하고 그녀는 아이들이 잠든 뒤 밤마다 미친 듯 먹을 것을 찾았다. 만일 앤드리아가 자신의 어떤 감정이 건강에 나쁜 선택을 하게 했는지를 알았다면 좀 더 빨리 감정적 먹기를 극복했을 것이다.

앤드리아의 EAT 과정은 다음과 같이 진행되었다.

- **E : 분노를 알아내기** 무엇이 분노를 유발했고 분노가 몸에서 어떻게 느껴졌으며, 먹기와는 어떻게 관련이 있는가. 앤드리아는 분노의 조기 징후를 잘 살핌으로써 음식으로 감정을 무디게 만들기 전에 생산적인 방법으로 대처할 수 있었다.

- **A : 분노를 견뎌내기** 이것은 누구에게나 어려운 과제이고, 앤드리아도 예외가 아니었다. 우리는 분노를 한편으로 밀쳐두거나, 소리를 지르는 등 다양한 방법으로 발산하고 싶어 하지만, 그것은 상황을 더 악화시킬 뿐, 도움이 되지 않는다. 앤드리아는 마음챙김을 위한 잠시 멈춤과 호흡법 등을 사용해 마음을 진정시켰다. 따라서 죄책감 없이 자신의 기분을 그대로 수용하는 한편, 분통을 터뜨리지 않고 다스리는 방법을 터득했다. 분노가 매번 과식으로 이어질 필요는 없었고, 그녀는 이 점을 거듭해

서 상기했다. 사실 분노는 하나의 메시지, 즉 남편과의 관계를 새롭게 정립할 필요가 있음을 말해주고 있었다.

· T : 새롭게 전환하기 앤드리아는 더 효과적으로 분노를 다스리고 남편을 대할 수 있는 새로운 방법이 필요했다. 우리는 EAT법의 T 부분에 대해 아이디어를 모았고, 결국 그녀는 '귀 기울이기'와 '도움 청하기'를 시도해보기로 했다.

이제 앤드리아는 사무실 책장에 위에 놓아두었던 과자 그릇을 치워버렸다. 더 이상 초콜릿으로 스트레스를 풀지 않기 위해서였다. 따분함이 밀려오거나 성난 고객이 전화를 걸면 그녀는 구입해둔 사무용 장난감(업무 스트레스를 완화시켜 주는 어른용 장난감—옮긴이)을 만지작거리거나 심호흡을 실시하고, 책상 위에 걸어둔 마음을 편안하게 하는 만트라를 되풀이했다. 변화는 구내식당에서도 이어졌다. 그녀는 먹는 순간에만 미각을 만족시키고 기분을 달래주는 음식을 선택하는 대신, 건강에 좋은 옵션에 마음이 움직였다. 이 모두가 EAT를 사용한 덕분이었다.

집에서는 전략적으로 휴식 시간을 갖기로 했다. 가볍게 목욕을 하거나 침실로 들어가 10분 동안 문을 꼭 닫아두는 방법이었다. 혼자만의 시간을 확보하기 위해서였다. 그녀는 앤디에게 소리 지르기를 멈추었고, 그동안 해본 적 없는 행동을 했다. 남편에게 도움을 요청한 것이다. 그녀가 남편에게 아이들의 숙제를 봐 달라고 부탁하자 남편은 그렇게 했다. 이번에는 빨래를 정리해달라고 부탁하자 그렇게 했다. 하지만 어떤 날에는 남편도 하지 않는 날도 있었다. 그럴 때면 집안일이 조금씩 쌓였지만 앤드리아는 그전처럼 화를 내지는 않았다. 그럴 수도 있다고 받아들인 것이다. 작지만 대단한 변화였다.

몇 개월 동안 자신에게 귀 기울이기와 남편에게 도움 청하기를 계속하면서 앤드리아의 스트레스와 음식 의존 증세는 확실히 희미해졌다. 그녀는 자기 자신을 좀 더 받아들이게 되었고, 자기 삶도 편안하게 바라보게 되었다. 이렇듯 그녀가 변화하자 남편과 자녀들과의 관계도 더 돈독해졌다. 그녀는 자신의 줄어든 9킬로그램의 몸무게는 자신의 극적인 삶의 변화에 대한 보너스라고 생각했다. 이것도 EAT법이 가져다준 삶의 선물이었다.

━━

나는 당신이 EAT법을 실천할 때, 당신이 기대감에 부풀어 있기를 바란다. 그것의 혜택은 단지 체중을 줄이는 수준에서 그치지 않는다. EAT를 실천하면 당장 기분이 좋아지고, 기분이 좋으면 건강에도 유익한 음식을 선택하게 된다. EAT를 실천한다는 것은 나의 감정을 받아들이고, 몸과 마음의 건강에 유익한 선택을 내린다는 뜻이다. EAT가 가져다주는 혜택은 감정의 수용으로부터 비롯되고, 작게는 체중부터 넓게는 인간관계까지 삶의 모든 부분에 영향을 미친다.

마시멜로 실험

이렇게 상상해보자. 나는 흰 가운 차림에 클립보드를 손에 든 연구원이다. 당신은 내 실험의 피험자다. 나는 당신을 어떤 방으로 데려가 테이블 앞 의자에 앉혔다. 테이블 위에는 당신이 가장 좋아하는 음식이 놓여 있다(무엇을 좋아하는가? 마카로니와 치즈? 유지방 풍부한 아이스크림? 짭짤하게 소금을 뿌린 감자튀김?). 나는 당신을 방에 혼자 두고 문을 향해 걸어가면서 어깨 너머로 이렇게 말한다. "제가 돌아올 때까지 그거 먹지 마세요." 당신이 보통 사람이라면 이 시나리오는 불안을 유발한다. 그런데 사실 이것은 1972년에 네 살짜리 아이들을 대상으로 실시된 실험이었고, 불안을 자극한 음식은 마시멜로였다.

너무나 유명해진 이 스탠퍼드대학교 연구에서 심리학자 월터 미셸은 네 살짜리 아이들에게 마시멜로를 하나 주고 자신이 돌아올 때까지 기다리면 마시멜로를 하나 더 주겠다고 이야기했다. 지금도 유튜브에서 이 실험의 흑백 영상을 볼 수 있다. 어린 꼬마들이 눈을 가리거나 마시멜로를 먹지 말아야 한다고 혼잣말하는 모습을 보면 웃음이 나오지만 음식 때문에 고민하는 사람이라면 동병상련의 마음도 이해할 것이다.

미셸의 이 획기적인 실험을 통해 학자들은 만족지연과 충동조절, 그리고 과식하고 싶은 충동을 이겨내는 데 사용할 수 있는 정신적 도구에 대해 깊은 통찰을 얻을 수 있었다. 대니얼 골먼의 책 《감성지능 EQ》는 미셸의 실험 주제였던 충동관리 능력과 인생에서의 성공 사이에 설득력 있는 상관관계를 제시한다. 성공한 인생을 위해서는 (어쩌면) 대학 학위와 (필히) 근면한 자세 이외에 만족을 지연시킬 수 있는 능력이 필요하다는 것이다. 미셸의 실험은 유능하고 성공적인 리더가 되는 방법에 관한 힌트를 주고, 여러 면에서 유의미한 근거를 보여준다. 이를테면 보다 바람직한 식생활을 위해 감성지능을 활용해야 할 이론적 근거를 제공해준다.

다시, 앞부분으로 돌아가자. 어떤 면에서 당신은 살면서 매일 이 실험에 참가하고 있다. 과자 한 봉지를 들고 방에 혼자 있을 때, 자동차 조수석에 도넛 한 상자를 올려놓고 출근 중일 때, 이 통화만 마치거나 저 이메일만 다 쓰면, 초코바를 먹을 수 있다고 스스로를 다독이며 꿋꿋이 책상 앞을 지키고 앉아 있을 때 등. 실제로는 누구도 당신에게 "이걸 지금 먹지 마세요"라고 말한 적은 없다. 나중에 먹거나 아예 먹지 말라고 다그치고 있는 것은 당신 자신이다. 당신은 네 살짜리 아이들과 똑같다. 단지 이미 성인인 당신은 자신의 음식에 대한 충동을 스스로 잘 다스려야 한다는 것이다. 다시 말해 간식을 눈앞에 둔 채 먹고 싶은 충동을 조절하고, 만족을 지연시키고, 그런 몸부림에서 발생하는 온갖 감정을 관리하는 방법을 당신 스스로 알아내야 한다는 것이다..

2부

감정적 식사를 일으키는 것들

2부
감정적 식사를 일으키는 것들

심리학자로서 경험상 정서적 장벽은 개인이 소망하고 누려야 할 인생을 가로막고 있는 경우가 많다. 그러나 대부분의 정서적 장벽은 적절한 자기사랑, 결단력, 용기로 극복이 가능하다. 감정적 먹기에 익숙한 사람들도, 어린 시절부터 시작된, 꼼짝하지 않을 것 같던 정서적 장벽까지 충분히 극복해 낸 경우는 얼마든지 많다.

감정적 먹기를 하는 사람들이 흔히 직면하는 장벽은 다이어트, 쾌락 추구, 사교적 식사, 스트레스, 트라우마 이 다섯 가지다. 이런 정서적 장벽들은 음식이나 체중 때문에 고심하지 않는 사람들에게도 어려움을 줄 수 있다. 그러나 감정적 먹기를 하는 사람들에게는 더 큰 문제로 다가온다. 왜냐하면 각각의 장벽이 감정을 인지, 이해, 사용, 관리하는 능력에 다양한 방식으로 영향을 주기 때문이다. 우선 다이어트는 음식과 먹는 행위를 둘러싼 감정을 왜곡시킨다. 음식을 제한하고 욕구를 거부하라는 다이어트의 기본 규칙에 밀려서 감정은 부차적인 요소로 전락해버린다. 그런가 하면 쾌락 추구는 그 자체로는 정상적이고 건강한 욕구지만 너무 강해질 경우, 단기적인 욕구(도

넷!)가 장기적인 혜택(건강, 체중)을 눌러서 이길 때가 많다.

또한 사교적 식사는 건전한 경계가 없으면 특히 어려워진다. 경계가 확고하지 못하면 음식을 자꾸 권하는 사람들, 사회생활에서 오는 불안, 남들과 어울리고 싶은 욕구 앞에서 속수무책으로 무너진다. 그리고 스트레스 상태에서는 대개 감정에 적절히 대응하는 대신 과하게 반응하게 되고, 결과적으로 음식에 대해 건전한 결정을 내리는 능력에도 큰 타격을 입힌다. 마지막으로 트라우마는 도저히 이해하거나 신뢰할 수 없는 수준까지 감정을 왜곡시킨다. 모든 감정이 너무 강렬하거나 너무 혼란스러운 상태이기 때문이다. 이 책을 읽고 있는 당신은 다섯 가지 장벽 중 하나 이상 때문에 고심하고 있을 것이다. 그것이 어떤 장벽인지 알고 있는가? 알고 있다면 그보다 더 중요한 건, 그 장벽을 수용할 수 있는지 여부다. 장벽이 존재하는지도 인정하지 못한다면, 그걸 무너뜨릴 수 있을 리 만무하다! 비결은 꾸준한 노력이다.

Food
Relation-
ship

4장

다이어트

다이어트 둘째 날은 항상 첫날보다 쉽다.
둘째 날이면 다이어트를 그만두기 때문이다.

— 재키 글리슨(희극인, 1916~1987)

《매기는 다이어트 중》이라는 어린이 책에 대해 들어본 적이 있는가? 한때 이 책은 세간의 화젯거리였다. 네 살에서 여덟 살 아이들을 주요독자로 겨냥한 이 책은 몸무게 때문에 놀림을 받는 열네 살 소녀가 주인공이다. 참다 못한 소녀는 다이어트에 돌입하고(건강한 다이어트이긴 했다) 운동을 시작한다. 결국 소녀는 체중을 줄이고 학교에서 축구 스타가 되어 인기와 자신감을 얻는다.

해피 엔딩인 이 이야기를 당신은 어떻게 느끼고 있는가. 주인공 매기에게는 행복한 결말이었지만, 성인 입장에서 이 책은 분명 다이어트에 관한 부정적인 감정을 부추긴 게 틀림없었다. 대중의 항의가 너무 거셌고 급기야 기사화되기에 이르렀다. 물론 저자는 좋은 의도로 시작했고 아이들의 체중 문제를 진심으로 돕고 싶었을 것이다. 하지만 나는 이러한 반발에 더 근본적인 원인이 작용한다고 생각한다. 우리들은 다이어트가 장기적으로는 효과가 없다는 것을 냉정하게 알고 있다.

이 시점에서 우리는 건강한 식습관을 세우는 것과 다이어트를 구분할 필요가 있다. 전자의 경우, 국가적으로 체중과 관련한 건강 문제가 늘어나는 상황에서 바람직한 일이다. 하지만 여기서 말하는 다이어트는 특정 식품군의 섭취를 제한하거나 박탈감을 느끼는 형태의 아주 제한적인 모델을 바탕으로 한다. 다이어트에 관한 통계에 따르면, 다이어트의 성공은 대체로 일시적인 것으로 드러났다. 체중을 줄인 사람들 가운데 3분의 1에서 절반 사이가 1년 이내에 원래 체중으로 되돌아온다. 흔히 말하는 다이어트는 이미 그 힘을 잃어버린 것이다.

확신컨대, 매기에게는 다이어트의 대안이 있다. 바로 감성지능 스킬을 사용하는 것이다. 융통성, 충동조절, (공복감과 식욕을 일으키는 감정에 대한) 자기인식, (감정을 극복할 건전한 방법을 찾는) 자기규율 능력을 활용하면 얼마든지 건강하고 지속가능한 다이어트가 가능하다. 나는 열네 살 소녀도 이것을 습득할 수 있다고 믿으며, 당신도 당연히 잘해낼 수 있다고 생각한다! 이 방법으로 당신은 눈앞에 놓인 맛있는 음식을 두고 먹을지 말지 '의식적인' 선택을 내릴 힘을 갖게 되며, 그러면 비로소 다이어트의 강박에서 자유로워질 것이다.

나는 당신이 이 책을 읽으면서 다이어트에 대한 감정을 되돌아보기를 진심으로 바란다. 다이어트는 당신에게 어떤 기분이 들게 하는가? 생애 마지막 다이어트가 될 거라고 약속하고 뛰어들었다 실패한 적이 얼마나 많았는가? 당신은 칼로리나 그램 수를 계산하는 대신, 당신의 기분과 감정을 섬세하게 살핀 적이 있었는가? 없었다면 이제는 대안적 방법에 관심을 함께 귀 기울여보자.

평생을 다이어트 모드로 사는 것은 좌절감을 들게 한다. 식단을 제한할수록 음식에 대한 집착은 커지기 때문이다. 다이어트를 거듭할 때마다 체내의 배고픔 신호를 사용하는 자기 능력에 대한 신뢰는 갈수록 떨어진다. 그래서 언제 그만 먹고, 언제 먹기를 시작해야 할지 판단을 내리기가 점점 어려워진다. 식사와 체중에 대한 생각도 점점 더 유연해지는 게 아니라 점점 더 경직될 뿐이다. 이렇게 경직된 양자택일적 사고는 건강에 매우 위험하다.

앞서 배운 것처럼 유연하게 대처하는 능력은 감성지능과 잇큐에 매우 중요하다. 이 책의 목표는 당신이 다이어트 모드(단순히 먹기를 제한해서 영구적인 체중 감량을 이룰 수 있다고 생각하는 감정 주도적 사고)를 탈출하고, 잇큐 모드에 진입하도록 돕는 것이다. 둘 사이에는 굉장한 차이가 있다. 다이어트 모드일 때는 감정에 휩쓸려서 음식을 먹는다면, 잇큐 모드일 때는 그 감정을 먹는 행위에 건강하게 활용한다.

흑백 사고에서 회색 사고로

많은 내담자들의 시작은 매기와 같았다. 처음으로 다이어트에 돌입했고, 만족스러운 결과를 얻었다. 하지만 어느 시점에 이르러서는 다이어트가 전혀 도움이 되지 않았다. 그래서 다른 다이어트를 시도해보고, 실패하면 또 다른 다이어트를 시도한다. 하지만 성공은 점점 더 멀어져간다. 어느덧 음식과 식사를 둘러싼 감정은 제한과 거부라는 다이어트의 기본 규칙에 밀려서 부차적인 요소로 전락한다. 다이어트 모드에 갇혀버린 것이다.

다이어트 모드에서는 일반적으로 해당 다이어트의 규칙에 따라 무엇을 먹을지 결정을 내린다(설탕 안 돼! 유제품 안 돼! 밀가루 안 돼!). 당신의 기분은 전혀 고려되지 않는다. 내담자들과의 상담 경험에 따르면 다이어트는 음식을 둘러싸고 개인의 심리적 문제로 이어질 수 있다. 예를 들어 먹는 것을 두려워하거나, 먹거나 먹지 않은 음식(혹은 먹고 싶은 음식)에 대해 과도하게 걱정하고, 또 죄책감을 느끼거나 매번 칼로리를 계산하고 감정적으로 먹게 된다는 뜻이다. 또한 다이어트는 끼니 거르기와 폭식 등 무질서한 식사로 이어질 수 있다. 그러나 감성지능을 사용하면 이런 다이어트 모드에서 탈출할 수 있다.

잇큐 모드에서는 흑백의 중간 사이에서 회색의 세상이 보이기 시작한다. 건강한 식습관은 경직된 규칙이 아니라 유연성과 즐거움을 바탕으로 한다. 매번 무엇을 얼마나 먹을지 결정하려는 갈망에 섬세한 감정을 바탕으로 한 마음챙김의 방식으로 대응할 수 있다. 또한 충동과 힘든 감정으로 의사결정을 하지 않도록 스스로를 조절하고 극복하는 방법을 익힐 수 있다. 한마디로 무조건 나의 식욕을 제한하는 것과 나를 돌보고 다스리는 마음챙김의 태도로 접근하는 것 사이에는 엄청난 차이가 있다.

다이어트와 잇큐의 차이점을 더욱 생생하게 설명하기 위해 예를 들어보자. 지금 당신은 디저트 바가 있는 레스토랑에서 식사를 하고 있다. 평소 당신은 디저트를 굉장히 좋아하지만, 당신에게는 치명적 약점이다. 다이어트 모드일 때 당신은 이렇게 생각한다.

'저 디저트 바가 내 이름을 부르는 것 같아. 와, 라즈베리 치즈케이크가 있네! 안 돼, 안 돼. 나는 다이어트 중이고, 지금도 너무 뚱뚱하다고. 그런데 너무 맛있어 보이네. 하지만 그럴 수는 없지. 가만, 무슨

소리야. 내가 언제는 안 뚱뚱했다고. 에라, 모르겠다. 그냥 먹어버리자.' — 감정 주도적 결정

이 시나리오는 좋은 결말로 이어질 가능성이 없다. 잠시 뒤에 살펴보겠지만, 다이어트를 하면서 음식 생각을 억누르려고 애쓰는 사람들은 오히려 포기하고 유혹에 굴복하기가 쉽다. 하지만 대안적 방법이 있다. 잇큐 모드일 때 당신은 이렇게 생각한다.

'저 디저트 바가 내 이름을 부르는 것 같아. 와, 라즈베리 치즈케이크가 있네! 물론 먹고 싶지. 실은 저 테이블 위의 디저트를 다 먹어보고 싶은걸. 하지만 단것을 먹으려는 욕구가 나를 지배하도록 내버려두진 않겠어. 샐러드와 저녁을 먼저 먹고 나서 내 기분을 살펴봐야겠다.' — 통찰 주도적 결정

다이어트 모드에서는 배고픔을 참을 것인가, 거하게 먹을 것인가 사이에서 충동이 발생한다. 반면 잇큐 모드에서는 현재의 기분을 인식하는 방법을 습득하고, 그 먹고 싶은 충동을 조절한다. 이러한 인식은 의사결정의 토대가 된다. 디저트 바를 온몸으로 거부하느라 감정 에너지를 낭비하지 않기 때문에 자신이 얼마나 먹을지를 결정 내리기가 한결 수월해진다. 사실 좋아하는 음식을 '조금만' 먹기로 결정한다는 것은 쉽지 않은 일이다. 그러나 생각의 유연성이 높아지면, 치즈케이크를 너무 많이 먹는 것과 전혀 먹지 않는 것 사이에서 중용의 해결책을 찾을 수 있다. 다이어트 모드와 잇큐 모드의 차이점을 좀 더 자세히 살펴보자.

Diet vs. Eat.Q. 1
다이어트는 숫자에 민감하고,
잇큐는 감정과 공복감을 탐색한다.

기본적으로 다이어트는 숫자 게임이다. 기름기 없는 붉은 고기 이만큼, 자몽 저만큼, 아이스크림 이만큼, 그릴에 구운 닭 가슴살 저만큼 등. 칼로리, 지방 함량, 탄수화물 함량을 따지든, 한 컵이니 한 스푼이니 하는 계량 단위를 확인하든 다이어트에서는 숫자가 중요하다. 숫자를 계산할 필요가 없다고 장담하는 다이어트조차 이미 계산을 해놓았기 때문에 계산하지 않아도 된다는 말일 뿐이다.

물론 그 말도 맞다. 숫자는 중요하다. 빅맥 하나에 들어 있는 지방 29그램은 체중을 관리하고 건강을 지키겠다는 목표를 세운 사람에게 지나치게 많다. 하지만 그것보다 빅맥을 먹기로 한 감정 주도적 결정('먹고 싶다'는 욕구)을 관리하지 않으면 아무리 노력해도 숫자의 늪에서 벗어날 수 없다.

무엇을 먹을지 결정할 때마다 우리는 느낌에 따른 선택을 내린다. 눈으로 보기에 먹음직스럽고, 좋은 기분이 드는 음식을 고른다는 것이다. 만약 그렇지 않다면('무엇을 먹어야 하는가'에 대해 지식 중심으로 선택을 내린다면) 레스토랑 메뉴는 생생하게 음식을 묘사하는 대신에 '지글거리는' '육즙이 많은' '버터처럼 부드러운'과 같은 영양 정보만 줄줄이 나열해놓는 형태가 되었을 것이다.

음식이 우리 안에 얼마나 강렬한 감정들을 불러일으키는지 명확히 보여주는 증거를 하나 제시하겠다. 혐오감과 음식 사이의 관계에 대한 연구로 유명한 음식 심리학자 폴 로진은 1980년대 중반, 다소 불쾌감을 줄 수 있는 실험을 실시했다. 실험 참가자들에게 개똥처럼 생긴 초콜릿 사탕을 건네고 그 반응을 조사하는 것이었다. 실험 결과는 40퍼센트 이상이 초콜릿을 사양했다. 그들은 '뭐 어때, 이건 초콜릿 사탕일 뿐이잖아'라고 생각하지 않았다. 감정(혐오감)은 확실하게 논리를 압도했다.

숫자보다 감정이 먹을지 말지 선택하는 결정에 영향을 끼치는 사례는 또 있다. 저명한 연구자 재닛 폴리비와 C. 피터 허먼이 처음으로 주목한 이른바 '에라 모르겠다' 현상은 다이어트를 하는 사람들에게 흔히 나타나는 행동 패턴을 가리킨다. 즉 식사를 제한하다가(다이어트) 과식을 한 후 죄책감을 느끼고 더 과식을 하는 패턴이다.

폴리비와 허먼은 다이어트를 하는 사람들이 먹고 싶은 음식을 자제하느라 엄청난 양의 인지 에너지(이른바 '자제력')를 사용한다는 사실을 이전의 연구로부터 알고 있었다. 그래서 역조절(counter-regulation) 현상에 관한 획기적인 실험을 기획했다. 다이어트를 하는 사람들과 하지 않는 사람들에게 작거나 큰 사이즈의 밀크셰이크를 주었을 때, 아이스크림을 얼마나 많이 먹는지 비교해본 것이다(세 번째 대조군에게는 밀크셰이크를 아예 주지 않았다). 그 결과, 다이어트 중인 사람들은 작은 사이즈의 밀크셰이크를 마신 뒤보다 큰 사이즈의 밀크셰이크를 마신 후에 아이스크림을 오히려 더 많이 먹었다. 그 이유는? 소량이라도 간식을 먹고 난 뒤 다이어트를 하는 사람들은 '에라 모르겠다. 어쨌든 다이어트는 망쳤으니 먹고 싶은 거라도 실컷 먹는 게 낫겠어'라고 생각했기 때문이었다.

연구에 따르면 다이어트 중인 사람들이 타인의 과식하는 모습을 지켜보거나, (정확히는 몰라도) 자신이 정해진 칼로리 이상의 음식을 먹었다고 생각할 때도 똑같은 현상이 나타났다. 한 연구에서는 그저 음식 냄새를 맡는 것만으로도 이 현상이 나타났다.

당신은 어떤가? 다이어트 중 마음이 약해져 아이스크림 한 숟갈을 먹거나 그릴에 구운 닭 가슴살 대신 피자 한 조각을 먹으면 '에라 모르겠다' 현상이 나타나는가? 대답은 '그렇다'일 확률이 높다. '아 몰라'라는 말이 나올 시점에 이르렀다면 당신은 틀림없이 부끄러움, 죄책감, 후회, 분노, 좌절감, 절망 등 수많은 감정과 싸우고 있었을 것이다. 감정은 이토록 쉽게 우리를 원하는 경로에서 이탈시킨다.

그렇다고 실망하지 말자. '에라 모르겠다' 현상에서 벗어나는 길은 EAT법에 있다. 당신의 잇큐를 끌어올리면 감정적 먹기에 더 효과적으로 대처할 수 있다. 자신감을 갖자.

Diet vs. Eat.Q. 2
다이어트는 규칙을 따르고, 잇큐는 감정에 귀 기울인다.

한 친구가 스스로 표현하기를 무분별한 유동식 다이어트로 최근 살을 많이 뺐다고 말했다. 15킬로그램 이상 줄였으니 그녀의 기준으로 다이어트는 나름 성공이었다. 하지만 이 대화를 나누던 중 친구는 내 귀를 의심케 할 만한 이야기를 꺼냈다. 우연히도 다이어트를 시작한 지 얼마 지나지 않아, 남편이 진행성 피부암을 진단받았다고 한다. 짐작할 수 있다시피 그녀에게는 발밑이 꺼지는 심정이었다. 생활은 완전히 통제를 벗어났고, 걱정 때문에 식욕도 뚝 떨어졌다. 물어보지 않았으니 확인할 길은 없지만, 그 혼돈 가운데 하루에 몇 차례씩 홀짝이는 셰이크가 친구의 마음에 위안을 주지는 않았을 것이다. 다행히 남편은 건강을 되찾았지만, 친구에겐 나쁜 소식이 기다리고 있었다. 바로 줄었던 체중이 회복하고도 여기에 더해 4.5킬로그램이나 더 쪘다는 것이다.

다이어트 모드에서는 칼로리나 식품군을 제한하고 셰이크를 마시는 방법으로 신속한 결과를 얻기도 한다. 물론 그 고충을 견디어내는 경우에 한해서다. 하지만 그렇게 견디어낼 수 있다 한들, 계획에 예상치 못한 변동이 생기면 어떻게 되는가? 스트링 치즈를 구할 수 없거나 셰이크를 타서 마실 상황이 안 되면 어떻게 하는가? 물론 비상사태에 대비할 수는 있다. 하지만 내 경험상 사람들은 다이어트가 타격을 받는 상황에 처하거나 금지된 음식에 물리적으로 가까워지면 그대로 얼어붙는 경향이 있다.

다이어트를 그럭저럭 잘 유지해오던 내담자 한 분이 기억난다. 하지만 그건 기금 마련을 위한 피자 판매 행사에서 자원 봉사를 하기 전까지였다. 다이어트 규칙에 집착하다가 한순간 규칙에서 벗어나면서 식생활의 리듬을 완전히 잃어버린 것이다.

잇큐 모드로 생활할 때는 음식을 관리하지 않고, 감정을 관리하기 때문에 먹고 싶은 갈망이 관리된다. 감성지능을 높이면 사고의 유연성도 높아진다. 잠시 숨을 돌리고 지금 느껴지는 감정을 판단할 수 있다. 그리고 긍정적인 대안으로 전환하는 것이다. 예를 들어, 방금 이야기한 내담자가 잇큐 모드로 생활하고 있었다면 자신이 피자를 너무 많이 먹을 가능성이 있음을 인정하고 남편을 대신 보내든지 다른 대안을 모색했을 것이다. 남편은 당연히 즐거운 마음으로 피자를 먹었을 것이고, 아니면 전면에 나서지 않고 뒤에서 돕는 방법을 택할 수 있었다. 하지만 그녀는 자신이 피자를 너무나 먹고 싶어 한다는 사실을 직시하지 못했기 때문에 결과적으로 자신의 식탐을 관리하지 못했다.

아직도 감정을 관리하는 것이 음식과 평화로운 관계를 맺는 열쇠라는 걸 믿지 못하겠는가. 그렇다면 또 다른 이야기가 있다. 감정적 먹기를 하는 내담자들 가운데 몇 명은 위장 문합술(위유문부 또는 십이지장에 통과장애가 있는 경우 음식물을 통과시킬 목적으로 거기에서 위벽과 공장을 문합하는 것—옮긴이)을 받은 이력이 있다. 이 수술로 다들 처음에는 체중이 줄었지만, 모두가 감정적 먹기를 극복할 수 있었던 것은 아니다. 안타깝게도 그런 사람들은 체중이 원래대로 돌아왔다. 감정이 음식 선택에 미치는 강력한 힘은 수술로도 고칠 수 없었던 것이다.

당신도 같은 일을 겪을 필요는 없지 않은가. 잇큐 모드로 생활하면 식단을 과감하게 바꾸지 않고 음식과 관계 맺는 방식만 바꾸면 된다. 잇큐 모드에서 가장 큰 변화는 다양한 상황에서 적응할 수 있는 식사 요령을 터득하게 된다는 점이다. 그래서 다른 나라로 출장을 가든, 크루즈 여행을 떠나든, 아니면 식사대용 셰이크를 구할 수 없더라도 차선책에 따라 행동하게 된다. 즉, 주어진 상황에서 최대한 합리적이며 건강한 식사를 하고, 평소처럼 이런 식생활을 계속할 수 있다.

Diet vs. Eat.Q. 3

다이어트는 식욕과 싸우고, 잇큐는 식욕을 인정한다.

유행하는 다이어트 방법을 시작하자마자 그 다이어트에서 금지하는 음식이 갑자기 먹고 싶은 적은 없는가? 저탄수화물 다이어트에서는 피자, 빵, 감자가 먹고 싶어지고, 저지방 다이어트에서는 촉촉한 육즙에 적절히 지방층

이 낀 갈비가 먹고 싶어진다. 또 어떤 다이어트를 하든지 아이스크림, 초콜 릿, 감자튀김은 늘 먹고 싶은 음식 일순위이다.

대체 왜 그럴까? 이유는 간단하다. '저항하면 갈망한다'는 말은 정확히 맞 다. 뭔가를 거부할수록 그에 대한 욕구는 더 커지는 법이다.

음식 제한(또는 다이어트)과 식탐 사이의 강렬한 연관 관계를 보여주는 연구 결과는 여러 차례 나온 바 있다. 학술지 〈식욕*Appetite*〉에 발표된 최신 연구 에서 다이어트와 식탐에 관한 실험을 실시했다. 먼저 129명의 여성들을 살 을 빼기 위해 다이어트 중인 그룹, 체중을 관찰 중인 그룹, 다이어트를 하 지 않는 그룹의 세 그룹으로 나눈 다음, 일주일 동안 매일 식사일기에 음식 에 대한 갈망을 기록하고 그 기분 변화를 관찰하게 했다. 그 결과, 다이어 트를 하지 않는 여성들에 비해, 다이어트를 하는 여성들은 더 저항하기 어 려운 강렬한 식탐을 경험했다. 그들은 '먹어서는 안 될' 음식을 간절히 먹고 싶었던 것이다.

수많은 연구에 따르면 불필요한 생각이나 감정을 없애려고 하는 통제 전략 이 오히려 그러한 생각이나 감정이 발생하는 빈도나 지속되는 강도를 더 높인다고 한다. 그러나 통제 전략에서 분파된 수용전념치료(Acceptance and Commitment Therapy, ACT)는 다른 접근방식을 취한다. 인지행동치료(Cog-nitive Behavior Therapy, CBT, 생각과 감정이 행동에 미치는 영향을 이해할 수 있 게 돕는 치료)에서처럼 부정적인 생각을 바꾸는 대신, 부정적인 생각을 받아 들이고 더 나아가 친숙해짐으로써 그 영향력을 줄이는 방식이다. 이 접근법 은 통제 전략 못지않게 효과적인 것으로 드러났다.

생각(이를테면 초콜릿을 먹고 싶다는 생각)에 저항하다보면 피하고 싶은 바로 그 행동에 빠져드는 결과를 초래할 수 있다. 드렉셀대학교 연구팀은 98명의 실험 참가자들에게 설문지를 나눠주고 음식 충동에 얼마나 취약한지 측정한 다음, 이후 48시간 동안 초콜릿이 들어 있는 투명 박스를 밤낮으로 상시 휴대하게 했다. 그러자 연구팀이 가르쳐준 대로 먹고 싶은 갈망을 인정한 다음, 그에 대한 행동을 취하지 않기로 하는 수용 전략을 사용한 실험 참가자들만이 초콜릿을 먹고 싶은 유혹을 물리쳤다.

음식에 대한 생각을 자유롭게 내버려두면 오히려 음식에 대한 갈망은 그 힘을 잃어버린다. 초콜릿을 먹으면 안 된다고 억압하는 대신에 얼마든지 초콜릿에 대해 생각하라. 다만 식탐의 다이얼을 완전히 꺼버리지 말고 자기 대화를 통해 뜨거움에서 차가움으로 살짝 낮추어라. '식탐 때문에 정말 죽겠어.' '나는 의지박약이야. 정말 형편없는 사람이야.' 이런 비판적인 생각을 내려놓아라. 이 제안이 반직관적으로 들릴 수 있다는 것을 알고 있다. 하지만 식탐은 사막의 모래 함정과도 같아서 빠져나오려고 몸부림칠수록 더 깊이 빠져버린다.

Diet vs. Eat.Q. 4
지치고 스트레스 받는 상태와 에너지 넘치고 평온한 상태

산드라는 사무실 책상에 표지판을 하나 붙여두었다. 거기에는 '개 조심 필요 없음. 다이어터를 주의하시오'라고 적혀 있었다. 이 말에는 깨알 같은 진실이 담겨 있다. 평소에는 따뜻하고 유쾌한 이 여성이 엄격한 다이어트 중일 때는 영락없는 마녀(본인의 표현이다)로 돌변하고 머리에 안개가 낀 듯한 상태가 된다. 이 표지판은 매우 효과적이었다(그녀의 동료들은 그 경고문을 고맙게 여겼으리라). 어쩌면 당신도 공감하는 이야기일 것이다. 엄격한 다이어트를 하면서 평소보다 유쾌해지는 사람은 거의 없다. 다이어트는 배고픔을 해소시키는 게 아니라 심화시켜서 기분에 악영향을 미친다는 것은 누구나 아는 사실이다. 짜증스러움은 저혈당이 원인이다. 식단을 제한하면 혈당이 떨어지는데, 그때 까칠함은 다이어트의 과정과 더 깊이 관련되어 있을 수 있다.

깨끗한 물, 목재, 금처럼 자제심은 한정된 자원이다. 당신은 까다로운 사람들을 대하고, 스트레스 가득한 상황에서 평정심을 유지하며, 건강에 좋은 음식을 선택하느라 하루에도 여러 번 자제심을 발휘한다. 그러나 1일 자제심 총량을 다 써버리면, 분노와 공격성 같은 감정을 관리하기가 점점 더 어려워진다(자제심에 관한 연구로 유명한 심리학자이자《의지력 Willpower》을 공동집필한 로이 F. 바움에이스터 박사는 그렇게 설명했다). 진심으로 먹고 싶은 간식을 참든, 당장 화장실을 사용할 수 없어 볼일을 참든 종류를 불문하고 자제심을 발휘할 때마다 당신의 감정적 자원은 고갈되고 만다. 매장 직원에게 소리 지르고픈 충동을 억누르고, 아침 회의에서 도넛을 사양한 뒤 하루 일과를 마칠 무렵이면, 감정적 자원이 말라버려서 식탐을 뿌리치기가 점점 더 어려워지는 까닭이 바로 여기에 있다.

또한 다이어트는 감성지능을 활용하기 어렵게 만든다. 내담자가 얼마 전부터 엄격한 다이어트를 시작했다고 말하면, 나는 시작이 험난할 것을 예상한다. 첫 상담이 짜증스러움이나 노골적인 분노로 채워지기 때문이다(다이어트 식단에 어느 정도 익숙해진 다음에는 까칠함이 사라지는 듯하다). 때로는 그 걸러지지 않은 부정성이 어떤 돌파구나 깨달음의 계기가 되기도 하지만, 그러한 기분 동요가 그 사람 인생에서 벌어지는 다른 일들 때문인지, 아니면 다이어트가 불러온 박탈감과 까칠함 때문인지는 판단하기 쉽지 않다. 칼로리와 영양분이 충분하게 포함된 건강한 식단을 따르는 것이 중요하다는 데에는 많은 사람들이 대체로 동의한다. 좋은 영양분 없이는 감성지능의 핵심인 긍정적이고 낙관적인 태도를 유지하기 힘들다. 따라서 식욕을 억제하기보다는 적극적으로 인정하고 적절한 대응법을 찾는 것이 효과적이다. 그것이 다이어트의 집착에서 벗어나 즐거운 다이어트로 전환되는 계기가 될 수 있다.

Eat. Q. 사례
먹기 전에 나에게 묻기 시작하다

세라는 마흔 살 생일을 맞은 후 얼마 지나지 않아 상담을 예약했다. 첫 상담 대부분은 그동안 시도했던 다이어트에 관한 이야기에 할애되었다. 그러다 가볍게 몇 가지 질문을 던지자, 그녀는 자신의 감정에 대해 언급하기 시작했다. 생일날 세라의 남편은 깜짝 파티를 열어주었다. 컴컴한 복도를 더듬거리며 걷다가 "서프라이즈!"라는 기운 찬 함성 소리에 깜짝 놀란 그 순간, 고마움의 파도가 그녀를 휘감았다. 세라를 아끼는 모든 사람들이 그 자리에 모여 세라에 대한 애정을 공개적으로 보여준 것이었다. 그건 정말 최고였다.

하지만 곧이어 최악의 순간이 뒤따랐다. 풍선, 꽃, 선물, 샴페인 병 한가운데 정성 들여 장식한 3단 케이크가 놓여 있었다. 세라는 눈을 감고 소원을 빌었다. 초를 불어서 끄는데, 목이 울컥 메면서 눈물이 뺨을 타고 흘러내렸다. "제가 빈 소원은 '이번 다이어트가 성공해서 올해는 제발 살을 빼게 해주세요'였어요. 그러다 저는 깨달았죠. 지난 20년 동안 똑같은 소원을 빌었다는 걸요. 마음이 부서지는 듯했어요. 하지만 놀랍게도 그 다음으로 떠오른 생각은 '오늘 저녁, 케이크를 한 조각 먹는 순간, 이번 다이어트도 망했구나'였어요. 저를 위해 열린 이 멋진 파티에서 그 모양으로 다이어트에 집착하고 있었어요."

"어쩌면 다이어트가 당신에게 최선의 길이 아닌지도 모르죠." 나는 좀 과감히 답했다.

세라는 나를 빤히 바라보았다. "살을 빼려면 각오해야 하는 거 아닌가요? 저는 살 빼려고 여기 온 건데요?" 세라가 물었다.

"과거에 다이어트가 살을 빼는 데 도움이 된 적 있었나요?" 내가 되물었다.

"가끔은요. 어떤 다이어트로는 10킬로그램 이상 뺀 적이 있어요. 하지만 다이어트를 했는데 오히려 살이 찐 적도 있었어요."

"왜죠?" 충분히 짐작 가는 이유가 있었지만 나는 일부러 물어보았다.

"부정행위를 하면 엄청나게 죄책감이 들어서 스스로를 자책하게 돼요. 조금만 삐끗해도 '음, 이번에도 망했군. 기왕 이렇게 된 거 아이스크림이나 좀 먹어야겠다'라는 자포자기식이 되어버리죠."

"다이어트를 중단해버리면 어떤 기분이 들까요?" 내가 물었다.

세라는 잠시 생각해보더니 대답했다. "이상하겠죠. 다이어트를 안 했던 적이 없으니까요. 새로운 다이어트를 시작할 때는 사실 행복감마저 들어요. 마땅히 해야 할 일을 하고 있다는 생각 때문인가 봐요."

여러 차례 상담을 진행하면서 다이어트에 관한 세라의 감정을 파악하는 데 초점을 맞추었다. 거듭되는 다이어트에 실패했을 때의 분노, 분노 밑에 깔린 후회, 무력감, 초조함, 심지어 불쑥 치미는 격한 노여움까지……. 조금 시간이 걸리긴 했지만 세라는 지난 20년 동안 이길 수 없는 싸움을 하고 있었다는 걸 이해하기 시작했다. 결정적으로 세라는 어느 날 다음과 같이 고백했다.

"다이어트를 할 때면 주변 사람들이 전부 미워져요. 저는 0.5킬로그램 줄여보겠다고 굶어야 하는데, 날씬한 회사 동료는 매일 치즈버거를 먹을 수 있잖아요. 그래서 그 여자가 얄미워요."

한 달쯤 지난 뒤부터 세라는 상담에 오지 않았다. 나는 전화를 걸어 내담자들의 상태를 확인하지 않는다. 다시 연락이 올 때까지 기다릴 뿐이었다. 몇 주 뒤, 세라에게서 전화가 왔다. 약속을 잡기 위해서가 아니라 나에게 전할 말이 있어서였다. 지난주에 언니가 방문했는데 여느 때처럼 다이어트 중이었지만 언니가 도착하자 중단했다고 말했다.

"잇큐를 시도해보기로 했어요. 선택의 여지가 없었거든요. 언니는 저처럼 먹는 걸 좋아하고, 언니가 와 있는 동안 다이어트는 불가능해요. 그래서 저는 상담 때 이야기했던 방법을 써보았어요. 메뉴를 볼 때마다 스스로에게 물었죠. '지금 어떤 기분이 들지? 배가 고픈가? 만족스러운가? 이 애피타이저를 원하는 것은 내가 그걸 좋아하기 때문인가, 아니면 오늘 회사에서 고약한 하루를 보냈기 때문인가?' 잠시 멈춤 버튼을 누른 다음, 제 기분을 살피고 주문을 했어요. 이제는 똑똑한 선택을 내리고 싶더군요."

세라는 거의 매일 저녁 외식을 했는데도 2킬로그램이 빠졌다고 말했다. 그녀는 그 후로 두 번 다시 상담실 문을 두드리지 않았다. 먹는 행동에 대해 그녀가 새로운 선택을 시작한 것은 대단한 변화였다. 그것은 그녀가 처음으로 다이어트 모드를 벗어나 잇큐 모드로 들어간 순간이었다.

평생을 다이어트 모드로 살아왔다면 다음 다이어트는 혹시 효과가 있지 않을까 하는 희망을 버리기가 어렵다. 또한 칼로리 계산, 의지력 발휘 등 다이어트의 복음 말씀과 같은 행동을 이제는 그만두라니 의아하게 느껴질 수 있다. 나는 내담자들에게 마크 트웨인이 남긴 다음 명언을 자주 언급한다.

"무언가를 하지 않겠다고 약속하는 것은 몸이 자꾸만 그쪽으로 나아가 바로 그 행동을 하게 만드는 가장 확실한 방법이다."

이것은 다이어트의 경우에도 꼭 들어맞는다. 무언가를 절제하는 것은 목표에 더 가까이 다가가는 게 아니라 목표에서 더 멀어지는 비결이다.

나는 얼마나 다이어트에 빠져 있을까?

자가진단 6

나의 다이어트 모드 알아보기

아래의 자기진단 테스트는 다이어트 전반에 대한 감정을 파악하는 데 도움이 된다. 해당되는 항목에 V 표시해보라.

1. 다이어트 생각을 얼마나 자주 하는가? ( )
  ⓐ 항상 머릿속에 있다.
  ⓑ 가끔 다이어트 생각을 하거나, 좀 더 건강한 식생활을 해야겠다고 생각한다.
  ⓒ 다이어트를 떠올리는 일이 거의 없다.

2. 군침 도는 간식을 발견했을 때 가장 먼저 드는 생각은? ( )
  ⓐ 먹으면 안 돼. 식단에 없는 음식이야.
  ⓑ 저거 몇 칼로리일까(지방 함량, 탄수화물 함량은 얼마일까) 궁금하군.
  ⓒ 다이어트 중이든 아니든 저건 절대 놓치지 말고 먹어야겠다!

3. 슈퍼마켓에서 줄을 서고 있다가 "10일 안에 10파운드를 감량하세요!"라는 신문 헤드라인을 보았다. 당신의 선택은? ( )
  ⓐ 신문을 계산대 위에 올려놓는다. 다이어트 시작이다!
  ⓑ 신문을 집어 들고 기사를 재빨리 훑어본 후 도로 내려놓는다.
  ⓒ 무시하고 구입한 물건들만 계산대 위에 올려놓는다.

4. 텔레비전에 나오는 체중 감량 기구를 보고 드는 생각은? ( )
  ⓐ (사지는 않더라도) 나한테 정말 필요한 물건이군.
  ⓑ 비슷한 기구가 하나 있는데 효과 없었잖아.
  ⓒ 상술이군.

5. 유명인의 체중 증감에 대한 기사를 읽는가? (　)

　　ⓐ 항상 읽는다. 살을 빼거나 살이 찐 유명인들의 모습이 무척 궁금하다.

　　ⓑ 유명인들이 과연 건강한 방식으로 살을 빼는 걸까 의구심이 든다.

　　ⓒ 절대 읽지 않는다. 그런 기사에는 전혀 흥미 없다.

채점하기

(a)에 답한 경우 0점, (b)에 답한 경우 1점, (c)에 답한 경우 2점을 매긴다.

0~3점 : 철저한 다이어트 모드

죄책감을 느낄 필요는 없다. 평생 다이어트를 해왔다면, 엄격한 음식과 다이어트 규칙을 놓아버리기까지 시간이 걸릴 수 있다.

4~7점 : 다이어트 관찰자

당신은 유행하는 다이어트 대부분이 과장되어 있고, 비현실적이며 단기적인 결과만 안겨준다는 사실을 깨달았다. 현명하게도 당신은 새로운 다이어트 정보를 가감하여 듣는다. 그런데도 의식적 혹은 무의식적으로 따르는 과거의 다이어트 규칙에 발목이 매여 있을 수 있다.

8~10점 : 다이어트 비관론자

당신은 다이어트에 실망한 적이 많아서 또 다시 상처 입을 위험을 감수하지 않으려 한다. 당신이 원하는 건 체중 감량 뒤에 숨겨진 과학이다. 그렇다면 계속 읽어나가기 바란다. 감정적 먹기를 극복할 때의 혜택을 뒷받침하는 연구 결과는 엄청나게 많다.

5장

쾌락의 추구

당신이 무엇을 먹는지 말해주면,

당신이 어떤 사람인지 말해주겠다.

— 브리야 샤바랭(미식가, 1755~1826)

1825년, 책 한 권이 세계의 요리 수도 파리를 사로잡았다. 《미식예찬》은 요리와 음식을 사랑하는 사람들의 필독서로서 지금도 많은 사랑을 받고 있는 책이다. 조리법, 역사, 철학 등을 저자 특유의 지적인 재치로 쓴 이 책이 200년이 지난 지금까지 사랑을 받고 있는 이유는 무엇일까? 저자 브리야 샤바랭은 미식학의 창시자이지만 뜻밖에도 그는 요리사가 아니라 벨레라는 지역의 법률가 겸 정치인이었다. 그의 천재성은 음식을 준비하는 부분이 아니라 음식을 칭송하는 부분에서 빛이 났다.

그는 좋은 음식은 칭송받아야 마땅하다고 말했다. 물론 여기에 부인하진 않는다. 하지만 이제 우리는 음식 그 자체보다 음식을 들러 싼 사람들과의 관계 속에서 더 큰 행복을 느끼며 살고 있다. 일요일의 평온한 저녁 식사, 교회의 만찬회, 기념일이나 생일 축하연, 친구들과의 브런치까지 일상생활 속에서 음식과 사람들의 관계는 그만큼 진화되어왔다.

문득 샤바랭이 오늘날 살아 있다면 식사의 즐거움에 대해 어떻게 말했을지 궁금해진다. 먹는 일은 숨 쉬는 일만큼 우리 삶에 꼭 필요하지만, 이제 우리는 사냥을 하거나 채집할 필요 없이, 전화 한 통만으로도 먹을 게 생기는 시대에 살고 있다. 때문에 육체적 허기를 충족시켰다고 해서 큰 기쁨을 경험하는 일은 극히 드물어졌다. 이제 먹는 일은 더 이상 음미해야 할 특별한 이벤트가 아니라 일상적 습관에 불과하기 때문이다.

이처럼 먹는 일이 일상적인 습관으로 전락해버린 요즘에 나는 샤바랭이 강조했던 음식이 주는 기쁨을 당신도 다시 느끼기를 진심으로 바란다. 그것은 음식에 대한 전면적인 부정도 아닌, 과도한 탐닉도 아닌 맛에 대한 순수한 감상으로 당신의 먹고 싶은 욕망과 잘 조화시킬 때 찾아온다. 바로 마음챙김(mindfulness)이 필요한 순간이다.

이번 장에서는 당신이 먹기를 통해 어떤 종류의 쾌락을 추구하는지 알아본다. 또한 쾌락 주도적 먹기에 뛰어드는 이유는 무엇인지, 언제 쾌락 주도적 먹기를 선택하는지를 탐색해보고, 세상이 우리를 쾌락 주도적 먹기로 몰아갈 때, 그 욕구를 다스리는 방법도 배울 것이다.

좋은 음식을 분별 있게 즐기는 방법에 관한 브리야 샤바랭의 조언은 오늘날에도 여전히 유효하다. 당시 '구르망디스(gourmandise, 식도락)'라고 알려진, 음식을 지나치게 즐기는 행위의 위험성에 대해 그는 상세히 설명한 다음, "구르망디스는 판단 행위"라고 선언했다. 그렇다! 음식을 먹으면서 경험하는 쾌락은 그 경험을 어떻게 정의하고, 그 정의를 바탕으로 어떤 결정을 내리느냐에 따라 얼마든지 달라진다. 학자들은 쾌락적 먹기에 대한 브리야 샤바랭의 직관적 이해에 그러한 판단이 뇌에서 정확히 어떻게 시작되는가에 대한 이해를 덧붙였다. 다시 말해, 뇌가 감각과의 상호작용을 통해 의사결정을 내리는 방식을 연구했다. 곧이어 살펴보겠지만 뇌가 쾌락을 거부하기는 쉽지 않다. 하지만 감성지능과 마음챙김을 위한 잠시 멈춤을 사용하면, 순간의 만족에 대한 욕구를 가라앉히고, 단기적인 쾌락과 장기적인 해결책을 신중히 비교할 수 있다.

패스트푸드 천국에서 당신의 뇌

우리는 언제 쾌락을 경험할까? 좋아하는 아이스크림을 맛보거나 사랑을 나누거나, 미술관을 둘러볼 때 어느 정도 쾌락을 경험한다. 쾌락은 즐거움, 성취감, 희열 등 인간이 애써 찾아 나설 가치가 있다고 여기는 다양한 종류의 긍정적 정신 상태를 말한다. 흥미로운 것은 아이스크림, 파트너, 그림 안에 쾌락이 내재된 게 아니라는 사실이다. 연구에 따르면 뇌의 특정 부위가 감각에 일종의 '광택'을 입히면 의식하든 못하든 우리가 그 감각을 좋아하게 된다고 말한다.

쾌락 원칙(pleasure principle)에 따라 심리학에서는 쾌락이란 과거에 즐거운 것으로 인지했던 상황을 미래에 다시 만들어내도록 인간(과 모든 동물)을 동기 부여하는 긍정적 피드백 기제라고 설명한다(지그문트 프로이드가 창시한 이 이론에 따르면 유기체는 과거에 고통을 유발했던 상황을 피하도록 동기 부여되어 있다).

쾌락의 경험은 주관적이다. 특정 상황에서 당신, 나, 제3자는 각자 다른 종류와 양의 쾌락을 경험할 것이고, 전혀 경험하지 못할 수도 있다. 어떤 자극은 다른 자극에 비해 쾌락을 이끌어낼 가능성이 더 높을 수 있다. 쾌락은 생존과 번식이라는 다원론적 책무를 이행하는 데 도움이 되는 것으로 여겨진다. 쉽게 말해 기분 좋게 느껴지기 때문에 섹스를 하지만, 섹스는 종족을 번성시키는 결과도 가져온다는 뜻이다. 고맙게도 먹는 것 역시 기분 좋은 일이면서 생존에 꼭 필요한 일이다. 물론 어떤 쾌락은 건강에 유익하지 못하다. 예를 들어, 일부 약물은 뇌에 도취감을 일으키고, 이런 느낌을 적극적으로 찾아나서는 것도 인간의 자연스러운 성향이어서 약물은 자칫 의존과 중독으로 이어질 수 있다.

그렇다고 해도 쾌락은 우리의 행복에 필수적인 무엇이다. 좋은 음식을 먹을 때 느끼는 기쁨도 쾌락에 포함된다. 기분을 좋게 하는 음식을 먹고 싶은 욕구는 인간이면 당연한 현상이다. 그러나 이 특별한 쾌락을 식탐과 혼동해서는 안 된다. 식탐은 특정한 음식에 대한 강렬한 욕구이다. 아무 칩이나 초콜릿을 원하는 게 아니라, 바비큐 맛 칩이나 직장 근처의 베이커리에서 파는 초콜릿 도넛을 먹고 싶고, 그 외의는 무엇도 그 욕구를 충족시킬 수 없는 경우를 말한다.

패스트푸드와 쾌락 뇌

쾌락이라고 하면 우리는 패스트푸드점의 세트 메뉴나 바나나 크림 파이 한 조각을 떠올린다. 그러나 신경과학자들이 말하는 쾌락이란 의식적이든 아니든 어떤 보상(버거, 파이, 섹스, 마약, 비디오 게임 등)에 대한 뇌의 '좋아요' 반응을 가리킨다. 과학자들은 뇌 안에 존재하는 쾌락 핫스팟(hedonic hot spots)과 쾌감 회로(hedonic circuits)를 발견했다(hedonic은 '쾌락'을 의미하는 그리스어 hedone에서 온 말이다). 음식을 포함하여 기분 좋은 자극을 받으면 뇌의 이 부위가 라스베이거스의 슬롯머신처럼 밝아진다.

뇌가 쾌락을 생성하는 기제는 아직 완전히 밝혀지지 않았지만, 이 기본적인 설명만으로도 인간의 뇌는 경이로운 무엇이다. 하지만 우리 사회가 끊임없이 내보내는 먹으라는 신호에는 맞수가 되지 못한다는 사실을 알 수 있다. 우리는 어디를 가나 '어서 먹어보라'는 유혹에 파묻혀 살고 있다. 길거리에는 도넛과 커피숍, 패스트푸드 체인점, 피자 가게가 즐비하다. 우리는 소위 유독한 음식 환경 속에 살고 있다. 언제 어디서든 건강에 좋지 않은 음식들이 우리를 호치탐탐 엿보고 있고, 미디어는 마음껏 먹고 즐기라는 유혹의 메시지를 줄기차게 보낸다.

감각적 쾌락의 생물학적 원리는 이 책의 범주를 벗어나지만, 뇌가 쾌락에 반응하는 방식을 조금 알고 나면 한 가지 결론에 도달하게 된다. 음식 중심적 사회에서 우리의 쾌락에 대한 열망에 마음챙김의 상태로 반응하기란 대단히 어려운 일이라는 사실이다. 〈미국 영양학회 저널〉에 실린 한 연구는 뇌가 환경신호에 반응해 섭식 행동을 제어하는 방식에 따라 과식의 정도가 나타난다고 보았다. 이 연구에서는 똑똑하고 동기 수준이 높은 사람들조차 24시간 언제든 구할 수 있는 맛있고 당분, 소금, 지방 함량이 높은 음식들을 먹지 않으려고 힘겹게 노력하는 것으로 나타났다. 연구에서는 과식의 원인이 되는 세 가지 신경행동학적 프로세스를 다음과 같이 밝히고 있다.

- **음식 보상(Food Reward)** : 대체로 중변연계 도파민 시스템(일명 보상 회로)이라는 뇌 속의 경로에 의해 조절된다. 음식을 먹음으로써 경험하는 즐거움과 맛깔스러운 음식을 구해서 먹으려는 욕구가 모두 이 프로세스

와 관련된다. 보상에 대한 민감도가 높은 사람들은 달고 기름진 음식에 대한 갈망이 강하다. 이 생물학적인 민감성은 음식을 쉽게 구할 수 있는 환경과 맞물려서 과식과 체중 증가에 대단히 취약하게 만든다.

- **억제 조절(Inhibitory Control)** : 자제심, 계획성, 목표 지향적 행동을 관할하는 뇌의 전전두 피질은 강렬한 식욕에 '안 돼'라고 제동을 거는 역할을 담당한다. 배외측이라는 전전두 피질의 특정 부위가 마치 브레이크를 밟듯, 튀김 대신 샐러드를 선택하거나 아이스크림을 일인분만 먹고 멈출 수 있도록 도와준다는 게 학자들의 설명이다.

- **미래 할인(Time Discounting)** : 인간은 보통 '지금' 주어지는 보상을 가치 있게 여긴다. 따라서 즉각적인 보상(아이스크림!)과 이번 주에 1파운드 감량이라는 두 가지 선택이 주어질 경우, 대개는 아이스크림을 선택한다. 미래 할인과 체중 사이의 관계는 보상 시스템과 전전두 피질이 관할한다. 전전두 피질은 다른 두 프로세스와도 관련되어 있는 부위다.

음식에 대한 쾌락을 인식하라

믿기 어렵겠지만 시카고, 뉴욕, 로스앤젤레스에서는 길거리의 현금인출기처럼 생긴 자동판매기에서 컵케이크를 살 수 있다. 잠시 생각해보라. 우리는 하루 24시간 컵케이크를 먹을 수 있는 세상에 살고 있다. 이런 세상에서 감성지능이 어떻게 도움이 될까?

월터 미셸이 마시멜로를 좋아하는 네 살 아이들을 대상으로 벌인 실험에서 그 답을 찾을 수 있다. 원조 마시멜로 실험에 참가했던 네 살짜리 아이들에게 진행된 수많은 추적 조사 결과, 기다리는 자에게 복이 온다는 진리가 또다시 확인되었다.

첫 번째 추적 조사는 미셸의 실험 후 14년 뒤에 진행되었다. 이 조사에서 부모들의 진술에 따르면, 미셸이 방에서 나가자마자 마시멜로를 먹는 대신, 테이블을 발로 차고 혼자 노래를 불렀던 아이들은 마시멜로를 곧바로 먹어 치웠던 아이들에 비해 정서적 대처 능력이 훨씬 뛰어났다.

1990년에 발표된 두 번째 추적 조사는 만족을 지연시키고 자제심을 발휘하는 능력이 상대적으로 높은 SAT 점수와 연관성이 있다고 결론지었다. 원조 실험으로부터 28년 뒤인 2000년에 다시 한 번 발표된 추적 조사에서는 마시멜로를 거부했던 아이들의 자존감이 더 높고, 스트레스 극복 능력도 더 우수한 것으로 드러났다.

2012년 〈소아과학회지 Journal of Pediatrics〉에 또 한 번의 추적조사 결과가 발표되었다. 이 연구의 저자들은 마시멜로를 먹으려고 기다린 아이들이 마시멜로를 먹어치운 아이들보다 현재 체질량 지수가 낮다는 사실을 알아냈다. 마시멜로를 자제한 시간이 1분 더 긴 아이일수록 체질량지수가 0.02퍼센트 더 낮았다.

이제 확실히 알겠는가? 충동조절 능력이 얼마나 중요한 자질인지! 우리에게는 이 능력이 꼭 필요하다. 우리는 마음챙김 전략과 미셸의 원조 실험에서 마시멜로를 먹지 않도록 아이들에게 가르쳐준 전략 사이에서 공통점을 발견할 수 있다. 예를 들어, 미셸은 아이들에게 간식이 '액자 속에 든 그림'이라고 상상하라고 말해주었다. 감각적 쾌락에 쏠리는 아이들의 집중도를 낮추고, 또 음식을 기대하는 뇌 부위의 긴장을 풀어주기 위해서였다. 이어서 그는 마시멜로가 구름이라고 상상하라고 가르쳤다. 먹지 못하는 사물인 구름을 맛본다고 상상하면 식탐의 힘이 수그러든다는 의도였다.

즉각적인 만족에 길들여진 현대인은 시간을 들여야 하는 자제심을 연습하기란 쉽지는 않다. 그러나 자제심은 미셸의 표현을 빌면 '주의의 전략적 배분'에 불과하다. 먹고 싶은 음식에 대한 생각을 억누르는 것과 주의를 전략적으로 배분하는 것 사이에는 큰 차이점이 있다. 생각을 억누를 때에는 '피자에 대해 생각하지 말아야지!' 혹은 '저 브라우니를 먹지 않을 거야!'라고 스스로 다짐하게 된다. 연구 결과, 이런 작전은 별 효과가 없다고 밝혀졌다. 그러나 피자 생각을 하지 않는 대신, 전략적으로 주의를 배분하면 사고의 방향이 달라진다(미셸은 이것을 '메타인지metacognition'라고 명명했는데, 쉽게 말하면 생각하는 과정에 대해 생각한다는 뜻이다). 간절히 먹고 싶은 음식을 떠올릴 때, 우리의 뇌는 그 음식이 얼마나 맛있을까 곰곰이 생각해보기 시작하고, 그만큼 음식에 대한 욕망은 더 커진다. 대신에 2장의 평정심 도구 등을 사용해 주의를 분산시켜보자. 혹은 '내가 지금 피자에 집착하고 있군. 왜 그럴까'처럼 지금 드는 생각에 대해 생각해보라. 어느 방법이든 '무조건 안돼' 접근법보다는 효과적이다.

잇큐, 건강한 쾌락(식탐)의 추구

내담자 켈리는 최근 자신의 명성 높은 체리 파인애플 케이크에 관한 이야기를 들려주었다. 켈리가 이 케이크를 사무실에 가지고 오면 몇 분 안에 게눈 감추듯 사라진다고 한다. 어느 날 켈리는 동료의 사무실 문을 열었다가 케이크를 쌌던 쿠킹 포일에 묻은 크림을 핥아먹고 있는 동료를 목격하게 되었다. 그녀는 케이크를 몇 조각 몰래 빼돌려 놓았다가 마지막으로 먹어치운 것이었다. 동료의 뇌에는 기쁨의 감정을 느끼게 하는 뇌 화학 물질 도파민

이 솟구치고 있었을 것이다. 도파민은 달고 기름진 음식을 먹을 때 분비된다. 여러 조각의 케이크를 지금 당장 먹고 싶어 했던 것으로 보건대, 그녀는 먹고 싶은 욕구를 거부(억제 조절)하기가 어려웠던 모양이다.

그 동료와 비슷한 입장이 되어보지 않은 사람이 있을까? 그렇기는 해도 만약 켈리의 동료가 잇큐를 활용했다면, 조금 더 건강한 방법으로 음식에 대한 쾌락을 얻었을 것이다. 예를 들어, 켈리는 마음챙김을 위한 멈춤의 시간 동안 쾌감을 주는 음식에 대한 충동을 알아챌 수 있었을 것이다. 반면에 켈리의 동료는 아마도 그 충동을 무시했다가 불시에 식탐의 습격을 당했을 것이다. 이처럼 쾌락을 인식한다는 것은 어떤 음식이 나에게 쾌감을 주는지 확인한다는 의미이기도 하다.

먼저, 즐거움을 주는 음식을 먹고 싶어 해도 괜찮다는 것을 기억하라(켈리의 동료가 그래도 괜찮다는 걸 알았을까 궁금하다. 내 생각엔 몰랐을 것 같다). 하지만 여기서 한 발 더 나아가는 것이 중요하다. 쾌감을 주는 음식을 원한다는 사실은, 그 순간 내 기분이 어떤 메시지를 보내는 것인지 알아챌 수 있어야 한다. 스트레스를 받은 상태인가? 지루한가? 뭔가 불만스러운가? 긴장이 풀렸는가? 잠시 차분히 앉아서 곰곰이 생각해보라. 의사결정을 내릴 정신적 여유를 허락했을 때, 잇큐가 높은 사람은 경우에 따라 신중한 태도로 먹고 싶은 음식을 탐닉하거나 그냥 먹기를 단념할 것이다. 단기적인 결과와 장기적인 결과를 둘 다 예측하는 방법을 익히면 바로 이런 장점이 있다.

당신 앞에 유혹적인 음식이 펼쳐져 있다. 이때 당신은 어떤 감정을 느끼는가. '이 음식을 마음껏 즐겨도 괜찮을까?' 마음속 깊이 자리 잡고 있는 당신의 태도, 감정, 원칙이 어떠한지 살펴보자. 정리해보면 세 가지 선택으로 압축된다. 쾌감을 주는 음식을 전면적으로 부정하거나, 지나치게 탐닉하거나,

EAT법에 의한 쾌락 추구 모형 : 쾌락 주도적 섭식은 뇌에서 시작되지만 무엇이든 과유불급이라 했다. 마음챙김을 위해 잠시 멈춤을 하면 단기적인 쾌락(유혹적인 음식)을 장기적인 목표(체중 감량 또는 유지)와 비교해볼 수 있는 여유를 가질 수 있다.

혹은 둘 사이의 건강한 균형을 찾거나.

쾌락의 변화 : 스카이다이빙을 좋아하는 미식가

음식의 쾌락적 속성은 일시적이어서 잠시 왔다가 사라지거나 하면서 수시로 바뀐다. 그 이유는 음식에서 얻는 쾌락이 음식 자체에 필연적으로 내재되어 있는 게 아니라 음식과의 관계에서 비롯되기 때문이다.

어느 내담자는 스카이다이빙 사고를 계기로 이 사실을 완벽히 납득하게 되었다. 부유하고 영향력 있는 기업 간부인 그는 운 좋게도 혹과 멍, 한쪽 팔골절만 입었을 뿐 생명에는 지장이 없었으나, 사고로 치아를 몇 개 잃었고 턱 모양에 변형이 왔다. 다행히 그 정도 사고를 당하면 겪을 법한 외상 후 스트레스 장애는 없었다. 오히려 그는 의사가 괜찮다고만 하면 다시 스카이다이빙을 하러 갈 준비가 되어 있었다. 하지만 경미한 우울 증세를 겪고 있었다.

그와의 상담은 금세 음식에 초점이 맞춰졌다. 나로서는 뜻밖이었지만 우리는 사고 후 그가 경험한 쾌락의 인식 변화에 관해 많은 이야기를 나누었다. 원래 그는 좋은 음식에 대해 브리야 샤바랭 급의 애착이 있는 사람이었다. 특별한 요리를 먹으러 고급 음식점을 찾아다니는 이 열성적인 미식가에게 음식은 영양 공급의 문제가 아니라 즐거움의 대상이었다. 그런데 사고 이후 음식에 대한 경험이 극적으로 바뀌었고, 그로 인해 우울증이 찾아온 것이었다.

통증 때문에 씹을 수 있는 음식이 제한되자, 그는 한동안 음식을 두려워했다. 먹는 것은 더 이상 기쁨이 아닌 고통의 원천이 되었다. 그는 먹고 싶은 음식들에 대해 한참 이야기하더니, 더 이상 친구들과의 식사 약속을 잡고 싶지 않다며 이렇게 말했다. "무슨 의미가 있어요? 어차피 저는 제대로 먹지도 못할 텐데." 그는 체중 감량에 대해서는 조금도 괘념치 않았다. 사고 전에 상당히 과체중이었던 그는 쾌락 주도적 먹기를 계속했다면 건강을 해쳤을 법한 상태였다.

시련 속에서도 좋은 성과가 하나 있었다. 예전처럼 마음껏 먹을 수 없게 되자, 그는 음식이 자신의 삶을 얼마나 많이 차지하고 있었는지 깨닫기 시작했다. 또한 자신이 쾌락 주도적 먹기를 해왔다는 사실과도 마주하게 되었다. 그는 우선 상실감을 극복해야 했다. 가장 큰 즐거움의 원천을 빼앗긴 상태였으니까. 그런 다음 새로운 즐거움의 원천을 찾는 데 집중했다. 최근에 푹 빠진 스카이다이빙에서 짐작할 수 있듯이, 그는 아드레날린을 분출시키는 활동을 좋아했다. 이것은 음식을 그토록 좋아하는 이유와도 관련이 있다. 창공을 나는 것과 값비싼 디저트를 먹는 것 모두 그의 감각을 즉각적이고 단기적인 흥분 상태로 몰고 갔다.

몇 달 후, 턱이 낫기 시작하자 그는 좋아하던 요리들을 다시 먹으려고 했다. 하지만 음식 대부분이 얼마나 기름지고 부담스러운지를 깨닫고 나서는 더 이상 그런 음식들을 즐기지 않았다. 대신에 으깬 고구마, 근대와 흰 콩을 곁들인 뇨키(이탈리아식 감자 수제비), 상대적으로 씹기 쉬운 고기 조림 등 건강에 좋은 음식에서 새로운 기쁨을 찾았다. 그는 여전히 음식에서 즐거움을 얻었지만 전보다 분별 있게 먹기 시작했다. 그는 필요에 의해 브리야 샤바랭의 경구를 실행에 옮겼다. 먹는 일이 의식적인 행위가 된 것이다.

스카이다이빙을 좋아하는 미식가는 내게도 가르침을 주었다. 바로 쾌락에 대한 우리의 인식이 고정된 게 아니라는 가르침이다. 새로운 사고방식에 따라 인식은 얼마든지 달라질 수 있다. 오히려 당신이 특정한 음식에서만 쾌락을 얻을 수 있다고 느낀다면, 다른 즐거움을 놓치고 있는 건지도 모른다.

당신은 어느 순간을 떠올리며 먹는가?

당신은 다음 항목 중에서 어떤 유형의 음식에 가장 가슴이 설레는가? 이 질문을 하는 이유는 과거, 현재, 미래 중 어느 순간에 맞춰서 당신이 음식을 선택하는지 확인할 수 있기 때문이다. 바로 쾌감을 주는 음식이 당신의 삶에서 하는 역할을 밝혀낼 수 있다. 특정 음식이 기쁨을 주는 이유를 가만히 들여다보면 쾌락의 욕구에 마음챙김의 방식으로 대응이 가능하다.

· 어머니가 자주 만들어주시던 그리움이 깃든 음식. 주로 명절에 먹는 음식.

· 호사스런 음식이나 복잡 미묘한 맛이 나는 음식.

· 예약이 필요한 유명 레스토랑에서 하는 식사. 벌써부터 메뉴를 보고 무엇을 먹을지 고르는 상상을 시작한다.

당신이 좋아하는 음식을 가만히 떠올려보자. 특정한 맛(달콤함, 짭짤함 등)이나 특정한 식감(매끄러움, 바삭바삭함 등) 같은 공통적인 쾌감 요소가 있는가? 당신에게 그 음식과 연결된 강렬하고 구체적인 기억이 있는가? 혹은 당신에게 가장 큰 즐거움은 무엇을 먹을지 계획하는 단계인가? 이제 쾌락적 식사의 세 가지 유형(과거, 현재, 미래)을 소개한다. 다음 중 당신은 어느 유형에 가까운지 잘 생각해보라.

과거 지향적 식사형

이 유형의 사람들에게 가장 쾌감을 주는 음식은 '추억'이라는 요소를 공통 분모로 한다. 즉 음식이 과거의 즐거웠던 경험을 불러일으키는 것이다. 과거에 행복한 느낌을 주었거나 위안이 되었던 음식에 관한 기억은 편도체라는 뇌 부위에 저장된다. 정서 반응을 처리하고 기억하는 역할을 주로 수행하는 곳이다.

아이를 키우는 엄마이자 사립 인문대학의 교수인 엠마는 식탐 때문에 늘 고민이었다. 그녀의 식탐은 동료들의 식탐과는 양상이 달랐다. 동료들은 사무실의 사탕 단지에서 사탕을 슬쩍 집어오거나, 휴가 기간에 쿠키를 얼마나 많이 먹었는지 너스레를 떨기도 했지만, 엠마의 식탐은 그보다는 좀 더 복잡했다. 엠마는 어째서 체중이 줄지 않는지 이해할 수가 없었다. 그녀는 사탕 단지는 건드리지도 않았고, 휴가 기간 내내 쿠키는 한두 개면 족했다. 엠마의 식탐은 다른 동료들의 식탐과 왜 그렇게 달랐을까?

어느 날 상담 중 나는 엠마에게 '즐거움을 주는 음식'에 관해 질문해보았다. 잠시 생각해본 뒤 엠마는 '뼈에 착 달라붙는 음식'을 좋아한다고 대답했다. 나는 "누가 그렇게 말하던가요? 혹시 어머니나 아버지께서?"라고 물었다. "네." 엠마는 미소를 지으며 대답했다. 그녀의 고향에서 식사 시간은 매일의 일상이 아닌 하나의 축제였다고 했다. 어릴 적, 그녀의 어머니는 항상 앞치마를 두른 채 지내셨고, 그녀가 자란 미국 남부에서는 닭과 만두, 돼지기름을 아낌없이 써서 요리한 근대가 흔한 음식이었다.

그리운 옛 맛은 뇌의 정서적인 부분과 추억을 건드린다. 엠마에게 간절히 먹고 싶은 그 음식들은 과거와의 정서적 연결 고리였다. 그녀가 만든 요리에는 어린 시절의 이미지, 냄새, 맛이 구체화되어 있었다. 그 요리는 너무나도 보고 싶은 어머니, 남부의 느긋한 생활방식으로 엠마를 데려다주었다. 엠마는 아직도 북부의 동료들에게서 이질감을 느꼈다. 동료들은 늘 바쁘게 움직였고, 그녀에게서 사투리가 툭 튀어나올 때마다 깜짝 놀란 표정을 짓곤 했다. 그럴 때마다 고향의 음식은 그녀의 안식처가 되어주었다. 그녀가 스트레스를 받거나 무엇보다 소외감을 느낄 때, 그리운 고향의 음식은 마치 엠마의 이름을 부르는 듯했다.

여기서 잇큐가 어떤 역할을 할 수 있을까? 물론 잇큐를 높인다고 해서 엠마의 삶에서 그리운 옛 음식을 완전히 배제시킨다는 뜻은 아니다. 닭과 만두는 고향의 맛이었고, 그녀의 영혼을 진동시켰다. 엠마가 할 일은 무엇이 이런 음식에 대한 욕구를 유발했는지 스스로에게 귀 기울이는 것이었다. 간절히 먹고 싶은 음식에 초점을 맞추는 대신, 이런 감정들이 어떻게 일어나게 되었는지를 알아채는 것이 중요했다. 그녀는 자신의 감정이 부른 음식을 이해했고, 그러자 커다란 변화가 찾아왔다. 엠마는 소외감 버튼이 눌리는 순간을 인식하기 시작했고, 그럴 때마다 다른 방법으로 위로와 즐거움을 찾을 수 있었다.

현재 지향적 식사형

이 유형의 사람들에게 가장 쾌감을 주는 음식은 감각적 요소가 있는 음식이다. 여기에는 맛뿐만 아니라 식감과 대비감도 포함된다.

서른두 살의 설비 판매원인 조녀선에게 어떤 음식을 좋아하는지 묻자, 그는 긴 목록을 나열하면서 세세한 설명을 곁들였다. 바삭바삭하고 짭짤한 음식, 특정한 종류의 사탕(검은 감초 사탕), 매콤함과 달콤함의 조화(바비큐 양념 돼지갈비), 달콤하고 짭짤한 맛(설탕을 입힌 견과류) 등 요리의 맛은 그에게 다른 무엇보다도 우선했다. 그런데 조너선은 아내와 함께하는 반복적인 식사 패턴에 익숙해지면서 조금씩 음식에 싫증을 느끼게 되었다는 걸 깨달았다. 월요일 저녁에는 스파게티, 화요일 저녁에는 스테이크, 수요일 저녁에는 볶음요리와 같은 식으로 며칠 동안 밋밋하고 반복적인 메뉴를 계속 이어가자 그의 미각은 반전을 원했다.

그때부터 그는 패스트푸드 가게의 타코, 당분 함량이 높은 시리얼, 치즈가 듬뿍 뿌려진 피자 등 자극적인 음식을 갈구하기 시작했다. 어느 날은 인도 음식점에서 매운 양고기 카레에다 오이와 요구르트로 만든 시원하고 부드러운 식감의 음료 라이타(raita)를 곁들여 마시기도 했다. 두 가지 맛과 식감의 대조가 그에게 즐거움을 주었던 것이다.

먹고 싶은 대로 먹은 대가로 그의 체중은 몰라보게 불어났다. 당황한 그는 다이어트를 시도해봤지만, 밋밋한 식단이 스릴을 추구하는 혀에 만족스러울 리 없었다. 오히려 맛을 걷어낼수록(예를 들면 갈색 설탕이 들어 있지 않은 오트밀) 특정한 맛에 대한 갈망은 더욱 강렬해졌다.

"왜 이런 걸 좋아할까요? 건강에 좋지 않다는 걸 알면서도 저는 왜 항상 모든 음식이 기막히게 맛있어야만 할까요?" 그는 나에게 물었다.

나는 맛과의 전쟁을 중단할 것을 제안했다. 다이어트도 멈추라고 했다. 우리는 그의 입맛을 파악하는 작업에 몰입했다. 그가 어떤 음식 앞에서 속수무책이 되는지 알아보고, 칼로리를 높이지 않으면서 맛을 살릴 창의적인 방법을 찾아보았다. 마침 그가 인도 음식을 좋아해서 신선한 허브와 향신료를 활용한 요리를 제안했다. 며칠 후 그는 농산품 코너에서 발견한 신선한 딜(dill, 미나리과의 향신료)과 고수 잎에 대해 신이 나서 말해주었다. 이제 그는 일주일에 한 번 인도, 쿠바, 카리브해식으로 저녁을 직접 만들어 먹으면서 식탐을 조절할 수 있게 됐다.

많은 사람들이 조너선처럼 감각적 포만감(sensory-specific satiety)을 경험한다. 간단히 말해 음식을 먹으면서 쉽게 싫증을 낸다는 뜻이다. 이것은 우리가 한 가지 음식을 몇 입 먹고 나면 다른 음식으로 관심을 돌리는 이유이기도 하다. 한편으로 이런 식사의 변화는 우리에게 즐거움을 준다.

생물학적 관점에서 다양한 음식을 먹는 것은 중요하다. 음식마다 함유되어 있는 영양소가 다르고, 우리 몸이 최고의 상태를 유지하려면 모든 영양소가 골고루 필요하기 때문이다. 음식 권태감은 몸이 필요로 하는 영양소를 얻을 수 있도록 다양한 음식으로 우리를 안내한다는 측면에서 유익한 현상이다. 하지만 감각적으로 음식을 먹는 사람들은 영양소에 주안점을 두지 않는다. 그들이 추구하는 것은 감각적 즐거움이다. 만약 당신이 감각적 먹기를 즐긴다면 다양성을 제한하지 마라. 감각적 포만감을 건강한 쪽으로 이용하려면, 칼로리보다는 음식의 다양성을 높이는 데 초점을 맞추어야 한다.

미래 지향적 식사형

이 유형의 사람들에게 가장 쾌감을 주는 음식은 기대감이 들어 있는 음식이다. 이들에게는 원하는 음식이나 간식을 먹으려고 계획하는 시간 자체가 즐거움이다. 나는 내담자 중 한 명인 크리스틴과 함께 푸드(food)와 퓨처리스틱(futuristic)을 합쳐 퓨처리스틱(foodturistic)이라는 용어를 만들었다. 다음 식사를 언제, 어디서, 어떻게 먹을지 공상하는 그녀의 식습관을 지칭할 때 이 표현을 사용했다. 퓨처리스틱한 식사형은 아침을 먹으면서 점심, 이어서 저녁까지 무엇을 먹을지 생각한다. 그들은 수시로 음식에 대해 공상을 펼치고 계획을 세운다. 이 모든 정신적 준비 과정에서 식사 그 자체만큼 큰 즐거움을 얻는다. 마침내 먹는 시간이 되면 즐거움을 연장하고 싶은 마음에 실제로 원하는 것보다 더 많이 먹는 일이 많다.

"저는 사람보다 음식이 더 좋아요." 크리스틴은 초기의 상담 시간에 반항심과 슬픔이 뒤섞인 목소리로 이렇게 말했다. 나는 동의하지 않았지만 물론 입 밖에 내지는 않았다. 결국 상담을 통해 그녀가 미래의 식사를 공상하는 것은 정서적 공허감을 음식으로 채우려는 행위라는 것을 알았다. 크리스틴은 데이트할 만한 사람도 없는 자신이 외롭다고 느꼈다. 밤이 되면 특히 힘들었다. 성취감 없는 직장 일을 마치고 집으로 돌아오면 곧장 소파로 향해 노트북에만 매달렸다. 자신의 정서적 공허감이 부른 잘못된 식습관을 깨닫게 되자, 그녀는 새로운 결심을 다짐했다. 평소 관심 있던 취미생활을 시작해볼 겸 가까운 대학교의 유리공예 수업에 등록을 했다(유리를 다루며 작업에 열중하는 동안에는 아무것도 먹을 수 없다). 그리고 새로운 사람들도 자주 만나보기로 했다. 음식이 아닌 다른 일상의 즐거움을 찾아 나선 것이었다.

Eat. Q. 사례
패스트푸드 증후군

패스트푸드는 두 얼굴을 가지고 있다. 사람들은 패스트푸드를 좋아하기도 하고 싫어하기도 한다. 분명한 것은 자신이 좋아한다는 사실을 감추고 싶어 한다는 것이다. 예전 내담자 중 한 명인 멜라니도 그런 경우였다.

싱글맘이자 분주한 소아과 병원의 간호사인 멜라니는 스트레스성 폭식 때문에 내게 도움을 청하러왔다. 많은 내담자들과 마찬가지로 그녀 역시 체중과의 전쟁 중이었다. 초반부터 나는 그녀가 패스트푸드를 유난히 경멸한다는 걸 눈치 챘다.

"병원에서 매일 그 해악을 눈으로 확인하는 걸요. 부모들만이 아니라 아이들도 마찬가지예요." 그러면서 그녀는 자신의 아이들에게도 그 유해성을 훈계했고, 저녁 시간 텔레비전에 패스트푸드 광고가 나올 때마다 냉소 섞인 비난을 퍼부었다. 그녀의 패스트푸드 깎아내리기는 상담 중에도 계속되었다.

멜라니의 행동은 내게 셰익스피어 희곡의 대사 '맹세가 지나치구나(Thou doth protest too much)'를 떠올리게 했다. 어쨌든 우리는 스트레스성 폭식을 해결하기 위해 작업을 계속해나갔다. 그런데 어느 날 상담 중 멜라니가 실토를 했다. 패스트푸드를 먹었다는 것이었다. "베이컨 치즈버거였어요. 일하면서 진짜 스트레스를 많이 받은 날이었거든요." 그녀는 처음 한 입 베어 물었을 때 "몸에서 영혼이 빠져나가는 느낌"이 들었다고 표현했다.

그녀는 아이들에게 그토록 훈계해놓고 자신이 그걸 먹다니 갑자기 위선자가 된 기분이 들었다고 했다. "저는 왜 이 쓰레기를 먹는 걸까요? 어렸을 때는 한 번도 먹은 적이 없는데요."

"한 번도 안 먹었다고요?" 나는 약간 놀란 듯 물었다.

"한 번도요." 멜라니는 대답했다. "부모님은 대부분 유기농 식품을 드셨거든요. 패스트푸드를 '쓰레기'라고 부르시면서요."

나는 그녀를 바라보며 의미심장한 표정을 지어보였다. 이때가 바로 잇큐를 가동시킬 시간이었다. 상담 결과 드러난 사실은 다음과 같았다.

멜라니는 자신이 스트레스를 받으면 바로 먹는다는 걸 알고 있었다. 그녀의 직장은 꾸준한 스트레스 공급처였다. 병원은 만성적으로 초과 예약 상태였고, 큰 소리로 울부짖는 아기들, 토하는 아이들, 쩔쩔매는 부모들 사이에서도 그녀는 침착하고 공손한 태도를 유지해야만 했다.

여기에 결정적인 스트레스 유발 요인이 또 있었다. 바로 사무실 컴퓨터가 얼어버리거나 강제 종료될 때마다 기름진 베이컨이 든 음식에 대한 욕구가 강렬하게 튀어나왔던 것이다. 그녀는 용케 그 사실을 알아차렸다. 시스템 장애는 하루에 몇 차례씩 발생했고, 그렇게 되면 어쩔 줄 모르는 부모들을 앞에다 두고 예약을 잡거나 보험금 청구 업무를 차분히 처리할 수가 없었다. 이 상황에서 그녀는 무력감을 느꼈다. 그때가 바로 치즈버거에 대한 충동에 압도되는 순간이었다. 이럴 때마다 그녀는 감정 주도적 결정으로 자신의 욕구를 충족시켰다(난 이거 먹을 자격 있어!).

멜라니는 힘든 진실을 인정해야 했다. 패스트푸드에 대한 부모님의 부정적인 발언이 자신에게 영향을 주었다는 것, 그리고 컴퓨터 오동작은 단지 근본적인 원인이 아님을 인정해야 했던 것이다. 이런 배경을 이해하고 나자 멜라니는 무력감과 좌절감을 느낄 때, 즐거움을 주는 음식에 대한 충동과 그 충동을 유발한 감정을 이해하고 받아들일 수 있었다. 그것은 자신의 내면에서 보내는 SOS 신호였다. 그렇다면 그녀는 어떻게 대응해야 좋을까? 멜라니는 SOS 신호가 울리면 사무실이 얼마나 북새통이든 일단 자리에서 일어나 화장실로 향하기로 했다. 그러고는 적어도 2분 동안 거기에 머물면서 심호흡을 하거나 직접 선택한 긍정의 메시지 "이 또한 지나가리라"를 되뇌기로 했다. 아울러 집에서는 자그마한 실내 허브 정원을 가꾸어보기로 했다. 자신과 아이들이 먹을 건강한 식사를 직접 요리해볼 요량이었다. 만약 그래도 버거가 먹고 싶으면 과감히 먹겠다는 '의도적' 결정을 내렸다. 그러고 나서 마음챙김의 방식으로 버거를 먹었다.

여기서 얻을 수 있는 교훈은 무엇일까? 당신도 좋아하는 패스트푸드의 특정 메뉴를 먹고 싶은 욕구 때문에 괴로운 마음이 들거든, 일단 멈춤 버튼을 눌러라. 그런 다음 '이' 순간 '이' 음식을 먹고 싶은 욕구의 근원이 무엇인지 탐색해보라. 알고 먹는 것과 모르고 먹는 것 사이에는 엄청난 차이가 있다. 이 방법은 쾌락의 욕구에 부응할 것인지, 무시하고 가던 길을 계속 갈지를 결정하는 데 도움이 될 것이다.

쾌락은 유지하고 괴로움은 놓아버려라

지금까지 살펴본 것처럼 음식 결정은 쾌락에 의해 주도되며 그 자체가 나쁜 것은 아니다. 중요한 것은 괴로운 마음이나 죄책감 없이 즐거움을 온전히 누릴 수 있도록 쾌락을 관리하는 일이다. 다음의 EAT법으로 음식 쾌락을 관리하는 방법을 살펴보자.

E(Embrace) : 쾌락을 인지하는 법 익히기

쾌락을 인지한다고 할 때, 중요한 건 당신이 음식에서 경험하는 쾌락이다. 부드럽고 달콤하며 살살 녹는 아이스크림이든, 바삭바삭하고 짭짤한 과자든, 따뜻하고 맛깔스러운 음식이든 각자에게 쾌감을 주는 음식은 고유하다. 내 친구는 아이스크림에 질색하지만 온갖 종류의 짭짤한 과자, 특히 치즈컬(cheese curls, 치즈 가루를 입힌 옥수수 스낵―옮긴이)에는 사족을 못 쓴다. 쾌락을 인지하는 과정은 아래의 과제들을 수반한다. 각자의 경험을 토대로 다음 네 가지 질문에 답해보기 바란다.

질문 1. 쾌락을 위해 얼마나 음식을 이용하는가?

쾌감을 주는 음식에 대한 욕구에 가만히 귀 기울여보라. 어쩌면 당신은 먹으면 위로가 되거나 행복해지는 음식이 있다고 생각해본 적이 없을 수 있다. 그런 음식은 '나쁘다'고 여길 수도 있다. 그러나 음식 자체는 착하지도 나쁘지도 않다. 케이크 한 조각은 선하거나 악한 게 아니라 무수히 많은 먹을거리 중 하나의 옵션에 불과하다. 당신은 이런 생각을 받아들일 수 있는가? 그동안 음식을 먹을 때 쾌락의 욕구에 귀 기울였다면, 이제는 건강과 같은 다른 요소들도 고려할 필요가 있다. 돼지껍데기를 좋아한다면 우선 돼지껍데기를 좋아한다는 사실부터 인식하고 받아들여야 한다.

질문 2. 어떤 음식이 당신을 감각의 열반에 들게 하는가?

어떤 음식이 당신에게 즐거움을 주는지 판단해보라. 음식이 쾌락을 줄 수 있다는 생각을 받아들이고 나면 이 질문으로 넘어갈 수 있다. 어쩌면 그것은 쫄깃한 롤빵일 수 있고, 버터 향 가득한 매쉬드 포테이토나 밥일 수 있다. 또, 따뜻한 햇살의 기운이 아직도 느껴지는 토마토에 올리브 오일을 뿌리고 신선한 바질로 장식한 요리일 수 있다. 정말 굉장한 감각적 쾌락이 아닌가!

질문 3. 과거, 현재, 미래 중 어디에 초점을 맞추어 음식을 먹는가?

쾌락의 욕구가 생긴 원인을 알아야 한다. 당신은 그리운 맛에서 즐거운 과거의 추억을 불러오기 위해 음식을 선택하는가? 아니면 지금 당장 감각적인 쾌락을 얻기 위해 음식을 선택하는가? 그것도 아니면 지금 경험하는 즐거움을 미래까지 연장시키기 위해 음식을 선택하는가?

질문 4. 즐거움을 주는 음식을 언제 가장 원하는가?

쾌락의 욕구 때문에 내리는 결정을 인지하라. 당신은 가끔(혹은 자주?) 먹어서 기분 좋은 음식을 원한다는 걸 알게 되었다. 그렇지 않다면 매일 같이 곡물 시리얼, 코티지치즈, 그릴에 구운 닭 가슴살만 먹고도 만족스러워했을 것이다. 하지만 이제 어떤 음식이 기분을 상승시켜주는지 알게 되었으니 연관 관계를 확정지어라. 가끔씩 당신은 특정 음식이 긴장을 풀어주고 마음을 달래주며, 기분을 좋게 한다는 걸 알고 그 음식을 먹기로 결정한다. 당신은 쾌락을 원하고 그런 음식은 쾌락을 제공한다.

더 나아가 음식 선택에 영향을 미치는 요인을 잘 생각해보라. 예를 들어 오늘 당신은 좋아하는 간식인 초콜릿 프레첼을 한 움큼 집어먹었을 수 있다. 아니면 스파게티오(치즈와 토마토소스를 사용한 원형 파스타─옮긴이) 통조림을 한 캔 먹었을 수도 있다. 그 간식을 먹기로 선택한 순간 당신은 어떤 기분이었는가? 축제 분위기였는가? 배우자에게 화가 난 상태였는가? 추운 겨울 날씨 탓에 우울해하는 중이었나? 아니면 산이 거기 있어서 오르듯 음식이 거기 있어서 먹었는가? 이런 질문들은 중요하다. 잇큐를 높이려면 이 같은 질문을 던지고 대답을 얻을 수 있을 만큼 멈춤의 시간을 충분히 가져야 한다.

A(Accept) : 쾌락을 유발하는 음식을 인정하기

즐거움을 주는 음식에 대한 갈망은 두려울 수도 짜증스러울 수도 있다. 그러다보니 당신은 거기에 대해 생각하고 싶지 않고, 대처방법을 결정하고 싶지도 않다. 갈망이 그냥 사라져 주었으면 하고 바라게 된다.

충분히 이해한다. 음식 앞에서 스스로를 통제할 수 없으면(궁지에 몰리면) 그 통제력을 되찾으려고 애쓰는 게 당연하다. 그리고 통제력을 되찾으려면 쾌락을 부정해야 한다고 판단할 수 있다. 자신을 꼼짝 못 하게 하는 음식을 갈망한다는 게 어쩐지 잘못된 행동인 것 같다. 하지만 즐거움을 주는 음식은

'누구나' 갈망한다. 음식이나 체중 때문에 고심하지 않는 사람들도 마찬가지다. 음식중심의 사회에서 음식에 대한 갈망은 피할 수 없는 현실이고, '만약'의 문제가 아니라 '언제'의 문제다. 그렇다고는 해도 식탐에 대응하는 방식은 통제할 수 있다.

나는 당신이 즐거움을 주는 음식에 대한 욕구를 부인하거나 저항할 경우 당분간은 버틸 수 있다는 걸 안다. 하지만 어쩔 수 없이 당신은 반등 효과를 겪을 것이고, 결과적으로는 초콜릿이 당긴다는 걸 인정하고 먹게 될 것이다.

몇몇 연구들이 그러한 사실을 뒷받침한다. 초콜릿이 기분에 미치는 영향과 관련해 〈정서장애저널〉에 발표된 한 연구는 먹고 싶은 갈망을 충족시키려고 초콜릿을 먹을 경우, 더 이상 갈망이 지속되지 않는다고 밝혔다. 반면, 위안을 얻으려고 초콜릿을 먹으면 우울한 기분이 끝나는 게 아니라 더 길어질 가능성이 높다.

학술지 〈식욕〉에 따르면, 또 다른 연구에서 식탐이 생긴 음식(이 경우 초콜릿)에 대한 생각을 억누른 여성들은, 일단 유혹에 굴복하고 나면 그 음식을 더 많이 먹었다. 이 연구에서 연구팀은 116명의 여성들을 세 그룹으로 나누었다. 한 그룹에게는 초콜릿에 대해 생각하지 말라고 지시했고, 다른 그룹에게는 아무거나 원하는 생각을 하라고 했으며, 마지막 그룹에게는 초콜릿에 대해서만 구체적으로 생각하라고 지시했다. 그러자 초콜릿 생각을 금지시킨 그룹에서 초콜릿에 대해 생각하라고 지시받은 여성들보다 50퍼센트나 더 많이 먹었다는 결과가 나왔다.

소용없긴 해도 쾌락에 저항하려 애쓰는 것은 용감한 행동이다. 그러나 저항을 수용으로 전환하는 것 또한 용기 있고 더 효과적인 일이다. 쾌락이 어디에서 비롯된 것인지 차분히 판단해보고, 마음껏 즐길지 이번에는 건너뛸지 의식적으로 결정할 수 있기 때문이다. 잇큐를 높이면 인간의 쾌락 욕구가 모든 선택을 장악하게 내버려두지 않고, 그 욕구를 식생활 경험의 하나로 녹여내는 일이 가능함을 깨닫게 될 것이다.

T(Turn) : 즐거움을 주는 음식을 긍정적으로 관리하기

앞서 나는 초콜릿을 가끔 먹는 사람들이 전혀 먹지 않거나 항상 먹는 사람들보다 날씬하다는 연구 결과를 언급한 적이 있다. '가끔'과 '항상'은 다르다는 점에 유의하라. 전혀 먹지 않는 경우는 쾌락의 단절을 내포한다. 적당히 먹는 사람들의 식단에는 쾌락이 자리 잡고 있지만, 쾌락이 그 식단을 장악하지는 않는다.

어느덧 우리는 EAT법의 T, 즉 방향 전환에 이르렀다. 이 경우, 긍정적인 대안은 쾌감을 주는 음식을 식단에 반영시키되, 먹는 빈도와 양을 관리하는 것이다. 반영시킨다고 해서 원할 때마다 먹는다는 뜻은 아니다. 마음껏 즐기기로 결정할 때도 있고, 건강이나 체중 감량 같은 미래의 혜택에 집중하기로 결정할 때도 있을 것이다.

음식은 인생의 가장 큰 즐거움 중 하나다. 하지만 보다 정확하게 말하자면 건강과 행복, 그리고 먹는 즐거움 사이에 균형을 맞추어야 음식에서 최고의 즐거움을 얻을 수 있다. 그 균형은 마음챙김 식사에서 비롯된다. 물론 균형을 찾기란 항상 쉽지는 않지만 EAT법은 쾌감을 주는 음식에 대한 본능적 욕구를 완화시키는 데 도움을 줄 수 있다. 방법은 상식적이다. 쾌락의 욕구를 인정하고, 감정적 방아쇠에 한 발

앞서 대처하는 것이다. 그 방법은 많이 먹고 싶은 충동을 다스리는 데 도움이 되는 도구를 활용하면 된다.

진정한 스타 셰프의 원조라고 부를 만한 줄리아 차일드는 부엌에서 찾는 즐거움을 잘 알고 있었고, 언젠가 이런 명언을 남겼다. "빵에서 크리넥스 맛이 나는 나라를 어떻게 위대하다고 부를 수 있는가?" 나는 이 말을 다음과 같이 확장하고 싶다. 크리넥스 맛이 나는 빵을 먹는 사람을 어떻게 위대하다고 부를 수 있는가? 위대한 사람이 되려면 건강에 유익하면서도 즐거움을 주는 음식을 마음챙김의 방식으로 먹는 기술을 배워야 한다.

나는 음식에 얼마나 탐식하고 있을까?

자가진단 7

당신은 인간의 자연스러운 쾌락 욕구를 무시하려는 편인가, 아니면 그 욕구에 끌려 다니는 편인가? 쾌락 추구는 당신이 먹는 음식에 얼마나 영향을 주는가? 아래의 간단한 자가진단 테스트로 알아보자.

1. 마감이 코앞이다. 내일 아침 8시까지 과제물을 제출해야 한다. 저녁 시간이 되었고 너무 배가 고프다. 당신의 선택은? ( )

   ⓐ 저녁을 건너뛴다. 먹을 시간이 없다.

   ⓑ 전자레인지에 핫도그를 데워먹든지 크래커를 한 움큼 먹는다. 허기를 채우려면 무엇을 먹든 상관없다.

   ⓒ 먹다 남은 음식을 데워 대충 끼니를 때우고 작업하는 동안 군것질을 한다.

   ⓓ 과제물은 제쳐두고 배달 음식을 주문하든가, 아니면 직접 요리한다. 즐겁게 식사를 하지 못하면 창의성을 발휘할 수 없다.

2. 뭔가 먹고 싶은 갈망이 있으면 당신은? ( )

   ⓐ 무시한다.

   ⓑ 갈망을 충족시킨 다음, 하던 일을 계속한다.

   ⓒ 갈망에 집착하고 식탐을 충족시키고 난 후에도 원래 생각했던 양보다 더 많이 먹는다.

   ⓓ 탐닉할 뿐만 아니라 계속 먹는다. 가끔은 도저히 멈출 수가 없다.

3. 빵을 사려고 빵집에 들어갔는데, 계산대 직원이 당신이 최고로 좋아하는 시나몬 롤을 오븐에서 꺼내고 있다. 당신의 생각은? ( )

   ⓐ 안 돼. 넌 다이어트 중이잖아.

   ⓑ 향이 기가 막히네. 오븐에서 신선하게 구운 빵 위에 올린 저 달콤하고 쫀득쫀득한 크림이 입 안에서 살살 녹겠지.

ⓒ 안 될 게 뭐야? 하나만 먹자. 진짜 맛있게 먹을 수 있을 거야.

ⓓ 시나몬 롤이라면 생각할 필요도 없지. 한 봉지 가득 사다가 물릴 때까지 먹는다.

4. 쾌감을 주는 음식을 찾는 빈도는? ( )

  ⓐ 드물다. 배가 고프지 않으면 먹지 않는다.

  ⓑ 가끔씩. 몇 가지 특별히 좋아하는 음식이 있지만 굳이 먹으러 가지는 않는다. 게다가 그런 음식은 너무 비싸다.

  ⓒ 일주일에 두어 번. 좋아하는 음식이 간절히 먹고 싶으면 일부러 찾아서 먹는다.

  ⓓ 항상. 매 식사와 간식마다 맛있는 무언가가 필요하다.

5. 당신에게 초콜릿이란? ( )

  ⓐ 초콜릿이나 단것을 먹지 않는다.

  ⓑ 일 년에 누 번 정도 마음껏 먹는다. 유가절이나 생일쯤에 먹고 다른 때는 넉거나 관두거나 내 의지대로 조절할 수 있다.

  ⓒ 생필품이다. 좋아하는 초콜릿을 봉지나 박스째 사서 한 달 정도 두고 먹으며, 먹고 싶은 순간을 위해 쌓아둔다.

  ⓓ 일단 맛을 보면 끝장을 낸다.

6. 간식을 원할 때 당신이 찾는 것은? ( )

  ⓐ 가까이에 있는 것. 허기를 채우려면 아무거나 먹는다.

  ⓑ 건강에 좋고 간편한 것.

  ⓒ 만족감을 주는 것. 하지만 초콜릿은 아니다. 초콜릿이 식탐을 유발하니까.

  ⓓ 초콜릿이 들어 있거나 짭짤하거나 기름진 것.

7. 쾌감을 주는 음식을 찾을 가능성이 가장 높은 때는? (   )

　ⓐ 찾지 않는다. 좋아하는 음식을 양껏 먹으면 죄책감이 든다는 걸 잘 알고 있
　　다.

　ⓑ 욕구 불만에 시달릴 때. 부엌을 어슬렁거리며 냉장고나 찬장 문을 여닫기
　　시작한다.

　ⓒ 스트레스로 지쳤을 때처럼 특정한 기분이 들 때. 쾌감을 주는 음식은 재빨
　　리 기운을 차리게 해준다.

　ⓓ 눈뜨고 있을 때는 항상. 먹음직스럽고 맛좋은 음식은 기분이 어떻든 당기
　　기 마련이다.

8. 메뉴를 보면서 주문하는 상황을 상상하자. 다음에서 중요한 순서대로 나열해
　보면? (   )

　ⓐ 건강. 음식은 맛이 좋아야 하지만, 정말 중요한 건 영양가 높은 음식이다.

　ⓑ 양 또는 1회 제공량. 배불리 먹는 것을 좋아하다.

　ⓒ 전반적인 만족감. 포만감을 주고 입맛에 맞는 음식이 중요하다.

　ⓓ 맛. 칼로리에 상관없이 흥미롭고 신묘한 맛을 선호한다.

채점하기

(a)에 답한 경우 0점, (b)에 답한 경우 1점, (c)에 답한 경우 2점, (d)에 답한
경우 3점을 매긴다.

0~8점 : 절제형

음식에 대해 실용주의적 시각을 갖고 있지만 혹시 쾌락을 피해 숨어 있지는
않은가. 당신이 해야 할 일은 의미 있고 사려 깊은 방식으로 음식을 즐기는
것이다. 먹는 것에 전혀 신경 쓰지 않는 것은 지나치게 신경 쓰는 것 못지않
게 위험할 수 있다. 음식에 전혀 관심을 두지 않으면 식생활의 균형을 찾거

나 올바른 식생활을 위해 노력할 가능성이 낮다.

9~16점 : 중도형

당신은 쾌락을 삶의 일부로 받아들이고 절제해가며 즐기고 있다. 도를 넘지 않게 욕구를 존중하려면 절묘한 균형 감각이 필요하다. 당신이 해야 할 일은 계속 그 균형을 유지해나가는 것이다. 잇큐 접근법을 길잡이로 삼아 어떤 음식이 진정으로 당신에게 기쁨을 주는지 파악하라. 혹시 감각적인 맛과 감정 때문에 쾌감을 주는 음식에 대한 욕구가 촉발되는 건 아닌지도 판단해보라.

17~24점 : 탐닉형

당신은 진정으로 쾌락을 추구하는 스타일이다. 잠깐이라도 미각을 사로잡는 음식에 대한 욕구가 의사결정의 대부분을 장악하고 있을 수 있다. 단것 혹은 맛있을 수밖에 없는 음식을 먹을 때는 완전히 제어불능 상태가 될 수 있다. 만약 그렇다면 당신이 해야 할 일은 T도구들을 활용해 음식 섭취를 자제한다.

6장

사교적 식사

다른 사람과 음식을 나눠 먹는 것은
가볍게 빠져서는 안 될 친밀한 행동이다.

— M.F.K. 피셔(작가, 1908~1992)

만약 당신의 식사 방식이 누군가의 영향을 받고 있다면? 다른 사람이 당신의 식사 방식에 얼마나 영향을 미치는지 확인해보고 싶다면, 다른 나라에서 현지인들과 식사를 해보라.

몇 년 전, 나는 이탈리아 중부 테베레 강 근처 움브리아 지방의 주도인 페루자에 간 적이 있었다. 사방이 산으로 둘러싸인 이 도시는 세계적으로 유명한 초콜릿 생산지이다. 이곳에 도착하자 나는 옛 친구를 만났는데, 친구는 저녁 식사를 대접하겠다며 나를 그의 집으로 데려갔다. 구불구불한 길을 따라 다다른 친구의 집은 작지만 따스한 느낌이 들었고, 산중턱이 내려다보이는 계단식 대지 위에 자리 잡고 있었다. 친구 집에 도착하자 문이 활짝 열리더니 하얗게 빛나는 치아와 곱슬머리에 빠른 말투의 이탈리아어를 구사하는 친구의 어머니가 밖으로 나와 우리를 맞아주었다. 처음 만났는데도 어머니는 반갑게 나를 꼭 껴안아주시더니 두 뺨에 입을 맞추셨다. 내가 알아듣기라도 한다는 듯이(전혀 못 알아들었다) 이탈리아어를 쏟아놓으시며 어머니는 내 손을 잡아 부엌으로 이끄셨다. 그러고는 열 개도 넘는 박스를 잘 보이도록 들어 올리면서 파스타를 하나 고르라는 시늉을 하셨다. 나는 그나마 낯익은 파스타를 하나 골랐는데, 그것은 지티(ziti, 원통 모양의 속이 빈 파스타)였다.

친구 어머니는 저녁 8시 즈음에 수프를 식탁에 내놓으셨다. 내 기준으로는 꽤 늦은 저녁 식사의 서막이었다. 내가 평소보다 빨리 수프를 떠먹고 있는 동안(몹시 배가 고팠다) 친구와 어머니는 느긋한 속도로 식사를 즐겼다. 숟가락이 달그락거리는 소리에 수다와 웃음이 끼어들고 이탈리아인 특유의 손 휘젓기가 간간이 겹쳐졌다. 다들 접시를 비우고 지티를 먹기 시작할 무렵에야 나는 미국인답게 급한 식사 속도를 늦추려고 의식적으로 노력했다. 그들은 지티를 한 접시 더 권했고, (내키지는 않았지만) 나는 환대에 대한 감사의 마음을 표하기 위해 받아들였다. 그러나 접시를 비울 즈음, 지티가 두 번째 코스일 뿐이라는 사실을 뒤늦게 깨달았다. 그 뒤로 고기 요리, 치즈, 과일, 디저트까지 앞으로 네 코스가 더 나올 예정이었다. 나는 배가 불렀지만 계속 먹을 수밖에 없었다. 식사가 끝날 무렵, 나는 더 이상 나올 수 없을 만큼 부른 배가 부담스러웠지만, 친구와 어머니의 얼굴은 뭔지 모를 뿌듯한 미소가 얼굴에 가득했다. 나와는 너무도 다른 친구 집의 식사 방식에 나는 상당히 당황했고 놀라지 않을 수 없었다.

미국에서는 모든 음식을 한꺼번에 내놓지만, 이탈리아(와 유럽)에서는 요리가 한 번에 하나씩 나온다. 이 사실을 알고 있었지만 다채로운 맛의 향연, 친구와 다시 만난 기쁨, 흥겨운 식사 분위기에 매료되어 나는 과식을 하고 말았다. 식사의 사회적 맥락이 배고픔과 배부름에 대한 개인의 인식을 장악해버린 순간이었다.

페루자에 살든 페오리아에 살든, 특정 문화의 행위를 지배하는 불문율, 즉 사회적 규범은 사람들의 식사 방식을 결정짓는다. 우리들 대부분은 사교적 식사의 기회를 거의 매일 접하며 살고 있다. 직장에서 회식 시간, 결혼 피로 연, 친구들과의 저녁 식사 등 먹는 행위는 본질적으로 사회적이기 때문에 우리는 사회의 식사 규범을 염두에 두고 식사를 하게 된다.

이러한 식사 규범은 대체로 '과식'이라는 뉴 노멀(시대 변화에 따라 새롭게 부상하는 표준—옮긴이)을 포함하는데, 이를 무작정 따르다보면 건강한 선택을 내리기 어려울 수 있다. 이럴 때 감성지능이 높은 사람들의 장점이 큰 힘을 발휘한다. 관계를 탐색해가는 능력을 통해 바로 반응하는 대신 시간을 갖고 대응한다는 것이다. 즉, 명확한 경계를 긋고 까다로운 사회적 상황에 반응하기보다는 상황의 맥락에 따라 유연성 있게 대응할 줄 안다는 것이다. 이러한 능력은 우리가 다른 사람들과 함께 식사를 할 때 발휘된다. 잇큐가 높은 사람은 건강에 좋지 않은 식사 규칙을 기계적으로(때로는 무의식적으로) 먹지 않으면서도 다른 사람들과의 관계를 즐길 수 있다.

잇큐가 높은 사람은 식사 신호에 귀 기울인다

혹시 남과 함께 있을 때, 평소보다 더 많이 먹은 적이 있는가? 만약 당신이 그렇다면 그 이유를 다음 그림에서 힌트를 얻을 수 있다.

이 그림은 전경-배경 착시 현상의 대표적 사례다. 그림을 한번 살펴보자. 전경(figure)을 보면 노파가 보인다. 반면에 배경(ground)에 초점을 맞추면 깃털

[착시 그림 - 노파와 젊은 여인]

달린 모자를 쓰고 모피 코트를 입은 채 반쯤 고개를 돌린 젊은 여성의 얼굴이 보인다. 두 이미지를 확인한 후에는 둘 사이를 자유자재로 왔다 갔다 할 수 있다.

이 그림처럼 사교적 식사에도 배경과 전경이 있다. 배경은 파티, 결혼식, 타인과의 교류 등 사회적 이벤트라는 외적 현실이다. 반면에 전경은 당신의 내적 현실이다. 다른 사람들과 함께 식사를 할 때 우리는 보통 배경, 즉 외적 현실에 초점을 맞춘다. 그렇다면 잇큐가 높은 사람은 어떨까? 잇큐가 견고한 사람은 배경과 전경을 모두 살필 수 있다. 또한 둘 사이를 자유롭게 전환할 수 있으며, 사회적 이벤트의 배경이나 맥락이 자신의 식사를 결정할 수 있다는 것을 늘 유념한다. 따라서 자신의 식사 방식이 어느 상황에서도 쉽게 흔들리지 않도록 대응할 수 있다. 이처럼 사교적 식사는 다음의 세 가지에 영향을 받는다.

누가 식탁에 앉아 있는가?(배경)

인간은 사랑받고 싶은 욕구가 강하다. 때문에 인정을 얻고 남들과 어울리기 위해 다른 사람들을 모방한다는 증거가 있다. 이러한 행동 모방은 우리가 친구들과 비슷한 옷차림을 하고 같은 유행어를 사용하는 하나의 이유다. 또한 비슷한 음식을 주문하고, 접시에 비슷한 양의 음식을 올리고, 먹는 속도를 맞추는 등 주변 사람들과 비슷하게 식사하는 이유이기도 하다. 모방이 의도적이든 무의식적이든(둘 다일 수 있다) 함께 식사하는 사람들이 음식 선택에 영향을 미칠 수 있다는 연구 결과는 많다. 예를 들어 그릴드 치킨 샐러드를 주문하는 사람들과 함께 식사를 하면 건강에 좋은 음식을 선택할 가능성이 높다. 마찬가지로 두툼한 버거와 감자튀김을 선택하는 사람들과 함께 식탁에 앉을 때, 역시 주변의 선택을 따를 가능성이 높다.

만약 당신이 같이 먹는 사람들에 따라 식사와 주문 스타일이 달라진다면, 당신은 일명 '식사 카멜레온'일지 모른다. 따라서 자신에게 건강한 식생활에 도움을 주는 사람들(조력자)과 그러한 노력을 방해하는 사람들(방해자)을 구분하는 지혜가 필요하다.

왜 식탁에 앉아 있는가?(배경)

배가 고프든 고프지 않든 먹는 일은 즐거울 수 있다. 하지만 사회적 상황에서 먹는 일은 한층 더 깊은 의미를 갖게 된다. 누군가를 축하하기 위해 함께 먹고, 마음을 나누기 위해 함께 먹고, 유대감을 나누기 위해 함께 먹는 경우가 많기 때문이다.

우리는 누군가와 함께 먹는 것을 피할 수 없다. 그런데 나만의 건강한 식사법이 없다면, 즉 강한 잇큐가 없다면 결혼식, 명절, 기념 파티 등 축하의 성격이 짙은 식사에 제압당할 수 있다. 하지만 잇큐가 높아지면 다른 사람의 선택에 흔들리지 않고 함께 식사를 할 수 있다. 또한 명시적이든("디저트를 주문합시다!") 암묵적이든(다들 버거를 주문하고 있다) 상대들의 식사 방식에 휘둘리지 않고 식사를 할 수 있다.

식탁에 앉아 있을 때 어떤 기분이 드는가?(전경)

당신은 순간의 감정으로 메뉴를 결정하지만, 그 감정을 항상 인식하지는 못한다. EAT법은 식탁 앞에 앉았을 때, 당신이 어떤 기분이 들든 그 순간의 감정을 식별하고, 수용하고, 인정하여 더 나은 결정을 내릴 수 있게 도와준다.

자신감이나 자존감 수준도 당신의 식사에 영향을 끼칠 수 있다. 배가 고프지 않은데 누군가가 당신에게 억지로 더 먹으라고 강요했던 일이 있는가? 혹은 잘 모르는 사람들과의 모임에서 긴장한 나머지 속이 불편할 정도로 음식을 먹은 적이 있는가? 잇큐를 높이면 다른 사람들과 함께 있으면서도 자기 자신의 욕구와 기호를 존중하는 균형점을 찾을 수 있다.

이상의 세 요인들을 하나씩 더 자세히 살펴보자.

사교적 식사 요인1
누가 식탁에 앉아 있는가?

EAT법의 E는 특히 사회적 상황에서 다른 사람들이 당신의 식사 선택에 어떠한 영향을 미치는지 인식하는 것이다. 잘 생각해보면 친구, 가족, 동료들을 조력자와 방해자, 이 두 부류 중 하나로 구분할 수 있다.

먼저 조력자들은 음식과의 관계가 비교적 건강한 사람들이다. 그들의 합리적인 식사 습관과 (본인이나 남의) 음식에 대한 느긋한 태도는 좋은 식습관 형성에 도움이 된다. 그들의 아낌없는 지지는 당신의 체중 감량에도 도움을 줄 수 있다. 스탠퍼드대학교 연구팀은 267명의 과체중 여성들을 대상으로 진행된 연구에서 친구와 가족들로부터 자주 응원을 받는 여성들은 그렇지 못한 여성들보다 체중을 감량할 가능성이 더 높다는 사실을 알아냈다

(72퍼센트 대 46퍼센트).

반대로 유감스럽게도 방해자는 당신의 식사 선택에 크나큰 걸림돌이다. 이들은 당신이 선택한 음식을 비판하고, 당신이 너무 적게 먹는다며 끊임없이 걱정한다. 그러면서 당신이 원하지 않는 음식을 적극 권하면서 음식에 대한 유혹을 부추긴다. 그렇다면 당신이 음식과 건강한 관계를 맺어가는 데에 당신의 조력자와 방해자는 누구인가?

조력자

나는 운 좋게도 조력자가 한 명 있다. 친구이자 동료인 수잔이다(나와 동명이인이다!). 그녀가 음식을 대하는 태도는 나에게 늘 감동을 준다. 그녀는 음식을 늘 차분하고 느긋한 태도로 대한다. 55세인 그녀는 먹는 것을 즐기면서도 항상 건강 체중을 유지하고 있다. 그녀는 주변 사람들도 자신처럼 건강한 식생활을 하도록 자연스럽게 돕는다.

그녀는 자신의 공복감 수준을 항상 체크하고 있다. 점심 식사에 초대를 받았을 때도 배가 고프지 않으면 그녀는 확신에 찬 어조로 "감사하지만 괜찮습니다"라고 말하고 더 이상 변명을 덧붙이지 않는다. 사람들과 어울리고 싶으면 자리를 함께하되 대신 차를 주문한다. 남들이 무엇을 주문하든 참견하거나 비판하는 일은 없다. 음식의 선택은 각자의 몫이라고 생각하기 때문이다. 어느 날, 우리는 가까운 레스토랑에서 점심을 먹었다. 식사 후 레스토랑 대표가 그녀에게 레몬 스콘을 하나 대접했다. 그녀가 좋아한다는 걸 알았던 것이다. 이에 수잔은 감사의 인사를 표시하고는 "지금은 너무 배가 부르니 집에 가져가서 저녁에 맛있게 먹을게요!"라고 말하며 스콘을 냅킨에 쌌다. 좋아하는 음식을 공짜로 주는데도 그녀는 자신의 공복감 수준을 살핀

후 현명한 결정을 내렸던 것이다.

당신 곁에도 수잔 같은 조력자가 있다면 그들의 식습관이 당신에게 긍정적인 영향을 주도록 적극적으로 모방하라. 만약 주변에 조력자가 없다면 과감히 찾아 나서라. 조력자를 찾는 것 다음으로 좋은 방법은 나 스스로 조력자가 되는 것이다. 음식과 전쟁 중인 지인과 함께 식사를 할 때, 그 사람 곁에서(예를 들면 결혼식, 파티, 가족 식사 자리에서) 의식적으로 건강에 좋은 선택을 내리되, 그 사람의 접시 위 음식을 함부로 비판하지 마라.

방해자

간혹 남의 식사에 참견을 하는 사람들이 있다. 이것이 몸에 좋다느니, 저것은 꼭 먹어야 한다느니 하면서 상대에게 음식에 대한 부담을 주는 사람들. 자꾸 먹으라고 강요하거나 먹을 때 무안을 주고 비판하는 사람들은 당신이 음식과 건전한 관계를 맺어갈 수 없게 한다. 그런 행동은 나쁜 영향을 주는데도 정작 자신들은 도움을 주고 있다고 여기는 경우가 많다. 당신의 식습관을 방해하는 사람들의 말을 소개하면 다음과 같다.

> "너 얼굴이 왜 이 모양이니? 체중을 너무 많이 뺀 거 아냐?"
> "네 생일이잖아. 케이크 한 조각 정도는 먹어도 괜찮다고."
> "도넛 하나 남았어. 먹을래?"

내담자 중 한 명인 홀리에게는 방해자가 두 명 있었다. 바로 어머니와 남편이었다. 어릴 때 홀리가 감자튀김을 먹으면, 어머니는 홀리의 몸매를 따라 허공에서 손가락을 위아래로 저으면서 소리 없는 질책을 표현했다. 그러고는 이튿날 흘리를 데리고 나가 아이스크림을 사주면서 "우리 둘만의 비밀이야"라고 말하곤 했다. 이런 상충되는 메시지는 성인이 되어서까지 계속되었다. 가족들끼리 식사를 할 때 흘리가 매쉬드 포테이토를 두 접시째 먹으면 어머니는 눈살을 찌푸렸지만, 디저트로 집에서 직접 구운 파이를 먹지 않으면 야유를 보냈다.

그런가 하면 남편이 자주 쓰는 전술은 방해 공작이었다. 흘리는 일요일에 장을 본 후 각별히 건강에 신경 쓴 식단을 계획했다. 마침 남편은 월요일 저녁에 피자를 먹고 싶다고 했다. 그러면 그릴에 구운 치킨과 구운 채소는 고스란히 포장용기 속으로 들어가고, 흘리는 피자를 너무 많이 먹고 말았다.

흘리의 건강한 식사를 방해하는 사람들. 나는 이들이 흘리에게 불러일으키는 감정을 스스로 인식할 수 있도록 돕는 데 초점을 맞추었다. 수치심, 무력감, 분노의 감정을 인식하고 나자, 흘리는 그런 감정이 들 때마다 멈춤 버튼 누르고, 자기 통찰 주도적 결정을 내리는 법을 배울 수 있었다. 흘리의 EAT 법 처방은 다음과 같았다.

- Embrace(알아차리기) : 흘리는 방해자들이 내뱉는 말에 늘 상처를 받았지만, 이제는 너무 익숙해져서 더 이상 귀담아듣지 않게 되었다. 나는 흘리에게 작은 노트를 들고 다니면서 그런 발언을 들을 때마다 누가 어떤 상황에서 무슨 말을 했는지, 그 말을 듣고 기분이 어땠는지 적어보라고 했다. 기록을 시작하자 흘리는 그런 발언이 어찌나 자주 등장하는지 깜짝 놀라고 말았다.

- Accept(받아들이기) : 흘리는 그 기록을 바탕으로 발언들이 끌어낸 감

정과 자신의 식사 행동 사이에서 연관 관계를 찾았다. 방해자들의 발언은 대개 부정적인 생각을 부추겼다. '흠, 어머니는 내가 뚱뚱하다고 생각하시네. 그럼 그냥 뚱뚱하게 살아야지.' '남편이 피자가 먹고 싶다고? 좋아. 그러면 내 뚱뚱한 엉덩이는 감수하라고 해'라고 생각하기도 했다. 이제껏 홀리는 분노와 부정성이 음식을 통해 자기 파괴적 행동을 유발한다는 걸 인지하지 못하고 있었다.

- **Turn(전환하기)** : 방해자들이 큰 상처를 준다면 그들과 거리를 두는 것이 효과적인 방법이다. 홀리는 어머니와 보내는 시간을 줄이기로 했다. 어머니의 비난은 딸의 음식 선택에만 국한되지 않았기 때문이었다. 홀리는 또한 남편이 퇴근해서 집에 돌아오기 전에 좋아하는 건강식을 적정량만 먹기 시작했다. 특히 홀리에게 도움이 된 방법이 있었다. 바로 '관점의 전환: 감정의 틀 재구성하기'였다. 홀리는 이 방법을 통해 긍정적인 자기 대화를 시작함으로써 방해자들의 발언이 감정과 결정에 끼치는 영향력을 방어하는 방법을 배울 수 있었다.

사교적 식사 요인2
누구와 식탁에 앉아 있는가?

나무 위에 사는 도마뱀 카멜레온은 두 가지 독특한 능력이 있다. 양쪽 눈을 따로따로 움직이는 능력과 몸의 색깔을 바꾸는 능력이다. 색깔 변화는 흔히들 생각하는 것처럼 주변색의 변화 때문이 아니라 빛, 온도, 분노나 두려움 같은 신경 자극에 의해 일어난다. 환경에 따라 색깔이 달라지는 이 독특한 능력은 우리가 주변 사람들에게 얼마나 영향을 받는지를 잘 말해준다. 나는 남들과 함께 식사할 때 흔히 나타나는 인간의 행동 성향을 도마뱀 카멜레온 같다고 느꼈다. 주변과 어울리려고 애쓰는 성향을 두고서 말이다. 의식하든 하지 못하든 우리는 모두 카멜레온과 비슷한 면이 있다. 행동 모방 습성 때문에 나보다 많이 먹는 사람과 식사를 하면 더 많이 먹기 쉽고, 나보다 적게 먹는 사람과 식사를 하면 더 적게 먹기 쉽다.

샬럿은 전형적인 카멜레온 식사형이었다. 정장이 좀 타이트하다 싶을 무렵, 똑똑하고 정력적인 광고회사 임원은 고가의 자연식품 라인을 보유한 광고주의 담당자로 낙점되었다. 당황한 샬럿은 나에게 도움을 청했다. 그녀에게 일은 곧 생명이었고, 이 광고주는 중요한 거래처였던 것이다. 그녀는 반드시 살을 빼야 했다.

나는 육하원칙에 따라 샬럿에게 질문하기 시작했다. 다시 말해 무엇을, 언제, 어디서, 누구와, 왜 먹었는지 물어보았다. 그녀의 답변과 일주일 동안 쓴 식사일기를 바탕으로 판단해보면 샬럿은 영양학적 지식이 낮다든지, 건강에 좋은 식품을 구할 수 없었다는 식의 일반적인 요인과 관련해서는 별 문제가 없었다. 내가 놀라웠던 것은 일관성 없는 식사 패턴이었다. 하루 동안에도 그녀는 볶음요리와 스테이크 샌드위치, 그릴드 치킨 샐러드와 닭 날개를 두루 섭렵했다. 그녀가 먹은 음식의 양 또한 들쭉날쭉했다. 어떤 식사에서는 분별 있게 양을 조절했는가 하면, 다른 식사 시간에는 폭식에 가깝게 먹었다(폭식을 하는 사람들은 종종 통제력을 잃어버린다). 도대체 그녀에게 무슨 일이 벌어지고 있는 걸까?

아니나 다를까, 그녀는 카멜레온식 식사를 하고 있었다. 근무 시간 중 샬럿의 동료들은 드레싱을 따로 놓고 초밥이나 샐러드를 먹으면서 회의실에서 업무 이야기를 했는데, 샬럿도 역시 그렇게 했다. 또 집에 오면 피자, 닭튀김, 버거를 먹는 남편을 따라 샬럿도 그렇게 먹었다(몇몇 연구는 부부 사이에서 건강에 나쁜 '모방 식사'가 나타나는 현상을 다룬 바 있다). 만약 행운이 따랐다면 친구, 동료, 가족들 모두가 균형 잡힌 식사를 하고, 당신도 그들 옆에 앉아 건강에 좋은 음식 선택을 따라했을 것이다.

혼자 먹을 때의 식사 습관

사랑스러운 책 《혼자 있을 때 우리가 먹는 것들What We Eat When We Eat Alone》을 펼쳤을 때, 나는 우연히 혼자서 기차를 타고 필라델피아에서 뉴욕으로 가는 길이었다. 때마침 저녁 도시락을 방금 먹고 난 시점이었는데, 메뉴는 그릭 요거트, 체다 치즈, 소이 칩, 치킨 샐러드였다. 조합은 묘하지만 전부 내가 좋아하는 음식들이었다. 나의 식사에는 마음챙김과 편리함을 동시에 추구하면서도 즐거움과 위로라는 요소도 빠지지 않았다. 이것은 내가 치킨 샐러드를 좋아한다는 걸 잘 알고 있는 언니가 정성껏 챙겨준 도시락 덕분이었다.

당신은 혼자서 뭔가를 먹을 때, 당신만의 식사 원칙을 잘 지키는가? 《혼자 있을 때 우리가 먹는 것들》에는 주변에 아무도 없을 때 먹는 식사와 사회적인 맥락에 놓여 있을 때 우리가 음식을 먹는 방식이 어떻게 다르고, 또 그 이유는 무엇인지가 잘 설명되어 있다. 혹시 당신도 혼자 식사할 때와 누군가와 식사할 때, 그 식사 스타일이 많이 다른가? 만약 주위에 보는 눈이 없으면 건강에 어긋나는 식사 행동을 하는가? 이를테면 손으로 음식을 집어먹는다든지, 특이한 음식 취향을 마음 놓고 드러낸다든지(일흔의 어떤 분은 아직도 샌드위치 쿠키를 야채수프 안에 부수어 먹는다. 첫째 아이 임신 중에 얻은 습관이라고 한다)? 혹은 레스토랑에서 지인이 알면 깜짝 놀랄 만큼 충격적인 요리를 주문하는가(채식주의자로 소문난 당신이 송아지 갈비를 즐기는 건 아닌지)? 또, 당신은 혼자 있을 때 얼마나 많이 먹는가? 연구에 의하면 사람들은 혼자일 때 더 적게 먹는다고 한다. 그러나 내가 만난 내담자들 가운데는 남들 앞에서는 구운 닭고기, 수프, 샐러드, 채소 등으로 건강한 식사를 하고, 혼자 있을 때는 그 원칙이 느슨해지는 사람들이 상당수 있었다. 당신은 어떠한가? 남들과 함께 있을 때, 건강한 음식을 적정량 섭취하는 '공적인' 나와 혼자 있을 때, 그 원칙이 느슨해지는 '사적인' 나, 이 둘이 분리되어 있는가? 이것도 한 번 생각해보라. 당신은 혼자 먹는 밥(일명 혼밥)과 사교적 식사 사이에 뚜렷한 차이점이 있는가? 혼자 있을 때 완전히 다른 양상의 식사를 한다면 그것은 혹시 부끄러움 때문인가? 식사는 지극히 사적인 활동이라고 여겨서 식사하는 모습을 남에게 보이기가 꺼려지는가?

이러한 질문에 답해보는 것은 잇큐를 높이는 첫 단계이다. 두 번째 단계는 마음챙김을 위한 잠시 멈춤을 실천하여, 자기 파괴적 식사 패턴을 인지하고 관리하는 것이다. 당신은 도움이 되는 도구들을 활용해 그러한 감정을 관리하고 현명한 식사를 결정할 수 있다.

애인이나 배우자와의 식사 문제

케이트는 결혼 후 9개월 만에 나를 찾아왔다. 신혼여행 이후 불어난 체중으로 고심하던 이 29세 교사는 새 신랑 브래드에게 대놓고 비난의 화살을 돌렸다.

"남편을 만나기 전까지 저는 채식 위주의 식사를 했어요. 하지만 브래드는 항상 고기와 감자를 즐겨 먹는 사람이어서 저도 모르는 사이에 그가 먹는 대로 먹기 시작했죠. 돼지고기 바비큐 샌드위치나 큼직한 버거를 먹고 후식으로 아이스크림을 먹었어요."

케이트는 다시 채식주의 생활방식으로 돌아가고 싶었지만, 솔직히 두 사람의 관계가 소원해질까 봐 걱정스러웠다. 식사 시간은 부부가 느긋하게 앉아서 대화를 하는 유일한 시간이었다. 그들은 소중한 둘만의 시간을 포기하고 따로따로 식사를 해야 할까? 케이트는 일명 '사랑에 취한 식사'의 함정에 빠진 것이었다. 이 함정에 빠지면 새로운 관계를 시작하는 파트너 한 명 혹은 두 사람 모두의 체중이 늘거나 줄어든다(대개는 늘어난다). 실제로 연구에 따르면 커플의 식사 행동은 수렴하는 경향을 보인다. 둘이서 같은 음식을 먹고 체중이 비슷한 폭으로 늘거나 줄어드는 경향이 있다는 것이다.

이것은 놀라운 일이 아니다. 맛있는 음식을 함께 먹는 일은 연애 초반에 흔히들 거치는 과정이다. 많은 연인들이 극장에서 팝콘을 나누어 먹고, 집에서 피자를 시켜 먹으면서 영화를 함께 보고, 아이스크림을 먹으며 데이트를 하지 않는가? 먹는 것은 단순히 기분 좋은 활동이 아니라 유대감을 쌓아가는 활동이다.

시간이 지나 커플이 서로의 삶에 더 깊이 관여하면 두 사람은 비슷한 일상을 공유하게 된다. 하루 중 같은 시간에 식사를 하고 함께 장을 보러가면서 개인의 식사 스타일은 점차 사라진다. 두 종류 대신 한 종류의 식사를 준비하는 게 더 수월해지는 것이다. 일반 우유와 저지방 우유를 둘 다 사는 것보다 일반 우유 한 통을 사는 게 더 간편하기 때문이다. 나는 케이트가 브래드의 식사 패턴을 바꾸려고 노력하는 것보다 두 사람의 식사 스타일을 잘 조화시킬 수 있는 방법을 찾는 데 주력하도록 했다. 내가 케이트에게 전해주었고 다른 커플들에게도 제안하는 몇 가지 팁을 소개한다.

- **주도권 다툼을 포기하라.** 배우자나 연인의 식생활을 바꾸려고 노력하는 것은 승자 없는 싸움이다. 주도권 다툼만 일으킬 뿐이다. 좋든 싫든 그 사실을 받아들이고, 각자 자신의 접시에 대해서만 주도권을 발휘하라.

- **좋은 롤모델이 되어라.** 건강에 좋은 선택을 솔선수범하라. 달리 말해, 파트너에게 '나는 갈비 대신 생선을 주문하겠어'라고 말하지 말고 그냥 행동으로 보여주어라. 사람은 타인의 행동을 쉽게 모방한다.

- **파트너의 건강한 선택을 칭찬하라.** 파트너가 먼저 식습관 개선을 원할 수도 있다. 하지만 이럴 때는 통제가 아닌 칭찬이 곧 도와주는 것이다. 예를 들어, 파트너가 감자튀김 대신 샐러드를 선택하거나 못 견디게 좋아하는 유지방 가득한 아이스크림 대신 저지방 아이스크림 샌드위치를 구입할 때 "정말 훌륭한 선택이야!"라고 칭찬할 수 있다.

- **타협하라.** 좋아하는 음식을 번갈아가며 구입하라. 당신은 99퍼센트 무지방 칠면조 고기를 좋아하지만, 배우자나 연인은 좋아하지 않는다면 그 중간 어디쯤에서 타협점을 찾아라.

- **서로 도전하고 자극하라.** 건강한 경쟁이 커플의 애정을 높여줄 수도 있다. 무작정 체중 감량에 도전하는 대신, 건강한 식생활에 도움 되는 행동을 늘려나가는 쪽으로 경쟁할 방법을 찾아보아라. 건강하면서도 맛있는 레시피를 찾을 수 있는 사람? 이런 걸 놓고 경쟁해보라.

왜 식탁에 앉아 있는가?

오래전 일본에 살았을 때, 친구는 자기가 아는 모든 사람에게 나를 소개시 켜주었다. 약간 연예인이 된 듯한 기분이었다. 매번 누군가의 집을 방문할 때마다 일본의 관습에 따라 집주인은 나에게 먹거나 마실 것을 대접했다. 그런데 어느 집에서 투명하고 젤리 같은 액체를 한 컵 내놓았다. 그 끈적끈 적한 점성을 보니 속이 뒤집어질 것만 같았다. 내가 보기에 그건 그냥 콧물 같았다. 내 표정이 일그러졌던 게 무안했는지 친구가 내 쪽으로 몸을 기울 이더니 황급히 속삭였다. "이거 꼭 먹어야 돼."

나도 알고 있었다. 내가 사양하면 집주인은 그걸 모욕과 수치로 받아들일 것 같았다. 그 순간에는 배경(식욕 떨어지는 비주얼의 음식을 먹는 것 뒤에 가려 진 상징적 중요성)이 전경보다 더 우위에 있었다. 그래서 나는 표정 관리를 하고 그걸 간신히 삼켰다(정작 먹어보니 그렇게 끔찍한 맛은 아니었다. 약간의 향이 있는 두부 음료였다).

다른 사람들과 함께 음식을 먹을 때는 전경과 배경을 끊임없이 협상해야만 한다. 다시 말해, 음식이 당신에게 갖는 의미(허기, 욕구, 맛, 기호를 얼마나 잘 충족하는가)와 당신이 그 음식을 받아들이는 것이 다른 사람들에게 갖는 의 미(보살핌, 친밀감, 존중, 공손함) 사이에서 균형을 맞추어야 한다. 몇 가지 사 례를 들어보면 아래와 같다.

- 몸이 아픈 사람을 위해 음식을 만들어주거나 장례식 후 집에서 만든 요 리를 갖다주며 염려의 마음을 표시하는 경우

- 친밀감 형성을 위해 로맨틱한 식사를 요리하는 경우
- 가족 간의 유대감 강화를 위해 할머니가 만드시던 명절 음식을 준비하는 경우
- 의식(예를 들어 유대교 문화에서 유월절 밤 축제에 하는 식사) 또는 가족에 초점이 맞추어지는 행사 (명절, 결혼식 또는 장례식)에 참여하는 경우

이 같은 상황에서는 인생의 소중한 요소들이 강조된다. 즉 좋은 음식과 그것을 나눌 가족이나 친구들이 전면에 부각된다. 명절의 식사가 그토록 곤혹스러운 이유가 바로 여기에 있다. 매년 추수감사절부터 새해 첫날까지, 그리고 다시 부활절 연휴 동안 내담자들은 배경과 전경을 왔다 갔다 하면서 행사 주최자에게 감사와 사랑을 보여주는 한편, 자기 자신의 욕구를 존중해야 하는 과제에 직면한다. 사실 우리 모두가 이런 장단에 맞춰 움직일 수밖에 없지만, 개중에는 남들보다 더 노련하게 대처하는 사람들이 있다. 상징적 의미가 있는 식사를 함께하느라 식탁에 둘러앉을 때 잇큐를 사용한다면, 이 은밀하고 때로는 원초적인 식사 종용과 건강에 좋은 음식을 적정량 먹고 싶은 소망 사이에서 균형을 맞추어나갈 수 있다.

잇큐를 높이고 나면 이런 특별한 식사를 매일 먹는 식사와 똑같이 취급하게 될 것이다. 사교 행사의 배경은 결코 과식을 해도 좋다는 허가증이나 핑계가 될 수 없다. 당신은 오로지 전경, 곧 내적 현실에 초점을 맞추어야 한다. 그 식사에서 진정으로 특별하고 고유한 요소(이를테면 일 년에 한 번 먹는 음식)를 엄선해서 물리적인 공복감뿐 아니라 관계와 쾌락의 욕구를 둘 다 충족시키는 양만큼 즐길 수 있어야 한다.

식탁에 앉아 있을 때 어떤 기분이 드는가?

사교 모임은 감정을 과도하게 자극할 수 있다. 사교적 상황에서 다음과 같은 감정은 과식으로 이어지기 쉽다.

남을 기쁘게 하고픈 욕구

당신은 누군가를 위해서 디저트를 받아든 적이 얼마나 많은가? 〈사회임상심리학회지〉에 발표된 한 연구에 따르면, 남을 기쁘게 해주고 싶은 욕구가 강한 사람은 사회적 상황에서 배가 고프지 않아도 과식을 하는 경향이 있다. 그런 사람들은 기름기 많은 간식이나 디저트처럼 평소에 피하는 음식을 과식할 가능성도 높다. 반면에 자신이 남을 기쁘게 하기 좋아한다는 점을 인식한 상태에서 사교 모임에 참석할 경우, 군중을 따르기보다 자신의 공복감에 따라 식사를 할 확률이 높아질 것이다. 그러니 타인의 기대에 맞추느라 자신의 기대를 쉽게 저버리지 마라. 남의 기대에 쉽게 끌려갈 위험이 있다면, 자기 음식을 먼저 주문하거나 골라서 남의 비위에 맞출 일을 피하는 것도 한 가지 방법이다.

분노

당신은 화가 나면 혹시 먹을 것부터 찾는가? 가족들과의 크리스마스 저녁 식사 자리에 앉기 5분 전까지 당신은 시누이가 늘어놓는 자기 자랑을 견디어야만 한다. 새로 이사한 집, 천사 같은 아이들, 파격적인 승진 조건까지 짜증스럽고 화가 나고, 심지어 분노로 속이 부글부글 끓는다. 그러나 이 상황에서 분별력을 잃고 더 먹는 것이 해답은 아니다.

어째서인지 자기 자신에게 분노를 표출하는 것은 남에게 화풀이하는 것보다 편리하고 쉽다. 그러나 그 분풀이가 먹는 것으로 이어져서는 곤란하다. 분노에 의한 과식을 줄이려면 분노에 직접 대처해야 한다. 분노가 느껴질 게 분명한 모임(예를 들어 가족 모임이나 명절 식사)에 반드시 참석해야 하는 경우, 안전하고 생산적인 방법으로 분노에 대처할 수 있는 몇 가지 전략을 준비해야 한다.

외로움

가까운 사람들이 곁에 있어도 가끔씩 깊은 외로움을 느낄 수 있다. 만약 당신이 음식을 관계와 친교의 대체물로 여긴다면 그것은 음식이 외로움을 잊게 해준 경험이 있었기 때문이다. 실제로 뉴욕주립대학교 버펄로에서 실시된 한 연구에서 치킨 수프와 같은 위로 음식의 감정적 힘은 그것을 잘 보여준다. 다시 말해 위로 음식을 통해 우리는 어딘가에 연결되어 있다는 느낌에 잠시 나마 외로움을 잊을 수 있다.

하지만 여기서 외로움을 잊게 해주는 것은 음식 자체가 아니라, 음식이 불러일으키는 감정이다. 물론 둘을 구분하는 것이 쉽지만은 않지만, EAT법은 가짜 위안에서 벗어나 실체 있는 위안을 선택할 수 있게 도와줄 것이다. 외로움으로 인한 공허함을 음식으로 대체하려고 애쓰다보면 자신과 타인 사이의 간격이 오히려 더 크게 느껴질 수 있다. 마음 불편한 일이 생기면 피하고 싶어지는 것이 자연스러운 모습이다. 하지만 진정성 있는 관계가 우리의 외로움을 보상할 수 있다. 우선 자신이 느끼는 외로움을 인정하는 것이 도움이 될 수 있다. 한편 글쓰기는 관계 맺기의 욕구를 받아들이는 데도 도움이 된다.

기쁨

결혼식, 생일, 직장에서 승진 등 많은 사회적 행사에서 기쁜 일에는 항상 음식이 빠지지 않는다. 사람은 누구나 기분이 좋으면 그 기분이 계속 유지되길 바란다. 그리고 긍정적인 기분을 조금 더 오래 유지하려고 음식을 나누고 싶어 한다. 케이크 한 조각을 먹었는데 너무나 맛이 있으면 그 케이크가 준 기쁨의 순간을 놓아버리지 않고 싶어서 다시 한 조각을 먹게 되는 것이다. 음식을 먹으면서 기쁨을 느끼는 게 나쁜 일은 아니다. 다만 고등학교나 대학교 경제학 시간에 배운 수확 체감의 법칙에 따라, 투입량이 늘어날수록 추가 투입에 대한 전체 산출량이 늘어나는 속도는 줄어든다는 점을 명심하기 바란다. 먹는 일도 비슷한 원칙의 지배를 받는다. 처음에는 음식을 많이 먹을수록 기쁨이 커지지만, 일정 시점이 지나면 음식을 많이 먹는다고 해서 기쁨이 그만큼 커지지는 않는다. 오히려 맛있는 식사를 즐기는 수준을 넘어서 과식을 하면 기쁨이 고통으로 바뀔 수 있다. 음식을 음미하고 마음챙김 식사를 함으로써 도를 넘지 않고 식사의 감각적 기쁨을 느낄 수 있다.

경쟁심

일부 내담자들은 다른 사람들과 함께 음식을 먹을 때, 발동되는 경쟁 심리에 스스로도 깜짝 놀란다고 한다. 때때로 여성들은 그룹에서 가장 적게 먹거나 가장 칼로리가 적은 식사를 주문하려고 경쟁을 벌인다. 남성 내담자들 또한 가장 많은 수의 닭 날개를 해치우거나 가장 큰 스테이크를 끝장내는 등 무리 중에서 가장 많이 먹는 사람이 되기 위해 경쟁했던 이야기를 털어놓을 때가 있다. 사교적 식사에서 경쟁심은 성별에 따라 항상 똑같은 양상으로 나타나지는 않지만, 그러한 감정은 주문하는 음식의 종류나 섭취하는 음식의 양에 영향을 끼칠 수 있다.

다른 사람들과 함께 음식을 먹을 때 경쟁심이 발동된다면 자신의 욕구를 면밀히 들여다보기 바란다. 적게 혹은 많이 먹음으로써 당신이 얻는 게 무엇인지 생각해보라. 통제력이나 지배력을 얻는다고 생각하는가? 그렇다면 왜 그런 힘을 추구하는가? 다른 사람들과 함께 식사를 하는 동안 그러한 경쟁심에 따라 행동할 경우 친밀감이 커지거나 줄어드는가? 어떤 경우라도 건강한 식사원칙에서 벗어나지 않아야 한다는 걸 잊지 말자.

이상으로 사교 모임에서 과식을 불러오는 감정들을 알아보았다. 사교적 식사가 부담스럽게 느껴지더라도 부디 피하지 말기 바란다. 가족 행사나 사무실 회식을 빼먹는 것은 백이면 백 죄책감, 후회, 외로움 같은 감정을 불러일으킬 수 있다.

우리의 음식 중심 문화에서 함께 식사를 한다는 것은 '관계 맺기'라는 본질을 간과하기 쉽다. 음식을 통해 우리는 가족 간의 유대감을 재확인하고(명절날 저녁 식사), 인생의 중요한 전기를 기념하며(결혼, 졸업, 생일 파티), 페루자의 내 친구와 친구 어머니가 모범을 보여주었듯 즐겁게 함께하는 시간을 만들고 싶어 한다. 다시 말해 음식보다 사람이 먼저라는 의미다.

사회적 상황이 어떠하든 음식은 목적이 아닌 수단이다. 음식에 관심을 기울이기보다 주변 사람들과의 대화에 중점을 두어야 한다. 함께 식사하는 사람들의 말을 듣고, 그들에게 말을 건네야 진정한 식사의 즐거움이 살아나는 것이다. 사교적 식사를 위한 가장 좋은 방법은 친교에 더 초점을 맞추고, 식사에 덜 집중하는 것이다.

"케이크 없는 파티는 단지 만남일 뿐이다." 줄리아 차일드의 이 위트 넘치는 명언은 우리 모두가 알고 있는 진실을 담고 있다. 음식은 축하의 자리에 꼭 필요한 요소라는 점이다. 하지만 그렇다고 음식이 유일한 부분은 아니다. 베이비 샤워, 크리스마스 만찬, 저녁 데이트, 생일 파티 등 어떤 자리에 참석하든 접시의 주도권을 남에게 맡기지 말고 당신이 어떤 음식을 얼마만큼 먹고 싶은지 의식적인 선택을 내리자. 음식을 사회생활의 초점이 아니라 한 측면으로 경험할 수 있다면 올바른 방향으로 가고 있는 것이다. 공복감과 그 순간의 기분 (걱정스러운가? 들떠 있는가? 외로운가?)에 귀 기울이면, 진정으로 음식을 즐기는 방법을 터득할 수 있다.

나는 무엇에 중점을 두고 먹고 있을까?

자가진단 8

다른 사람들과 함께 식사하는 상황은 배경(사회적 맥락)과 전경(기분 혹은 공복감/포만감 등 내적 현실)을 아우른다. 남들에 비해 배경에 더 민감한 사람들이 있다. 사회적 식사 신호에 많이 휘둘리는 사람일수록 더 많이 먹게 되는 것이 보통이다. 자가진단 테스트를 통해 당신이 배경에 초점이 맞추어진 식사에 얼마나 취약한지 측정해볼 수 있다.

1. 식사할 때는 차라리…? ( )

   ⓐ 혼자 먹는 것이 편하다. 평온하게 원하는 음식을 먹을 수 있기 때문이다.

   ⓑ 혼자 먹는 것이 편하지만 허전하니까 텔레비전을 켜둔다.

   ⓒ 배우자나 애인, 친한 친구처럼 다른 사람 한 명과 식사를 함께 하는 것이 편하다.

   ⓓ 여러 명의 친구들과 함께 먹는 것이 편하다.

2. 시어머님(혹은 장모님)이 특별히 솜씨를 발휘하신 초콜릿 케이크를 권하신다. 당신의 선택은? ( )

   ⓐ 몇 번이든 정중하게 거절한다. 감사하지만 솔직히 지금은 조금도 먹고 싶지 않다!

   ⓑ 예의를 차리기 위해 한 조각은 받지만 접시 위에서 깨작거린다.

   ⓒ 한 조각 받되, 아주 작게 잘라달라고 부탁한다. 진심으로 그거면 충분하다.

   ⓓ 어쨌든 한 조각 받는다. 받지 않으면 귀가 따갑도록 계속 권하실 테니까.

3. 날씬하고 건강에 신경 쓰는 친구들과 저녁을 함께 하는데, 친구들이 전부 디너 샐러드를 주문한다. 당신은 버거와 감자튀김을 먹고 싶다. 무엇을 주문할 것인가? ( )

ⓐ 버거와 감자튀김.

ⓑ 버거를 주문하지만 감자튀김을 샐러드로 바꾼다.

ⓒ 샐러드와 샌드위치. 햄과 치즈는 버거보다 건강에 좋잖아?

ⓓ 친구들이 주문한 것과 같은 메뉴. 친구들 앞에서 '나쁜' 음식을 먹는 대식가 가 된 기분이 되고 싶지 않다.

4. 배우자 또는 연인과 점심을 먹는데, 상대방이 맹렬한 속도로 음식을 먹고 있다. 당신은…? ( )

ⓐ 나만의 페이스를 지켜서 먹는다. 상대방은 결국 내가 다 먹을 때까지 기다 릴 때가 많다.

ⓑ 상대방보다 약간 천천히 먹는다. 빨리 먹으면 잘 체하는 편이다.

ⓒ 아무래도 먹는 속도를 조금 앞당기게 된다.

ⓓ 똑같이 식사를 마칠 수 있게 상대방의 속도에 맞춘다.

5. 다른 사람들과 함께 먹을 때 당신은…? ( )

ⓐ 집에서 먹든 외식을 하든 내가 원하는 대로 먹는다.

ⓑ 일행이 무엇을 주문하는지, 혹은 접시에 얼마만큼 음식을 담는지 고려해 대세를 따른다.

ⓒ 모두가 닥치는 대로 먹어치우는 분위기가 아닌 이상, 평소보다 조금 덜 먹 는다.

ⓓ 남들보다 확연히 덜 먹는다. 남들 앞에서는 얌전히 먹는 경향이 있다.

6. 동료들이 동네에 새로 문을 연 식당에 가서 저녁을 먹기로 했다. 당신은 늦은 점 심을 먹었다. 이럴 때는? ( )

ⓐ 정중하게 거절한다. 불과 몇 시간 전에 식사를 했으니까. 다음 기회에!

ⓑ 함께 가서 커피를 주문한다. 메뉴를 살짝 들여다보고 분위기를 확인하는
　걸로 만족한다.
ⓒ 함께 가서 수프와 샐러드 정도로 가볍게 식사를 한다.
ⓓ 가서 제대로 된 저녁 식사를 주문한다. 안 될 것 없지 않은가. 즉석 파티인데!

채점하기

(a)에 답한 경우 0점, (b)에 답한 경우 1점,

(c)에 답한 경우 2점, (d)에 답한 경우 3점.

0~6점 : 고 전경, 저 배경.

당신은 공복감과 포만감 수준에 귀 기울일 능력이 있지만, 과식을 피하기
위해 사교적 이벤트를 건너뛰기도 한다. 잇큐를 높이면 식사가 제공되는 행
사에서 사람들과 더 편안하게 어울릴 수 있다.

7~12점 : 중 전경, 고 배경.

당신은 다른 사람들과 함께 식사를 할 때, 군중을 따르기 쉽다는 사실을 알
고 있다. 잇큐를 끌어올리고 본인의 공복감과 포만감을 고려하는 방법을 익
히게 되면 집단 순응 사고(이 경우에는 집단 순응 식사)의 희생양이 될 가능성
이 낮아질 것이다.

13~18점 : 저 전경, 고 배경.

일행이 과식을 하면 당신도 과식을 한다. 그들이 샐러드를 깨작거릴 경우, 배가 고프든 부르든 당신도 샐러드를 깨작거릴 것이다. 잇큐를 높이려면 전반적인 자기 인식 능력을 높여야 한다. 더 이상 다른 사람이 주문하는 걸 그대로 따라하려고 맨 마지막에 주문할 필요가 없다!

7장

스트레스

스트레스에 맞서는 최강의 무기는

한 가지 생각을 선택하는 능력이다.

— 윌리엄 제임스(철학자, 1842~1910)

나는 독일계 이민자들과 아미쉬 공동체 다수가 거주하고 있는 오하이오의 소도시 근처에서 일한다. 그곳 중심가를 걷다보면 가끔씩 독일어로 대화하는 소리를 듣는데, 내가 '쿠머스펙(kummerspeck)'이라는 단어를 처음 들은 것은 사무실을 찾아온 어느 젊은 여성에게서였다. 그녀는 독일에서 건너온 지 얼마 되지 않았는데, 그래서인지 스트레스에 지친 모습으로 내 맞은편 의자에 앉아 있었다. 미국에 온 지 1년 정도 지난 그녀는 남편의 직장 발령 때문에 먼 이곳까지 오게 되었다고 했다. 친구와 가족을 떠나와 새로운 나라에 적응해야 했으니 외로움에 지쳐서 나를 찾아 왔으리라 짐작했다. 하지만 문진표를 살펴보니 그녀는 내 예상과 달리 자존감 회복과 체중 감량을 희망한다고 치료 목표를 적어놓았다. 게다가 첫 상담을 시작한 직후, 그녀는 자신의 문제가 무엇인지 이미 알고 있다고 말했다.

"쿠머스펙이 있어요." 그녀가 말했다.

이 말은 처음 들어본 나는 그 말이 무슨 의미냐고 물었다. 그녀는 적당한 단어를 찾느라 더듬거리더니 이렇게 말했다. "뭔가 걱정거리가 있을 때 늘어나는 체중을 말해요." 나는 깜짝 놀랐다. 독일인에게는 스트레스성 폭식을 표현하는 단어가 따로 있다니! 힐다가 떠난 후, 나는 사전에서 그 단어를 찾아보았다. 직역하면 '슬픔 베이컨(grief bacon)'이었다. 미국에서는 '베이컨이 모든 걸 더 나아지게 한다'는 표현으로 쓰이지만, 실제로 어떻게 베이컨이 스트레스까지 개선해주겠는가.

스트레스란 감정적으로 혹은 신체적으로 힘에 부치는 상태를 가리킨다. 우리는 누구나 스트레스를 경험하며 살지만, 그 스트레스가 항상 부정적인 것은 아니다. 좋은 스트레스(승진 기회를 잡았거나 태어날 아기를 기다리고 있을 때 경험하는 긍정적이고 설레는 흥분)와 나쁜 스트레스(두통과 불면증을 유발하는 긴장 상태)는 현격한 차이가 있다.

또한 급성 스트레스와 만성 스트레스도 차이가 있다. 급성 스트레스는 교통체증에 발이 묶였을 때 경험하는 것과 같은 일시적인 스트레스다. 반면에 만성 스트레스는 껄끄러운 관계, 업무로 인한 극도의 피로, 지속적인 돈 걱정 등 끊임없이 계속되면서 심장질환과 다른 만성질환의 위험을 높이는 스트레스를 말한다. 어느 쪽이든 스트레스성 폭식으로 이어질 위험이 있다.

정확히 말해, 스트레스는 감정이 아니다. 스트레스는 불안이나 분노 같은 부정적 감정의 초기 징후이다. 그러한 감정은 스트레스 요인 자체보다는 스트레스 요인에 대한 개인의 인식에서 비롯된다. 만성 스트레스는 그냥 방치해두면 삶의 의욕을 고갈시키는 데서 그치지 않는다. 복부 지방을 늘리기도 하고, 제2형 당뇨병과 심장질환 같은 건강 문제를 일으키며, 결과적으로 더 큰 스트레스로 이어질 수 있다.

감성지능이 높은 사람들은 자신이 언제 스트레스로 지치는지 예민하게 알아차린다. 남들보다 스트레스에 예민한 것이다. 다행스러운 점은 이들은 자기 대화, 친밀한 관계, 휴식처럼 스트레스에 대처하기 위한 자기만의 정서적 자원을 풍부하게 보유하고 있다는 사실이다. 마술 지팡이를 휘둘러 스트레스를 사라지게 할 수는 없지만, 스트레스를 관리하여 스트레스가 일상생활과 허리둘레 치수에 미치는 부정적 영향을 줄이는 방법은 배울 수 있다. 이번 장에서는 스트레스에 대한 당신의 고유 반응을 식별해내고, 스트레스가 식생활에 끼치는 영향을 인지, 예측, 준비하는 방법을 알아본다.

스트레스가 일상에 미치는 영향

어느 날 나는 친구네 집에 놀러갔다가 흥미로운 장면을 목격하게 되었다. 친구의 아들은 아장아장 걷는 아기이고 딸은 초등학생이었다. 우리가 부엌에서 이야기를 나누고 있는 동안, 여자아이는 그림 그리기에 몰두하고 있었다. 평온함이 깨진 건, 다음 순간이었다. 갑자기 남동생이 누나의 그림을 확, 낚아채 반으로 찢어버렸다. 순간, 나는 한바탕 난리가 나겠다싶어 바짝 긴장했다. 그런데 여자아이는 책상에서 조용히 몸을 일으키더니 바닥에 앉아 결가부좌 비슷한 자세를 취하고 있었다. "뭐하는 거니?" 나는 놀랍기도 하고 재미있기도 해서 물어보았다. 아이는 눈을 감은 채 대답했다. "화가 날 때는 이렇게 하라고 선생님이 가르쳐주셨어요."

아이의 말에 나는 깊은 인상을 받았다. 지금껏 나는 초등학교 때는 말할 것도 없고, 정규 교육과정에서 단 한 번도 스트레스나 분노에 대처하는 방법을 배운 적이 없었다. 어쩌면 이 아이는 부정적인 감정을 가라앉히는 데 음식이 아닌 다른 방법으로 마음의 평정을 되찾는 법을 배우고 있는 중인지도 몰랐다.

이 아이처럼 운이 좋은 사람은 많지 않다. 미국 심리학회의 2012년 보고서 <미국의 스트레스 : 우리의 건강이 위험에 빠져 있다>에 따르면 직전 1년 동안 응답자의 39퍼센트에서 스트레스가 증가한 것으로 나타났다. 우울증을 앓거나 과체중인 사람들은 나머지 모집단에 비해 평균적인 스트레스 수준이 현저히 높다고 응답했고, 스트레스 관리를 위해 충분한 조치를 취하고 있지 않다고 말할 가능성도 훨씬 높았다. 이 조사 결과 뒤에는 번아웃 상태에 다다른 사람들이 있고, 그중 대다수가 음식으로 격한 스트레스를 진정시킬 가능성이 매우 높다.

이런 힘든 환경에 놓여 있을수록 감성지능 스킬을 더욱 키워야 한다. 감성지능이 높은 사람들은 스트레스 요인에 대한 인식을 바꿔서 생리적, 심리적 반응을 완화시킨다. '이 정도는 충분히 감당할 수 있어' 혹은 '이건 별일 아니야'와 같이 생각을 전환시킬 수 있다. 스스로를 다독이거나 친구에게 전화를 걸어 스트레스를 해소하거나, 아니면 그 자체를 내려놓기도 한다. 반면에 감성지능 스킬이 부족한 사람들은 스트레스 요인 때문에 고민하고 괴로워하다 감정적, 신체적으로 고갈 상태에 이르고 만다. 이보다 더 나쁜 것은 아예 스트레스를 식별하거나 말로 표현할 수조차 없는 경우다. 특히 부정적인 자기 대화는 스트레스를 더 견디기 어렵게 만들고, 심하면 투쟁-도주 반응을 유발할 수 있다.

이처럼 스트레스가 삶의 질을 떨어뜨리고 허리둘레를 늘리도록 그대로 방치해두는 경우는 점점 많아지고 있다. 실제로 많은 내담자들이 관계가 원활해지면, 이혼 소송이 마무리되면, 업무 마감일이 지나면 식사 문제에 대처하겠다고 말한다. 하지만 스트레스는 항상 있는 것이다. 많다 적다를 반복하지만 결코 완전히 사라지지는 않는다. 해결이 답이 아니라 어떻게 다룰 것인가, 바로 태도의 문제로 봐야 한다. 따라서 필히 감성지능을 사용할 줄 알아야 한다. 자신에게 스트레스가 어떤 형태로 나타나는지, 그로 인해 식탐, 식욕, 식사 방식이 어떠한 영향을 받는지 등을 속속들이 파악할 필요가 있다. 예를 들면 다음과 같다.

첫 번째 단계는 현재 스트레스가 일어나고 있고, 그 스트레스가 당신의 몸과 뇌, 생각하고 느끼고 행동하는 방식에 지장을 주고 있다는 것을 인지하는 것이다. 너무 명백한 사실 같지만 나를 찾아오는 대다수 내담자들처럼 일, 육아, 개인적인 용무, 회의, 수업을 미친 듯 저글링하면서 정신없이 살다보면, 그 명백한 사실조차 눈에 들어오지 않는다. 몇 주 동안 불면의 밤을 보내고, 여러 달째 짜증이 지속되거나 감정적 폭발을 겪은 뒤에야, 혹은 옷장 안에 맞는 옷이 하나도 남아 있지 않다는 사실을 알아차린 후에야 자신이 스트레스를 받고 있다는 사실이 불쑥 밀려든다. 그렇다면 어떻게 하는가? 2장에서 언급한 바와 같이 인지(Perceive)하고, 예측(Predict)하고, 준비(Prepare)하는 것이다. 나는 이 전략을 '3P'라고 부른다. 자세한 방법을 살펴보기에 전에 스트레스와 과식의 연결고리가 시작되는 지점부터 살펴보자.

투쟁-도주 반응과 복부 비만

스트레스가 닥치는 순간, 눈앞에 컵케이크를 반드시 먹어야겠다고 느낀 적이 있는가? 그렇다면 스트레스 현상의 원리를 이해하고 있어야 한다. 지금으로부터 75년 전, 내분비학자 한스 셀리에 박사는 스트레스와 질병의 연관 관계에 주목하여 스트레스 반응을 다음과 같이 3단계로 구분했다.

먼저 '경고 단계'는 두려움을 느끼거나 위협을 받을 때, 몸이 투쟁-도주 모드에 돌입하면서 나타난다. 우리 뇌에 각인된 투쟁-도주 반응은 마치 몸의 도난 경보 장치처럼 생존을 위협하는 요인을 식별할 수 있게 도와준다. 코르티솔 분비는 시상하부-뇌하수체-부신 축(HPA, hypothalamic-pituitary-adrenal axis)이라는 뇌 부위에서 제어된다. 위험이 감지되는 순간, 우리 몸의 교감신경계는 아드레날린과 코르티솔 같은 스트레스 호르몬을 분비하는데, 이러한 호르몬은 몸을 과민 상태로 가져가 위협에 맞서거나 도망칠 준비를 도와준다.

몸이 투쟁-도주 모드에 접어들면 주요 시스템들이 극도의 흥분 상태에 이른다. 호흡은 가빠져 전신에 산소가 더 많이 공급되고, 심장 박동도 빨라져 혈류의 흐름이 늘어나고 근육으로 더 많은 산소가 운반된다. 혈당도 상승해 몸이 싸우거나 도망치는 데 필요한 연료가 확보된다. 이런 과민 상태에서는 아기 엄마가 자동차를 번쩍 들어 올려서 바퀴 밑에 깔린 아기를 구할 만큼 엄청난 힘을 발휘할 수 있다.

다음으로 즉각적인 위협이 지나간 뒤 찾아오는 '저항 단계'에서는 몸이 지속적인 스트레스에 적응하려고 노력한다. 만약 스트레스가 그대로 지나가면 몸은 방어 체계를 재건할 수 있다. 단기적으로는 투쟁-도주 반응 덕분에 목숨을 지킬 수 있다. 하지만 스트레스가 영영 사라지지 않을 경우, 즉 스트레스 호르몬이 높아진 상태로 계속 유지될 경우, 몸은 '소진 단계'로 접어든다. 그리고 지속적인 스트레스는 몸을 고갈시켜 면역 체계를 억누르고, 질병에 걸릴 위험을 높인다.

동굴 생활을 하던 우리 조상들은 맹수를 만날 때처럼 생사가 엇갈리는 상황에서만 투쟁-도주 모드에 빠졌고, 위협이 지나가면 원래대로 돌아갔다. 반면에 오늘날에는 어떤가. 소리 지르는 아이들, 울려대는 전화, 삑삑거리는 업무용 호출기가 본래 목숨을 지키기 위해 생겨난 그 원초적이고 강력한 자동 반응을 수시로 일으킬 수 있다. 이처럼 투쟁-도주 모드에 자주 빠지면서 우리의 몸은 소진되고, 만성 스트레스 상태에 놓이게 된다. 악순환은 여기서 끝이 아니다. 스트레스는 비만을 부른다.

스트레스로 인한 체중 증가는 코르티솔이 주원인이다. 코르티솔은 몸의 지방과 당분 저장을 활성화시켜 투쟁 또는 도주에 대비시키고, 고칼로리 음식, 특히 식이지방과 당분이 잔뜩 든 음식을 찾게 만든다(스트레스 반응 장애와 비만 사이의 명확한 연관 관계는 이전의 연구들을 통해 이미 밝혀진 바 있다). 한편 스트레스는 허리둘레 증가의 원인이기도 하다. 연구에 의하면 우울증, 불안, 긴장과 내장 지방 축적 사이에는 연관 관계가 있다. 스트레스를 받으면 식사량이 늘어나는 경향도 있지만, 섭취하는 음식의 종류도 요인으로 작용한다. 일반적으로 사람들은 스트레스 상태에서 이른바 위로 음식을 찾는다. 이를테면 짭짤하거나 달콤하거나 크림이 든 음식들이다. 또 다른 중요 요인은 스트레스 호르몬 반응이다. 특히 코르티솔은 복부 주변의 지방 축적에 영향을 준다.

스트레스를 주는 사건이 없어도 코르티솔 수치가 정상보다 높으면 체중이 증가하는 것으로 나타났다. 미시건대학교에서 진행된 연구에서 연구팀은 (스트레스를 유발하는 과제와 관계없이) 코르티솔 수치가 높아지면 식사 행동에 영향이 있는지 알아보기 위해 뇌하수체를 직접 자극했다. 그랬더니 실험 참가자들은 고지방의 달고 짠 과자를 더 많이 먹었다. 원칙적으로 정상보다 많은 양의 코르티솔이 체내에 공급될 경우 식탐을 경험할 가능성이 높다. 위로 음식을 거부하기가 그토록 어려운 이유는 따로 있었던 것이다! 인간은 위험에 맞서 싸우거나 위험으로부터 도망치기 위해 에너지(칼로리)가 필요하다. 몸의 관점에서 아이스크림과 초콜릿 같은 고지방, 고칼로리 음식을 섭취하는 것은 사람을 지치게 하는 스트레스라는 '위험'에 대한 합리적인 반응이다. 이처럼 현대인들은 자각하지 못한 채 지속적인 투쟁-도주 상태로 살아간다. 일부러 노력하지 않는 한, 긴장을 풀고 휴식 상태로 되돌아가는 일은 극히 드문 것이다. 우리가 인지하고, 예측하고, 준비하는 이른바 3P 전략으로 스트레스를 관리해야 할 이유가 여기에 있다. 투쟁-도주 반응과 전반적인 스트레스를 관리하는 데 능숙해질수록 건강과 행복이 무너지지 않게 자신을 지킬 수 있고, 더불어 음식의 선택 또한 더 지혜로워질 것이다.

인지 : 스트레스에 귀 기울여라

스트레스는 사람도 아니고, 어떤 상황이나 사건도 아니다. 사람, 상황, 사건에 대한 개인의 고유한 인식과 반응일 뿐이다. 아름다움이 보는 사람의 눈에 달려 있듯, 스트레스도 보는 사람의 생각에 달려 있다. 누구에게나 보편적으로 스트레스를 유발하는 상황이나 사건도 있지만(예를 들면 아기 돌보기나 연로하신 부모님 수발) 당신을 스트레스로 지치게 만드는 일을 다른 사람은 대수롭지 않게 넘길 수 있고, 남에게 스트레스가 되는 일이 당신에게는 별일 아닐 수도 있다. 감성지능의 힘이 여기에 있다. 사건에 대응하는 방식을 다르게 선택하는 것이다.

최근에 사촌 동생이 참가한 체조 경기 대회에서 이 점을 재확인할 수 있었다. 열 살짜리 여자아이가 평균대 위에서 떨어졌는데, 아이는 동요하지 않고 다시 평균대 위로 뛰어 올라갔다. 경기를 마치고는 관객들에게 손까지 흔들어 보이는 여유까지……. 다음 순서의 여자아이도 평균대에서 떨어졌는데, 이 아이는 울음을 터뜨렸고 셔츠로 얼굴을 가린 채 경기장을 떠났다. 스트레스 유발 상황에 각자 다르게 반응했던 것이다. 비슷한 일이 회의실에서도 자주 벌어진다. 어떤 CEO는 재정적 손실에 대해 고래고래 소리치며 화를 내는 반면, 또 다른 CEO는 어깨를 으쓱하며 "얻는 게 있으면 잃는 것도 있는 법이죠"라고 여유를 보인다.

지금가지 살펴봤듯이 스트레스에 대한 인식과 반응은 생리학적인 이유로 발생한다. 생리학적인 차원에서 일어나는 체내의 변화는 매번 의식적으로 지각하기가 힘들지만 그 영향은 확실히 느낄 수 있다. 더 나아가 스트레스를 겪는 동안, 속으로 되뇌는 말을 모니터해보면 몸이 흥분한 상태임을 말해주는 경고 신호를 알아챌 수 있다. 일례로 스트레스 상태에서는 갑자기 뭔가 먹고 싶은 충동이 찾아오는데, 그 충동은 거부하기 힘들 정도로 강한 사람도 지치게 만든다. 내담자들은 이렇게 표현한다.

"스트레스로 녹초가 되면 저는 아무거나 다 먹을 기세가 돼요."
"업무에 치여 정신적으로 감당하기 힘든 상태가 되면 꼭 과자를 먹어야 해요. 그렇지 않으면 문을 박차고 나가 두 번 다시 돌아오고 싶지 않은 심정이 되거든요."

당신도 분명 공감하는 부분이 있을 것이다. 이들의 고백은 싸울 것이냐 도망갈 것이냐를 놓고 내면에서 벌어지는 강력한 생리적 반응을 여실히 보여준다. 이 반응을 인지한다면 개인의 역량이나 의지력 부족을 탓하는 대신, 요령 있게 스트레스 상황을 풀어나갈 수 있다. 투쟁-도주 모드가 과식의 엔진 속도를 급격히 올리는 건 사실이지만, 가속 페달을 밟을지 브레이크를 밟을지는 당신의 결정에 달려 있다. 감성지능과 잇큐가 제대로 발휘되면 그게 가능해진다. 스트레스 수준을 인식하는 방법을 익히면 상태를 파악하고 즉각 스트레스 완화 조치를 취할 수 있다. 다음의 도표를 한 번 살펴보라. 당신은 지금 어떤 스트레스 증상을 겪고 있는가?

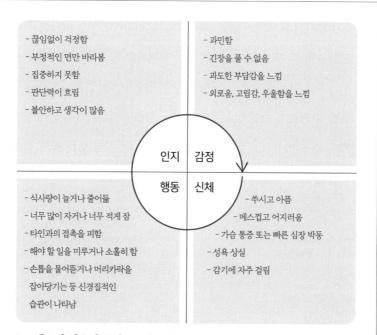

- 끊임없이 걱정함
- 부정적인 면만 바라봄
- 집중하지 못함
- 판단력이 흐림
- 불안하고 생각이 많음

- 과민함
- 긴장을 풀 수 없음
- 과도한 부담감을 느낌
- 외로움, 고립감, 우울함을 느낌

인지 | 감정
행동 | 신체

- 식사량이 늘거나 줄어듦
- 너무 많이 자거나 너무 적게 잠
- 타인과의 접촉을 피함
- 해야 할 일을 미루거나 소홀히 함
- 손톱을 물어뜯거나 머리카락을 잡아당기는 등 신경질적인 습관이 나타남

- 쑤시고 아픔
- 메스껍고 어지러움
- 가슴 통증 또는 빠른 심장 박동
- 성욕 상실
- 감기에 자주 걸림

스트레스의 신호와 증상 : 그대로 방치해두면 만성 스트레스는 식욕을 끌어올리는 데서 그치지 않는다. 건강, 관계, 생산성, 삶의 질에 심각한 지장을 줄 수 있다. 표는 스트레스의 일반적인 신호와 증상을 나열해 놓은 것이다. 몇 가지 이상 해당된다면 조치를 취해야 한다.

예측 : 스트레스가 의사결정을 좌우하게 내버려두지 마라

상담 시간에 한나는 한숨을 쉬며 식사일기를 나에게 내밀었다. "정말 잘 해 내고 있었거든요." 아쉬움이 섞인 목소리였다. 마흔다섯의 회계사 한나는 식습관 개선에 눈부신 진전을 보이고 있었다. 나는 놀라워하며 식사일기를 훑어보았다. 그러다 하루에 두 번 사무실 근처의 도넛 가게에 들른 것과 자 판기에서 충동 구매한 내역에 눈길이 머물렀다.

"알아요, 알아." 한나는 두 손으로 얼굴을 가리며 괴로워했다. 하지만 그녀 가 아직 모르고 있는 게 있었다.

"이번 주에 평소보다 스트레스가 많았나요?" 나는 조심스레 물어보았다. 이야기가 쏟아져 나오기 시작했다. 지난주에 그녀의 상사는 사기 혐의로 조 사를 받았는데, 한나는 스스로 아무 잘못이 없다고 자신했지만 사무실은 긴 장과 두려움에 휩싸였다. 한나와 동료들은 국세청이 자신들의 모든 움직임 과 거래를 지켜보고 확인하는 중이라는 걸 알고 있었다. 사실상 그들 모두 가 조사를 받는 셈이었다. 한나는 단순한 계산 착오라도 낼까 봐 신경이 잔 뜩 곤두섰다. 그녀는 상당히 스트레스를 받는 가운데서도 프로답게 업무와 관련된 모든 결정을 한치도 어긋남 없이 내렸다. 하지만 꼭 세무 조사를 받 아야만 스트레스로 무너지는 건 아니다. 아이가 아파서 밤새 한숨도 못 잤 거나 집을 새로 계약한 다음날에도 스트레스는 정상적인 의사결정 능력을 갉아먹기 시작한다.

뇌과학 분야의 연구에 따르면 스트레스를 받는 상태에서는 실수를 저지르 기 쉽고, 새로운 기술을 익히기도 어렵다고 한다. 하지만 그것이 의사결정 의 질이 떨어지는 유일한 이유는 아니다. 가장 큰 이유는 투쟁-도주 반응 이 사람을 동결이나 도주, 혹은 투쟁 모드로 몰아가기 때문이다. 그런 상태에서는 안타깝게도 논리와 이성보다 이 원시적인 반응에 기초해 의사결정을 내리게 된다.

다음으로 두 번째 이유는 스트레스를 받으면 생각이나 노력을 요하지 않는 자동적인 행동을 취할 가능성이 높기 때문이다. 마지막으로 스트레스가 음식의 보상 가치에 대한 인식과 경험에 영향을 끼치기 때문이다.

스탠퍼드대학교에서 실시된 연구에서는 작은 스트레스조차 음식 결정에 부정적인 영향을 끼칠 수 있는 것으로 나타났다. 이 연구에서 연구팀은 165명의 학생들을 두 그룹으로 나누었다. 한 그룹에게는 기억해야 할 두 자리 숫자를 주고 한 방에서 다른 방으로 이동하게 했다. 다른 그룹에게는 일곱 자리 숫자를 주었다. 이동한 방에서 학생들은 초콜릿 케이크와 과일 샐러드 중 하나를 선택할 수 있었다. 일곱 자리 숫자를 기억해야 했던 학생들은 두 자리 숫자를 받은 학생들에 비해 케이크를 선택할 가능성이 두 배 가까이 높았다. 연구팀은 긴 숫자가 학생들의 뇌에 과중한 부담이 되었을 가능성이 있다고 설명했다. 쉽게 말해, 긴 숫자를 기억하려 애쓸 때처럼 뇌의 정보처리 자원이 분주할 때는 이성적인 사고보다 충동이 결정에 더 크게 영향을 준다. 그 결과, 확실한 옵션보다도 자신이 원하는 옵션을 선택할(감정주도적 선택을 내릴) 가능성이 높아진다.

희망적인 것은 스트레스를 받는 상태에서도 올바른 의사결정을 내릴 수 있다는 사실이다. 방법은 마음챙김이다. 마음챙김을 위한 잠시 멈춤을 활용하여 집중력을 높이면, 좋은 결정에 필요한 정보를 받아들일 수 있다. 한발 더 나아가 잠시 휴식하는 동안 "더 이상 참을 수 없어!"라고 외치고 싶은 처음의 충동을 가라앉히고 대응방식을 조정할 수 있다.

준비 : 이완, 재시동, 방출, 재충전

"스트레스를 받으면 건강한 식사에 관해 알고 있는 지식이 몽땅 사라져버려요!" 나는 내담자들로부터 이런 말을 수도 없이 들었다. 먹고 싶은 충동이 너무 강해서 먹는 것 외의 다른 대응이 어렵게 느껴지는 상황이다. 하지만 반드시 먹어야 할 것 같은 그 순간을 대비하자. 미리 계획을 세워두면 조금은 덜 힘들게 느껴질 것이다. 마음속에서 '멈춰!'라는 소리가 들리면 빨간 깃발이 올라온 것이다. 구체적으로는 스트레스성 폭식과 관련해 결단의 순간에 이르렀다는 신호다. 이럴 때는 다음의 '4R'이 상황을 헤쳐 나가는 데 도움이 된다.

- **1단계 이완(Relax)** : 투쟁-도주 반응을 끊으려면 2장의 평정심 도구 중 하나를 활용하라. 또는 점진적 근육 이완을 시도해본다. 이것은 머리부터 발끝까지 근육군 별로 팽팽하게 당겼다 풀어주는 스트레스 관리 기법이다. 근육을 이완시키는 것은 마음을 이완시키는 데 도움이 된다. 조용한 장소를 찾아 몇 분간 천천히, 깊게 호흡하라. 마음이 편안해지면 오른발부터 시작한다. 근육을 최대한 긴장시킨 상태에서 열까지 센다. 오른발을 이완시키고 몇 차례 심호흡한다. 그런 다음 왼발도 같은 방법으로 되풀이한다. 다리, 배, 등, 가슴, 팔, 목, 얼굴까지 각 근육군을 긴장시켰다 이완시키면서 온몸을 차근차근 풀어준다. 긴장과 이완의 대비가 스트레스를 낮추고 활력을 되찾아준다.

- **2단계 재시동(Reboot)** : 스트레스는 사건에 대한 인식과 연결되어 있다. 스트레스 상태에서 음식을 먹을지 말지를 결정하는 상황에 직면했

다면 정신의 시동을 다시 걸어 '할 수 없는' 일 대신 '할 수 있는' 일에 초점을 맞춘다. '스트레스 때문에 먹지 않을 수가 없어'라고 생각하고 있거든 그 감정을 있는 그대로 맞아들여라. 그런 다음 '나에게는 선택의 여지가 많아'라는 생각으로 거기에 맞선다. 음식을 두고 발길을 돌릴 수도 있고, 쿠키를 휴지통에 던져버릴 수 있고, 좀 더 건강에 좋은 식사나 간식을 선택할 수도 있다. 또 음식을 비축해두었다 나중에 먹는 등 다양한 방법 중에서 선택이 가능하다. 재시동을 걸면 새로워진 시각으로 선택의 여지가 많은 상태에서 결단의 순간을 마주하게 된다.

- **3단계 방출(Release)** : 놓아버릴 수 있다는 건 중요한 스트레스 관리 능력이다. 스트레스로 인한 어려움과 고통의 근원은 부정적인 감정이나 생각에 집착하기 때문인 경우가 많다. 하지만 그걸 놓아버리면 지금 이 순간 스트레스가 있든 없든 삶은 예정대로 흘러가리라는 것을 받아들이게 된다. 스트레스를 주는 상황 때문에 마음이 심란할 때는 그 상황이 얼마나 부당한가에 대해 골똘히 생각하거나 집착하게 되는데, 그 부정적인 속삭임을 저지해야 한다. 괴로운 마음이 가벼워질 때까지 '놓아버려라'고 조용히 되풀이하라. 시각적 이미지를 좋아한다면 절벽 끝에 튀어나온 나뭇가지를 붙잡고 매달려 있다가 그 나뭇가지를 손에서 놓고 안전하게 구조되는 장면을 상상해도 좋다.

- **4단계 재충전(Recharge)** : 빈 주전자로는 아무것도 따를 수 없다는 격언이 있다. 스트레스는 공허한 기분을 자극해서 다양하고 풍성한 활동 대신에 음식으로 속을 채우고 싶게 만든다. 이럴 때는 음식 외에 다른 것으로 감정의 배터리를 충전할 방법이 필요하다. 이런 순간에는 누군가

에게 전화를 걸거나 이메일을 써보라. 연결되어 있다는 느낌은 공허함을 채우고 감정의 배터리를 재충전시켜준다.

4R은 (정신적으로 압도된 상태에서도) 기억하기 쉽고 간단하게 실천할 수 있다. 충실하게 실천한다면 감당하기 힘든 기분이 들 때, 음식에 의존할 필요가 없다는 걸 깨닫게 될 것이다. 음식 외엔 다른 옵션이 없다고 스스로 설득당하지 말라. 4R은 다른 옵션을 찾는 데 분명 도움이 될 것이다.

맞춤형 3P 플랜 설계하기

스트레스 관리는 건강한 생활습관과 함께 시작된다. 숙면을 취하고, 건강에 좋은 식단을 유지하고, 알코올, 니코틴, 카페인 및 약물 이용을 제한하고, 규칙적인 운동으로 감정적 찌꺼기를 발산하는 것이 좋다. 하지만 얄궂게도 스트레스를 받을 때에는 이런 좋은 습관들이 관심 밖으로 밀려난다. 하지만 방법이 없지는 않다. 나만의 맞춤형 3P 플랜을 세우면 된다.

다음 예를 참고로 시작해보자(스트레스 요인은 사람마다 다르므로 스트레스 요인과 그로 인한 과식에 대한 해결책은 각자 자신에게서 나와야 한다).

이어지는 예에서 스트레스로 무너진 식생활을 어떻게 개선시킬 수 있는지 3P 플랜으로 확인해보자.

[위험 신호]

화가 나거나 짜증이 날 때,
나는 아무거나 보이는 대로 먹는다

· **컨디션이 좋을 때** : 친구에게 전화해서 기분을 풀거나, 달리기로 화를 삭이거나, 긍정적인 자기대화를 시도한다.
· **컨디션이 나쁠 때** : 울화통을 터뜨리고, 주위 사람들에게 까칠하거나, 온갖 짜증을 부리고, 과자 한 봉지를 다 먹어치운다.

[3P 플랜]

· **인지 방법** : 분노의 생리적, 인지적 징후에 세심하게 주의를 기울인다. 내 경우 '어찌됐든 상관없어'라는 비이성적인 생각이나 '그에게 본때를 보여주겠어'라는 복수심 넘치는 생각이 징후로 나타난다. 그 외의 위험 신호로 몸에서 열이 나고, 집중하기가 어려우며 자꾸만 상황을 곱씹는다.
· **예측 방법** : 분노가 뇌의 이성적인 영역을 흐릿하게 한다는 점을 명심한다. 냉정을 되찾을 때까지 아무런 결정도 내리지 않으려고 노력한다. 분노 수준이 얼마나 높으냐에 따라 5분이든 휴식 시간을 갖는다.
· **준비 방법** : 분풀이를 하지 않는다. 연구에 따르면 베개를 때리거나 소리를 지르는 것과 같은 분노 표출 행동은 혈압과 아드레날린 수준을 높여 불에다 기름을 붓는 효과를 일으킨다고 한다. 그 대신 차가운 음료를 마시거나, 짧은 소매의 셔츠로 갈아입거나, 에어컨을 켜는 등 보다 안전하게 열을 식힐 방법을 찾아야 한다.

스트레스 완화 프로젝트

55세의 약물 남용 전문 상담사인 브룩은 젊은 시절 인디언 프린트(인도 무늬로 날염한 평직 면직물―옮긴이)의 스커트와 스카프를 즐겨 착용하고 회색빛 금발을 등 뒤로 길게 기른 히피족이었다. 브룩은 피로감, 가벼운 우울증, 체중 증가 등 여러 가지 원인 불명의 신체적 이상 때문에 나를 찾아온 경우였다. 담당의는 온갖 테스트를 다 해보고, 항우울제를 처방해주고, 혈액 검사도 해보았지만 소용이 없었다. 브룩은 잦은 두통에 시달렸고 성욕을 잃은 지 오래였다. 남편은 아내의 관심 부족을 언짢게 받아들이기 시작했다.

몇 차례의 상담 과정에서 증상과 식사 패턴에 관해 이야기를 나눈 후, 나는 그녀가 번아웃(Burnout)이라고 진단했다. 베테랑 상담사인 브룩은 30년 동안 이 직업에 종사해오면서 환자들을 헌신적인 태도로 대했고, 수많은 상담을 처리했다. 또한 신임 상담사들을 보살피고 양성하는 한편, 가장 다루기 어려운 중독자들을 전담했다. 치료를 시작했다 중단했다 반복하는 이른바 '상용 고객'들이었다. 그녀는 '농담 아니야. 허튼수작하지 마'라고 말하는 듯한 굵고 낮은 목소리 속에 친절과 연민을 감추고 있었다. 수십 년 동안 약물 및 알코올 중독자들을 대하면서 몸에 밴 습관이었다.

더 젊었을 때는 업무 스트레스를 내려놓고 퇴근할 수 있었다. 그러나 이제는 밤새 몸을 뒤척이며 환자들을 걱정했다. 잠을 이루지 못하니 아이스크림, 쿠키, 저녁으로 먹다 남긴 피자 등을 먹으며 밤을 넘겼다. 피곤하고 배가 부른 상태로 날이 밝으면 아침 식사를 건너뛰고 서둘러 출근을 했다. 마침내 배가 고파지면 도넛으로 대충 때웠다. 상담소에서는 매일 아침 직원들을 위해 항상 커피와 도넛을 준비했던 것이다.

브룩의 불면증은 스트레스 반응에 따른 만성적인 과민성 상태의 결과물로 번아웃의 전형적인 증상이었다. 제어되지 않은 음식 섭취 습관도 마찬가지였다. 브룩은 체중을 줄이고 제대로 된 식사를 하는 방법을 알고는 있었지만, 그녀가 처한 스트레스 상황이 음식 선택을 주도했고, 대개는 편리함과 위안이 음식 선택의 기준이 되었다.

3P 플랜 활용법을 배우자 브룩의 삶이 확연히 달라졌다. 3P 플랜은 그녀에게 감정 주도적 먹기를 극복할 수 있도록 더 나은 방법을 제시해주었다.

인지·예측·준비의 3P 플랜

브룩은 스트레스를 인식하는 데는 빨랐지만, 자신이 그 시정 방법을 모른다는 사실을 인정하기 어려워했다. 본인 스스로 상담사였기 때문이었다. 브룩은 어떤 문제라도 처리할 수 있는 사람이어야만 했다! 그녀도 얼마 후 깨달은 사실이었지만 자신이 무엇이든 처리할 수 있어야 한다는 믿음이 문제였다. 아버지가 알코올 중독자였던 브룩은 십대 후반이 되어 집을 떠날 때까지 어머니와 어린 동생들을 돌봐야 했다. 그녀는 힘이 들 때마다 음식으로 두려움, 불안, 분노를 꾹꾹 내리눌렀다. 십대 시절에는 약물과 알코올에 손을 대기도 했다. 다행히도 회복의 길을 찾았고, 이후로는 자신처럼 약물과 알코올에 중독된 사람들을 돕기로 했다. 이야기를 나누다보니 또 한 가지 가슴 아픈 사실이 드러났다. 브룩은 은연중에 자신이 50세를 넘기지 못할 거라 믿고 있었다. 안타깝게도 그녀의 아버지는 알코올 중독으로 50세에 돌아가셨는데, 그것이 그녀를 항상 불안하게 했다. 자신도 부모님처럼 젊어서 죽을 거라고 생각한다면 잘 챙겨 먹거나 신체적, 정서적 욕구를 충족시키는 게 무슨 의미가 있을까 하는 부정적인 생각이 잠재해 있었다. 하지만 상담을 계속하면서 브룩은 살고 싶은 의지를 느꼈고, 약물과 알코올에서는 벗어났지만 관리되지 않은 스트레스 역시 단명의 원인이 될 수 있음을 깨닫게 되었다. 상담을 통해 그녀는 방임과 학대로 가득한 어린 시절, 만성 스트레스, 과식을 포함한 신체 증상 사이에서 연관성을 발견할 수 있었다. 브룩이 작성한 3P는 아래와 같았다.

[브룩의 위험 신호]
환자가 너무 많고 시간이 충분치 않다

- **컨디션이 좋을 때** : "약간의 냉소를 섞어가며 나 자신을 말로 다독일 수 있다. 이 스트레스는 예전에 겪었던 일들에 비하면 땅 짚고 헤엄치기나 다름없다. 도넛을 먹는다고 해결되는 것은 아무것도 없다고 혼잣말을 한다."
- **컨디션이 나쁠 때** : "'젠장. 사람은 누구나 언젠가 죽어. 어차피 포크로 무덤을 파는 거라면 샐러드 포크 대신 디저트 포크를 사용하겠어'라고 말한다."

[3P 플랜]
- **인지 방법** : 화가 나 있음을 알아차린다. 나지막하게 욕을 하고 파일들을 책상 위에 아무렇게나 밀쳐두기 시작하는 순간이다. 나는 가볍게 찌푸린 눈살이나 목소리의 떨림을 보고 타인의 감정을 알아차리는 데 능숙하기 때문에, 내가 내 환자라고 상상하면 된다. 나의 신체 언어가 지금 무엇을 말해주는지 스스로 질문해본다. 잠이 오지 않을 경우, 뜨거운 물로 목욕을 한다.

- **예측 방법** : 감정을 인정한다. 나는 내 기분을 무시하는 경향이 있다. '그건 아무래도 괜찮아' 혹은 '괜히 오버하면서 소란 떨 것 없어. 마음을 다잡자'라는 생각으로 감정을 차단하려 애쓰고 있다면 재빨리 나 자신에게 주의를 기울일 필요가 있다.

> **· 준비 방법** : 환자들에게 늘 이야기하듯이, 나도 긴장을 푼다. 잠자리에 들기 전
> 에 심호흡과 명상을 하면 걱정거리를 놓아버리는 데 도움이 된다.

나는 여러 해 동안 브룩과 함께 작업했고, 이 백전노장의 상담사가 마침내 언행일치를 실천하는 모습을 지켜보았다. 실제로 브룩은 남을 돌보기 좋아하는 본성을 주체하지 못하고, 자신이 새롭게 배운 스킬을 가르치기 시작했다. 가끔씩 근무 시간 외에 센터의 환자들을 대상으로 요가, 일기 쓰기, 명상, 건강한 식생활 같은 비공식 수업을 무료로 제공한 것이다. 건강한 식사를 하고 체중을 감량하는 과정은 더뎠지만(스트레스가 만성화된 생활에서 회복하는 데는 시간이 걸린다), 브룩은 이제 두통이 멈추었고 성욕이 깨어났으며 밤새 깨지 않고 푹 잔다. 내가 브룩의 두꺼운 폴더를 처음 연 지 5년 만에 그녀는 마침내 자유를 얻었다.

스트레스를 받는 순간, 뭔가를 먹고 싶은 욕구가 개인의 잘못이 아니라 정상적이고 자연스러운 현상임을 알고 나니 다행이지 않은가. 그러한 인식은 우리에게 힘을 준다. 이다음에 상사가 까다롭게 굴거나, 아이들이 짜증을 부리거나, 청구서가 산더미처럼 쌓일 때, 멈춤 버튼을 누르는 방법을 배우고 난 당신은 컵케이크가 답이 아니라는 걸 알 것이다. 이완-재시동-방출-재충전하는 방법을 익히고 3P 플랜을 설계한 뒤에는, 통제 불능과 무기력의 상태를 전보다 덜 느끼게 될 것이다. 그러면 음식 없이도 스트레스를 다스릴 수 있게 된다.

Eat.Q. Up
스트레스가 쌓이면 음식부터 찾고 있을까?

──────

스트레스성 폭식이 어떤 의미인지 누구나 알고 있지만, 사실 이것은 여러 가지 감정을 아우르는 포괄적인 용어다. 어떤 감정이 당신을 스트레스성 폭식으로 유혹하는가. 현재의 기분을 개선하기 위해 음식을 먹기로 선택하는 순간, 당신이 느끼는 감정을 정확히 포착하지는 못한다. 하지만 적절한 대처 도구를 찾으려면 더 근본적인 분석이 필요하다.

자가진단 9

아래의 자가진단을 통해 당신을 스트레스성 폭식에 취약하게 만드는 감정이 무엇인지 구체적으로 들여다보자.

1. 스트레스를 받으면 당신은? ( )

　ⓐ 집중하기가 어렵다. 도무지 생각을 제대로 할 수가 없다.

　ⓑ 예민해지거나 부정적으로 생각한다. 사건이나 상황의 부당함에 초점을 맞추며 성급하게 판단하고 비난한다.

　ⓒ 스트레스를 주는 상황에 사로잡혀 생각을 떨쳐버릴 수가 없다.

　ⓓ 스트레스를 주는 상황이 절망적이거나 감당하기 힘들다고 여겨져 울음이 나온다.

2. 스트레스를 느낄 때 당신의 전형적인 반응은? ( )

　ⓐ 동결. 마음을 닫아버리고 상황에 위압감을 느낀다.

　ⓑ 투쟁. 소리를 지르며 반격하고 싶어 한다.

　ⓒ 도주. 이 상황이 너무 불편하게 느껴져서 도망치고 싶다.

　ⓓ 상황에 따라 위 세 가지 감정의 일부 또는 전부를 느낀다.

3. 스트레스는 당신의 어느 부위를 공격하는가? (   )

ⓐ 정신. 우리 안의 햄스터가 된 기분이다. 얼마나 빨리 쳇바퀴를 돌리든 제자리걸음일 뿐이다.

ⓑ 몸. 몸짓이나 목소리로 스트레스를 표현한다. 가령 얼굴을 가리거나 툴툴거리고 끙끙댄다. 몸이 뻣뻣해지거나 두통이 생긴다.

ⓒ 위. 토할 것 같은 느낌이 든다. 식은땀을 흘리거나 심장이 쿵쾅거린다.

ⓓ 영혼. 마음이 산산조각 나는 기분이다. 아무 의욕이 없고 피곤하며 눈물이 나려고 한다.

4. 밤늦은 시각, 마침내 집안이 고요하다. 긴 하루였다. 퍼뜩 한 가지 생각이 떠오른다. '뭐라도 먹어야겠어.' 그보다 앞서 든 생각은 무엇이었을까? (   )

ⓐ 너무 피곤하다. 힘든 하루를 보냈어.

ⓑ 너무 짜증난다. 도저히 참을 수가 없어.

ⓒ 마음을 느긋하게 가져야 하는 건 알겠지만, 어떻게 하는 거지?

ⓓ 신물이 나. 더 이상 견딜 수가 없어.

5. 상사가 당신의 사무실로 불쑥 고개를 내밀고 오늘까지 끝내야 할 일을 또 하나 지시하고 간다. 어제 내려온 프로젝트조차 마무리하지 못한 상태다. 처음 떠오르는 생각은? (   )

ⓐ 이건 정말 너무해.

ⓑ 저 나쁜 사람 같으니라고. 무작정 계속 일을 쌓아주고 있잖아.

ⓒ 아, 어쩌란 말인가.

ⓓ 포기할래. 그냥 관두고 말자. 아무도 신경 쓰지 않는걸.

채점하기

주로 (a)를 선택한 경우 :

감당하기 힘든 기분 때문에 스트레스성 폭식 유형에 가깝다.

주로 (b)를 선택한 경우 :

분노가 스트레스성 폭식을 부채질한다.

주로 (c)를 선택한 경우 :

불안이 스트레스성 폭식을 주도한다.

주로 (d)를 선택한 경우 :

슬픔이나 외로움 때문에 스트레스성 폭식을 하는 유형이다.

답변에 특정 패턴을 보이지 않는 경우 :

위의 감정 일부 또는 전부에 반응해 스트레스성 폭식을 할 수 있다. 그렇다면 그때그때 잠시 멈추고 정확히 어떤 감정이 먹는 행위를 유발하는지 생각해야 한다.

자기 스스로 어떤 감정 때문에 스트레스성 폭식에 빠지는지를 아는 것이 중요하다. 그 감정을 알고 나면 그 감정에 미리 대비할 수 있다. 알아차리고, 예측하고, 준비하라. 감정을 감지하고, 멈춤 버튼을 누르고, 통찰 주도적 결정을 내리는 능력은 끈기와 연습을 통해 키울 수 있다.

스트레스를 벗기는 팁

스트레스를 받는 상태에서 음식을 먹는 것은 조심해야 한다. '스트레스를 받으면 먹는다'는 강한 연관관계가 뇌 안에 형성되기 때문이다. 하지만 스트레스가 심해서 뭔가를 꼭 먹어야 한다면 귤을 추천한다. 자연스러운 단맛이 나는 귤은 씨도 없고 가방에 넣어 가지고 다니기에도 편하다. 향긋한 귤 껍질을 벗기면서 스트레스를 잊고 잠시라도 마음을 가볍게 할 수 있다.

8장

트라우마

자기감정에 대해 말할 수 있을 때,
그 감정은 견딜 만해지고 두려움도 줄어든다.

— 프레드 로저스(방송인, 1928~2003)

살다보면 나쁜 일은 어쨌든 일어난다. 사랑하는 아이를 잃는다든지, 소중한 사람이 갑작스레 세상을 떠난다든지, 아니면 성적인 학대나 자연재해 같은 끔찍한 일을 당한다든지……. 그런 엄청난 사건은 감정의 대지진처럼 우리 안에 트라우마를 남긴다.

트라우마를 겪은 후, 일반적으로 충격, 분노, 슬픔 등으로 이어지는 상실의 단계를 경험하는데, 이 모든 단계를 무사히 거치고 나면 마침내 자신의 감정을 수용하게 된다. 하지만 이 트라우마를 치유하는 과정이 결코 쉬운 일은 아니다. 이 과정이 고통스러운 나머지 이 시간을 견뎌내지 못하는 사람들도 있다. 강렬하게 아픈 감정 때문에 그때의 기억이 막막해지거나 흐릿해지고, 또는 과도하게 부풀려져서 마비, 혼동, 과장의 상태에 빠지기도 한다. 감성지능은 이러한 감정의 왜곡을 자기연민의 마음으로 받아들일 수 있게 도와준다.

지금까지 나는 트라우마를 겪은 내담자들을 많이 만나왔다. 그런데 그들이 상담실 문을 두드리게 되는 이유는 꼭 감정의 지진 때문만이 아니다. 오히려 처음의 트라우마가 불러일으킨 정서적 파장, 즉 감정의 여진이 그 이유인 경우가 많다. 내담자들은 자신이 체중을 줄이거나 과식 습관을 개선하기 위해서 상담을 받고 싶다고 하지만, 사실은 체중 밑에 묻혀 있는 과거에 겪은 트라우마가 일으킨 여진 때문인 경우가 많다.

마리아도 그런 경우였다. 그녀는 딸의 결혼식을 앞두고 18킬로그램을 감량하겠다는 목표로 나를 찾아왔다. 그녀는 어렸을 때 비만 상태였는데, 성인이 되어서도 여전히 비만 상태를 벗어나지 못하고 있었다. 살을 빼고 다시 찌기를 여러 차례 반복했다가, 이번에는 살이 빠지기는커녕 오히려 몇 킬로그램이 더 불어난 상태였다. 우리는 과감히 과거의 기억 속으로 들어가보았다. 마리아의 아버지는 열 살 때 암으로 갑자기 돌아가셨는데, 어머니는 당시 상실의 슬픔을 침묵으로 일관했다. 슬픔의 눈물도 없었고, 위로의 포옹도 없었고, 그리고 어떤 말도 하지 않았다. 아버지의 죽음 이후 몇 년 동안 마리아의 기억은 불규칙적이었다. 사랑하는 사람을 잃은 충격으로 그녀는 어둠 속으로 침잠했다. 대신에 달고 기름진 음식으로 그 슬픔을 잊으려고 했다. 어머니에게서 받지 못한 위로를 그나마 음식에서 얻을 수 있었던 것이다.

하지만 트라우마의 여진으로 그녀의 체중은 하루가 다르게 불어났고, 그녀는 고등학교 때까지 학교 친구들의 놀림을 받아야만 했다. 벌써 40년이 지났지만 그녀는 그때 자신을 괴롭히던 아이들의 이름을 정확히 기억하고 있었다. "젤리롤" "돼지"라고 놀리던 친구들의 속삭임이 여전히 그녀의 귓가에 맴돌았다. 트라우마는 그녀를 과거의 시간 속에 가두어버렸다. 정신적으로 그녀는 아직도 충격적인 죽음을 겪은 뚱뚱한 외톨이 소녀에 머물러 있었다.

이야기를 나누는 사이, 오래전에 의식적인 사고 밖으로 밀려나갔던 아버지의 죽음이 다시금 수면 위로 떠올라왔다. 마리아는 당시 어머니가 마치 아무 상관없는 제3자(예를 들어 영화 속 등장인물)처럼 무반응으로 대응했다고 고백했다. 이런 무감각은 해리(dissociation)의 징후였다. 해리란 신경계가 자극을 더 이상 감당할 수 없을 때 발동되는 보호기제로, 현재 겪고 있는 물리적 혹은 정서적 감각을 자신에게서 분리시키는 현상이다. 그런 상황에서 마리아는 정서적 오프라인 상태가 되었다. 극도로 고통스러운 기억 속에 있으면서도 아픔은 느낄 수도, (어쩌면 일부러 느끼지 않으려는 듯) 제대로 경험할 수도 없었다.

나는 이 같은 관찰 내용을 그녀에게 솔직히 알려주었다. 그러자 마리아는 눈물을 흘리기 시작했다. 따뜻하게 흐르는 인간다운 눈물이었다. 그녀는 울음을 멈추려 했지만 그럴 수 없었다. 지금껏 누구도 아버지의 죽음으로 그녀가 느낀 비통함을 알아주거나, 그 슬픔을 진지하게 묻거나 하는 사람이 없었다. 마리아는 통제 불능의 식습관과 고통스러운 상실 사이의 연관성을 이해하고 난 후에야 비로소 자신의 상처를 치유하기 시작했다.

트라우마를 겪은 이후, 두려움과 공포, 그 밖의 강렬하고 부정적인 감정들은 우리를 정신적 충격의 잔해 밑으로 묻어버린다. 당사자는 트라우마의 여진이 일으킨 감정의 후폭풍에 고통스런 상태로 남겨지고, 해리 현상으로 인해 몸은 자동조종 모드로 움직인다. 이럴 때, 음식이 트라우마의 여진을 달래준다는 것은 큰 착각이다. 음식은 감각을 마비시켜 견디기 힘들고 말하기 어려운 과거를 체중이라는 보호막 아래로 묻어버릴 뿐이다.

궁극적으로 트라우마의 여진을 넘어서지 못할 경우, 그 보호 수단은 파괴적 수단으로 탈바꿈할 뿐이다. 따라서 감정적 트라우마를 치유하려면 파묻어버린 감정을 인식하고 말로 표현하며, 음식 이외의 방법으로 그 감정을 극복할 힘을 키워야 한다.

마리아는 상담을 통해 자신이 더 이상 음식으로 자신의 감정을 감출 필요가 없다는 사실을 이해하게 되었다. 그녀는 자신의 감정을 조금씩 표현할수 있을 만큼 회복되었다. 이제는 자신의 감정을 표현해도 스스로 안전하다는 것을 믿기 때문이었다.

트라우마는 생각보다 흔하다

어쩌면 당신은 인생의 고된 시기를 떠올리고 있을지 모른다. 하지만 그 힘들었던 시절을 정말 트라우마라 부를 수 있을까? 어쩌면 트라우마일 가능성이 높다. 연구에 따르면 인생에서 최소 한 차례 이상 트라우마 상황에 노출되며, 그 경험은 체중과 음식 섭취에 지대한 영향을 끼칠 수 있다고 한다. 트라우마란 자신의 힘으로는 막을 수 없는 범위 밖에 있는 큰 사건이나 상황을 말한다. 예를 들어 자연재해나 사고, 신체적·감정적 학대, 성적 학대, (본인 또는 가족의) 알코올 또는 약물 남용, 아동방임 또는 따돌림, 실직, 이혼등 다양하다. 트라우마는 획일화되어 있지 않은데, 그 이유는 어떤 상황이나 사건이 트라우마에 해당하느냐 그 여부는 당사자가 경험하고 반응하는 방식에 따라 달라지기 때문이다. 예를 들어, 나의 두 지인은 함께 자동차를 타고 가다가 큰 사고를 당하고 말았다. 차는 완전히 망가졌지만, 다행히 두 사람은 가벼운 타박상만 입고 현장을 빠져나왔다. 그런데 한 사람은 얼마 후 다시 운전대 앞에 앉을 만큼 심리적으로 회복이 되었지만, 다른 사람은 극심한 공포심이 생겨서 아예 운전을 그만두었다. 이처럼 똑같은 사건을 겪으면서도 전혀 다른 반응이 나타날 수 있다.

트라우마와 음식 섭취의 연관성

트라우마와 섭식 문제 사이의 연관성은 비교적 간단하다. 트라우마에 의해 촉발된 견디기 어렵거나 고통스러운 감정을 극복하기 위한 방편으로 혹은 트라우마와 그로 인한 감정을 제어하기 위해서 과식이나 다른 섭식 문제가 생겨나는 것이다.

그런데 그러한 연관성을 찾아내는 작업은 간단하지 않다. 예를 들어 새로 온 내담자가 패스트푸드 중독에만 집착하는 경우 1년이나 10년, 심지어 30년 전에 일어난 트라우마까지 그 원인을 짚어가는 데는 수주일 또는 수개월 이상 걸릴 수 있다. 여기서 트라우마 자체가 식이장애로 나타나는 것은 아님을 알아야 한다. 그보다는 트라우마에 의해 생성된 감정을 극복하는 방식이 식이장애로 나타나는 것이 더 정확하다. 다음의 몇 가지 실제 사례는 트라우마와 섭식 문제 사이의 연관성을 잘 보여준다.

외로움이 과식으로

한 내담자는 쓰라린 이혼을 겪은 어머니 밑에서 자랐다. 소득이 끊긴 어머니는 장시간 일을 해야 했다. 내담자는 매일 학교가 끝나면 할머니 댁에서 오후 시간을 보냈고, 할머니는 손녀에게 쿠키와 끼니 외 식사를 챙겨주셨다. 할머니 집은 내담자의 외롭고 텅 빈 집과는 달리 따스하고 애정이 넘쳤다. 그녀는 방과 후 할머니와 함께 식탁에 앉아서 이야기하는 시간을 너무 좋아했다. 성인이 된 후에도 음식은 그녀의 유일한 위로가 되어주었다.

자기혐오와 죄책감이 거식, 폭식, 구토로

한 남성 내담자는 고교 시절 대단히 인기 있던 고등학교 선생님에게 방과 후 개인 지도를 받았다. 어느 날 수업을 받던 중 그 남자 교사가 그를 성폭행했다. 수치와 당혹감에 내담자는 아무에게도 그 일을 말하지 못했다. 아무도 나를 믿어주지 않을 거라는 두려움이 있었던 것이다. '사람들이 나를 게이라고 생각할지도 몰라. 어떤 여자도 나와 데이트하지 않을 거고, 남자들은 나를 때릴 거야.' 처음에는 그 일이 발각될까 불안해 아무것도 먹지 않았다. 하지만 나중에는 죄책감, 수치심, 자기혐오로 인한 거식증이 찾아왔다. 그렇게 해서라도 그는 선생님이 빼앗아간 자기 몸의 지배력을 되찾고 싶었다. 결국 그는 굶고 폭식하고 토하기를 되풀이하기 시작했다. 특히 구토는 큰 안도감을 주었다. 폭행 사건에 대한 모든 두려움과 걱정을 토해내기라도 하듯, 구토를 하면 불안감이 순식간에 사라졌던 것이다.

분노가 폭식으로

한 내담자는 남편의 의과대학 뒷바라지를 위해 10년 가까이 부업까지 뛰었다. 남편은 새로 레지던트가 된 후 처음 몇 개월 사이에 같은 병원 의사와 바람이 났다. 분노는 내담자를 완전히 집어삼켰다. 그러나 '숙녀'는 화를 내서는 안 된다는 가정교육을 받고 자란 그녀는 분노를 표출하는 대신 음식으로 자신의 분노를 억눌렀다. 그래서 분노가 표면 위로 올라올 때마다 먹고 또 먹어댔다. 식탐을 충족시키면 분노는 어느 정도 가라앉았던 것이다. 하지만 그 결과 그녀의 체중은 점점 더 불어났다. 불행하게도 그녀의 강박적인 먹기는 분노를 덮어주는 역할만 한 게 아니었다. 자신이 어리석고 가치 없다고 느낄 때 스스로를 먹는 것으로 처벌하는 역할도 했다.

이처럼 감당하기 힘든 경험과 감정에 직면했을 때, 흔히 음식으로 도피하려고 한다. 그러나 역설적이게도 트라우마를 벗어나는 길은 트라우마 안으로 들어가는 것이다. 트라우마를 대면하고 나에게 그런 일이 발생했다는 사실을 받아들일 때, 비로소 음식과의 건강한 관계를 시작할 수 있다.

감정의 지진은 감성지능을 뒤흔든다

트라우마는 비정상적 상황에 대한 정상적 반응이지만, 트라우마 경험은 신경계를 과열 상태로 몰아간다. 신경계의 이러한 과민 반응은 몸을 만성 스트레스 상태(7장)로 만들어 감정 조절 능력을 약화시킨다.
트라우마를 겪은 사람들이 자신의 감정을 알아차리는 데 어려움을 겪는 경우가 많은데, 바로 이런 이유 때문이다. 이런 감정이 어디서 오고, 왜 그런 감정을 느끼는지 이해할 수 없다. 또 감정을 조절해 건강하고 긍정적인 생활을 할 수도 없으며 업무, 관계, 체중에 영향이 미치지 않게 감정을 관리하기도 힘들어진다. 트라우마는 감성지능의 증표라 할 수 있는 이러한 능력들을 손상시킨다.

나는 내담자들에게 트라우마와 감성지능의 연관성을 거울 보기에 빗대어 설명한다. 전신 거울을 들여다보면 머리끝부터 발끝까지 있는 그대로 자기 모습이 거울에 보이지만, 조그만 손거울을 들여다보면 입술 또는 한쪽 눈처럼 신체의 일부만 보인다. 그리고 일명 '유령의 집' 거울로 자기 모습을 비춰보면 뒤틀리고 왜곡된 이미지를 보게 된다.

트라우마는 '유령의 집' 거울로 자기 감정을 들여다보는 것과 같다. 그 거울은 나의 감정을 왜곡시키고 변형시킨다. 내 감정이 확대되어 보이거나, 내 감정과 따로 놀기도 한다. 다시 말해, 감정을 보이는 그대로 신뢰할 수 없다. 감정이 양극단 중 어느 한쪽에 치우쳐 있다면(극도의 경계 상태 혹은 완전히 단절된 상태) 평상심을 유지하거나 흥분을 가라앉히는 것은 매우 어렵다. 그런 상황에서 자신은 어렵게 감정을 표현했는데, 가까운 사람이 인정해주지 않으면 상황은 더 심각해진다. 예를 들어 교통사고를 당한 사람이 다시 운전대를 잡기 주저하거나 승객으로 차에 오르는 것조차 주저할 때, 배우자나 친구가 그 모습을 "바보 같다"고 하면 큰 충격을 받을 수 있다. 성폭행 피해자 앞에서 그 사실을 모르는 친척이 가해자를 칭찬할 경우, 피해자는 자기감정에 대한 신뢰를 잃거나 본인의 정신 상태까지 의심할 수 있다.

트라우마를 치유하려면 감정이 자연스런 상태를 완벽하게 반영하지 않는다는 사실을 반드시 이해해야 한다. 그때의 감정은 비정상적인 일에 대한 정상적인 반응이다. 예를 들어 전 남편과 비슷한 목소리를 듣는다든지, 텔레비전에서 소아암 환자를 보고 트라우마와 관련된 강렬한 감정이 유발될 때, 그 사건이 나에게 비춰지는 방식 때문에 강한 반응이 나타나는 건 아닌지 스스로 물어보는 것이 중요하다.

트라우마가 당신을 침묵시킬 때

트라우마를 경험한 사람들이 잃어버리는 것은 자아감이나 세상에 대한 이해와 믿음뿐만이 아니다. 그러한 상실을 더욱 악화시키는 것은 자신의 감정을 이해하고 표현하는 능력의 상실, 바로 감정표현불능증이다.

가끔씩 극단적인 감정표현불능증을 앓고 있는 내담자들을 만난다. 이들 대다수는 트라우마를 겪었고, 그 후유증으로 거식증이나 다른 섭식 문제와 싸우고 있는 경우가 많다. 그들 가운데는 전 과목 A를 받는 명석한 학생이나 최고 경영자도 있다. 이들은 감정과 상관없는 학문이나 컴퓨터의 세계에서 눈부시게 활동하고 있지만, 안타깝게도 자신의 감정을 알아채는 일은 버거워한다. 이들은 이 사실을 무의식적으로나 의식적으로 부인하지만, 위축된 행동은 어떤 진실을 말해준다. 묻어둔 감정이 그들의 마음을 조금씩 갉아먹고 있다는 진실을 말이다.

거식증을 비롯한 섭식 장애는 생물학적, 심리적, 사회적 요소가 개입되는 복합적인 증상이다. 하지만 연구에 의하면 거식증이 있는 사람들의 경우, 자기감정을 이해하고 그것을 표현하는 능력 사이의 연결 고리가 망가져 있고, 그 손상의 원인은 감정적, 신체적, 성적 트라우마일 때가 많다고 한다. 예를 들어, 일부 성폭행 피해자들은 사건 당시에 학대 사실을 아무에게도 말하지 않고 혼자 묻어두다 보니, 믿을 만한 타인의 도움으로 초기 반응을 처리할 기회를 갖지 못한다. 혹은 자신에게 일어난 사건의 복잡성을 이해하고 받아들이는 데 극도의 어려움을 느끼기도 한다. 예를 들어 어떤 여성이 어릴 적 아끼고 따르던 삼촌에게 성폭행을 당했다면 애정과 배신감을 모두 느꼈을 테고, 이 두 가지 상반된 감정을 어떻게 조화시켜야 할지 몰라서 극도로 혼란스러움에 빠질 것이다. 이런 상태에서는 말로 표현할 수도 없다. 유감스럽게도 감정과 말 사이를 잇는 연결 고리는 한번 망가지면 저절로 고쳐지지 않는다.

피해자들은 자신의 모든 감정을 차단해버릴 수 있다. 일부 학대 상황에서는 해리 증상이 나타나기도 한다. 이러한 대처방식은 나중에 다른 일로 인해 동일한 감정이 촉발될 때 다시 튀어나올 수 있다. 예를 들어, 어떤 여성이 어린 시절 선생님에게 성폭행을 당해 안전감이 깨지는 일을 겪었다고 가정하자. 나중에 성인이 되어 일자리를 잃을 위기에 처하고 상사까지 몹쓸 짓을 한다면, 어릴 때와 비슷한 감정이 정서 불안을 일으킬 수 있다. 그 여성은 전에도 말하지 못했고 이번에도 입을 꾹 닫아버릴 것이다. 그렇다고 섭식 문제가 있는 사람이 전부 학대를 당했다고 예단할 수는 없다. 트라우마에 의해서든 다른 결핍에 의해서든 자기감정을 표현, 이해, 언어화하는 데 어려움을 느끼는 사람에게 섭식 문제가 나타나는 경우가 많다는 건 분명하다.

다행스러운 건, 감정표현불능증이 있는 사람도 그 증상을 헤쳐 나갈 수 있다는 사실이다. 그것은 치유 과정에서 중요한 부분이다. 상담을 통해 남녀 내담자들은 자신이 느끼는 감정, 그 감정이 음식 섭취(거식, 폭식)에 미치는 영향, 그러한 감정을 극복하는 방법 사이에서 어떤 연관성을 찾는 법을 배우게 된다. 예를 들면 거식 증세가 나타날 때마다 스스로 용납할 수 없는 감정(대개는 분노)을 느끼고 있다는 사실을 자각할 수 있다. 이러한 연관 관계를 그때그때 찾아내면서 분노에 대해 말할 기회를 가질 수 있고, 굶거나 과식하는 대신 좀 더 건강한 방법으로 그 분노를 해결할 수 있다.

회복력이라는 치료제

2001년 9월 11일, 미국은 집단 트라우마를 경험했다. 세계무역센터 폭격 때문이었다. 그 당시 나라 전체가 심리적으로 산산조각이 났지만, 미국이라는 국가도 생존자 자신도 삶을 잘 이어갔다. 우리는 각자의 회복력을 확인했고, 그 깊이에 스스로 놀랐다. 회복은 역경, 트라우마, 비극을 딛고 다시 일어서는 과정이다. 회복으로 가는 여정은 감정을 인식하고 수용하며, 그에 대해 이야기하는 일을 아우른다. 이것은 감성지능의 본질적인 부분이다. 실제로 감성지능과 회복력은 직접적인 연관성이 있다. 최근의 연구에서 프랑스와 호주 연구팀은 414명에게 감성지능 측정을 위해 과학적으로 구성된 설문을 작성하게 했다. 그 점수에 따라 실험 참가자들을 취약 그룹, 평균 그룹, 회복력 그룹의 세 범주로 나누고 다음의 6가지 하위 척도에 따라 점수를 계산했다.

1. 감정 자각과
2. 타인의 감정 인식은 자신과 타인의 감정을 인식하고 이해하는 능력과 관계된다.
3. 감정 표현은 자신의 감정을 능숙하게 표현하는 능력에 초점을 맞춘다.
4. 감정 제어는 자신의 격한 감정을 조절하는 능력이고,
5. 자기감정 관리와
6. 타인의 감정 관리는 각각 자신과 타인의 감정을 관리하는 능력과 관계된다.

연구팀은 이 가운데 감정 자각, 감정 표현, 감정 제어, 그리고 특히 자기감정 관리 능력이 부정적인 사건을 딛고 일어서는 데에 핵심적인 역할을 한다는 사실을 발견했다. 그렇다면 이러한 자질은 키워나갈 수 있을까? 물론 가능하다. 정서적으로 굳건하게 버티어내는 것이 관건이다. 12단계 프로그램을 밟고 있는 한 지인은 대화 중에 프로그램의 다양한 슬로건을 곧잘 인용한다. 그녀가 가장 좋아하는 슬로건은 이렇다.

'Fear, Face Everything And Recover.'

(두려움, 모든 것을 직면하고 회복하라)

회복력을 키우려면 모든 것을 직면해야 한다. 완벽하지 않더라도 모든 것을 직면하려고 노력한다면 회복할 수 있다. 심리치료사로서 나는 아주 힘겨운(때로는 끔찍한) 트라우마를 겪었으면서도 훌륭하게 회복한 사례를 수없이 목격해왔다. 어떤 일을 겪었든 당신은 행복하고 건강해질 권리가 있다. 트라우마나 상실을 겪은 내담자들 중 다수는 트라우마의 영향을 이해한 후 긍정적인 변화가 찾아왔다고 고백한다. 인간관계가 더 만족스러워졌고, 더 큰 강인함을 느끼며, 자존감이 높아졌고, 영적으로 더 성숙해졌다고 말한다. 또한 자신에게 진정으로 중요한 것이 무엇인지 생각하게 되었고, 인생에서 가장 소중한 것들을 감사히 여기게 되었다고도 말한다.

회복력을 키우기 위해서는 애정과 신뢰에 뿌리를 둔 인간관계, 사회적 지지, 자신에 대한 긍정적인 시각, 자신의 강점을 알아보는 능력, 좋은 일이 생길 거라는 믿음이 필요하다. 나의 감정을 조절할 수 있을 때, 이러한 조건에 더 가까이 다가갈 수 있다. 그러려면 어려워도 당신을 침묵시키고 음식만을 유일한 위안으로 만든 그 상황이나 사건에 대해 용기를 내어 말해야 한다.

회복력에는 목소리가 있다

감정을 표현하고 감성지능을 활용하는 것이 트라우마 회복에 어떻게 도움이 될까? 몇 해 전, 나는 순간적인 충동에 의해 이탈리아로 사랑의 도피를 결심했다. 눈부시게 아름다운 웨딩드레스를 챙겼고, 베네치아에 예식장을 정했고, 포도밭을 소유한 대가족이 운영하는 숙소를 예약했다. 우리는 비행기를 타고 로마로 들어갔고 렌터카를 인계받은 후, 도시를 살짝 벗어난 휴게소에 차를 세우고 화장실에 볼일을 보러갔다. 차는 잠근 상태였고 아주 잠깐 자리를 비웠을 뿐이었다.

그런데 이게 웬 날벼락인가. 우리가 돌아왔을 때, 차 안은 텅 비어 있었다. 도둑은 드라이버로 트렁크 자물쇠를 따서 차를 열고 웨딩드레스와 면사포, 여권, 카메라, 짐 가방까지 훤한 대낮에 모든 것을 가져가버렸다. 주차장을 살펴보니, 그곳은 화물차로 가득했다. 나는 큰 충격을 받았다. 우리 물건을 들고 달아난 사람이 누구인지 몰라도 도난을 당한 내 반응을 숨어서 지켜보고 있을 것만 같았다. 결혼식은 계획대로 이루어지지 않았고, 나의 안전감은 증발해버렸다. 나는 여행 경험이 많은 사람이었고, 그 장소는 분명 안전해 보였는데도 그런 일이 벌어졌으니!

여러 해 동안 나는 그 이야기를 반복하면서 내 화법에 귀를 기울였다. 결론은 달라지지 않았지만(도둑맞은 건 사실이었으니까) 내가 이야기를 전하는 방식은 해를 거듭하면서 진화했다. 처음 여행에서 돌아왔을 때만 해도 두려움과 피해의식이 이야기 전반에 묻어 있었다. 이 세상에 나도 모르는 누군가가 내 옷과 사진을 갖고 있다니! 그 다음에는 슬픔의 이야기로 이동해갔다.

그토록 들뜬 마음으로 계획했던 결혼식이 물거품이 되다니. 그런데 어느새 그날의 사건은 회복의 이야기로 변해가고 있었다. 우리가 여권을 잃어버린 상황을 어떻게 극복했고 옷 한 벌, 동전 한 푼도 없이 2주 동안 어떻게 살아 남았는지, 지금 생각해봐도 드라마틱한 시간들이었다.

핵심은 도난 사건에 대한 내 감정이 바뀌면서 나의 이야기도 달라졌다는 것이다. 중요한 것은 내가 이야기를 했다는 사실 자체가 치유에 도움이 되었다. 나는 두려움, 피해의식, 슬픔, 분노를 숨김없이 표현했다. 물론 모든 트라우마가 훈훈하게 마무리되고 회복의 이야기로 전환될 수는 없다. 하지만 중요한 건, 친구에게든 상담사에게든 이야기를 꺼내는 것이다. 그때의 일을 나 혼자만 알고 마음속에 묻어두었다면, 지금과 같은 방식으로 전환될 기회를 얻을 수 있었을까? 나는 그럴 수 없을 거라 본다. 치유는 느끼는 바를 표현하고 이해하는 데서 온다. 그것이 감성지능의 본질이다.

Eat. Q. 사례
고통스런 기억과 폭식

비즈니스 컨퍼런스를 마치고 집으로 돌아가는 비행기 안이었다. 여성 잡지를 뒤적이던 레베카는 한 기사에 시선이 머물렀다. 여성의 신체 이미지에 영향을 주는 요인들에 관한 기사였다. 그 기사에는 트라우마가 그 요인들 중 하나라는 내 말이 인용되어 있었다.

"심장이 멈추는 듯했어요. 그러고는 울기 시작했죠. 얼굴 전체가 눈물범벅이 되었어요." 마흔 살의 컴퓨터 애널리스트인 레베카는 첫 만남에서 나에게 이렇게 말했다.

"오래전 내게 일어난 일과 체중이 연관되어 있다는 걸, 처음 깨달은 순간이었어요. 집에 도착하자마자 선생님 사무실에 전화를 걸어 예약을 잡은 거예요."

그러더니 레베카는 더듬더듬 자신의 이야기를 풀어놓기 시작했다. 20년 가까이 말해본 적 없는 이야기였다. 대학 시절, 봄 방학을 맞아 룸메이트들과 여행을 떠났던 레베카는 호텔 복도에서 예상치 못한 습격을 당했다. 가해자는 이름만 알던 같은 반 남학생이었다. 그는 조용히 레베카를 벽으로 밀어붙이더니 손으로 입을 틀어막고 몸을 더듬었다. 레베카는 두려움으로 몸이 얼어붙었다. '그가 나를 끌고 가서 죽이면 어쩌지?'

그 남학생은 레베카에게서 인간의 행복에 반드시 필요한 두 가지 자질을 무력으로 빼앗아갔다. 안전함을 느낄 수 있는 능력과 남을 신뢰할 수 있는 능력. 친구들은 그녀가 느끼는 두려움과 분노를 이해하지 못했기 때문에 그녀의 고립감은 더욱 커져갔다. 다음 주 수업에서 그 남학생을 보았지만 그는 레베카에게 눈길조차 주지 않았다.

"마치 아무 일 없었던 것 같았어요." 그녀는 말했다. "그게 저를 더 미치게 만들었죠. 저는 제 자신을 의심하기 시작했어요. 그게 정말 있었던 일일까, 혹시 내가 상상한 일은 아닌가? 게다가 그는 '정상'으로 보였어요. 야구 모자를 쓰고 예의 바른 말투로 이야기하는 착한 남학생 있잖아요. 이제 착한 남자와 위험한 남자를 구분할 길이 없어진 듯했어요."

레베카는 경계심이 극도로 높아져서 위험 요소가 없는지 끊임없이 주변을 살피기 시작했다. 강의실에 들어갈 때는 남자들을 유심히 살펴보았다. 조금이라도 수상쩍은 기색이 보이면 바로 자리를 피해버렸다. 가벼운 데이트는 고사하고 평범한 관계조차 생각할 수 없었다.

견디기 어려운 두려움, 분노, 고립감을 극복할 수 없었던 레베카는 그걸 음식으로 억눌렀다. 사건 당시 평균 체중이었던 그녀는 이후 몇 년 동안 22킬로그램이나 늘었다. 불면증도 생겼다. 쿠키나 밀크셰이크 같은 고지방, 고당분 음식을 먹었고, 감정이 무디어지면 식곤증에 빠져 그나마 잠을 잘 수 있었다.

거의 20년이 지난 뒤에도 레베카는 여전히 안전의 욕구와 외로움 사이에서 어쩔 줄 모르는 상태였다. 나는 그녀가 은연중에 초과된 체중을 일종의 보호 수단으로 여겼다는 걸 깨닫게 도와주었다. 체중은 그녀 주변에 벽을 세워주었다. 남자들이 접근하거나 해칠 가능성이 그만큼 낮아졌다.

레베카가 남자와의 문제를 해결하려면 먹는 습관과 감정 사이의 연관 관계를 먼저 인지해야 했다. 사건 이후 그녀는 고지방, 고당분의 위로 음식을 먹어서 고통스러운 감정을 가라앉히곤 했는데, 무엇보다 그 연결고리를 끊어야만 했다.

레베카가 고통스러운 감정을 알아차릴 수 있도록, 나는 그 습격에 대한 감정을 종이에 목록으로 나열하게 했다(20년 가까이 억눌렀던 감정이기 때문에 그걸 표면화시키면 곧바로 감정의 쓰나미가 일어나 그녀를 집어삼킬 수도 있었다). 그런 다음에는 종이에 쓴 것을 나에게 읽어달라고 했다. 시간이 지나면서 그녀는 먼저 종이에 적지 않고도 감정에 대해 말하는 방법을 터득하게 됐다. 달리 말해, 당시 사건을 자신의 경험 안으로 통합시킬 수 있었다.

감정을 받아들이기는 조금 더 어려웠다. 레베카는 20년 가까이 음식으로 감정을 마비시켜왔고, 그 습관이 하룻밤 사이에 없어질 리 만무했다. 때때로 그녀는 자신의 폭식을 합리화했다. 한동안 음식으로 감정 달래기를 중단했지만, 그 대신 와인을 마시기 시작했다. 하지만 단지 마비 수단이 대체되었을 뿐이란 걸 깨달은 순간부터 와인도 끊어버렸다. 그녀는 식사일기를 쓰기 시작하면서 과식과 폭식에 대해 솔직해질 수 있었다. 이때 호흡 훈련은 분노와 두려움을 견디는 데 도움이 되었다.

새로운 감정 관리법을 찾는 작업에도 착수했다. 레베카는 잡지를 뒤적이거나 텔레비전 앞에서 멍하니 앉아 있을 때처럼 머리를 쓰지 않는 행동이 가장 마음을 진정시켜준다는 걸 알게 되었다. 가까운 공원에서 활기차게 걷는다든지 가벼운 운동을 하면 지방과 당분을 셀프 투약하지 않아도 어느덧 잠에 빠져들 수 있었다.

친밀한 관계의 일차적인 구성 요소인 안전감과 신뢰를 재건하는 데는 시간이 걸렸다. 레베카는 고립된 상태로 지내지 않아도 자기 몸을 스스로 보호할 수 있다는 사실에 확신을 가져야 했다. 또한 오랜 시간 남자와 함께 있어도 정말 안전하다는 자신의 직관을 믿을 수 있어야 했다.

트라우마에 맞서기로 한 레베카의 용기는 존경받아 마땅했다. 그대로 잡지를 덮어버리고 자기 파괴적인 길을 계속 갈 수도 있었다. 하지만 애정과 관계에 대한 갈망은 두려움보다 강력했다. 비행기에서 잡지 기사를 읽고 흐느껴 울던 바로 그 순간, 그녀는 인생을 건강하게 사는 쪽을 선택했다. 레베카는 이제 연애를 하며 데이트를 즐기고 있다.

레베카는 트라우마 경험이 자아를 규정하고 건강과 정서적 안녕에 영향을 주는 상황을 과감히 거부했다. 과거를 지워버리지 않고 자신의 내면을 들여다볼 용기가 있다면 누구나 그럴 수 있다. 새로운 과거를 되찾기까지 그 여정은 인생에서 가장 두렵지만 가장 보람 있는 길이 될 것이다.

에이미는 가족 농장에서 가난하게 자랐다. 그녀와 여덟 명의 형제자매들은 하루 종일 열심히 일했다. 에이미가 맡은 집안일 중 하나는 동이 트기 전에 일어나 소여물을 주는 것이었다. 혹독한 겨울에는 손이 금속 양동이에 달라붙어 살갗이 벗겨지고 피가 나기도 했다. 뱃속 사정도 그다지 나을 게 없었다. 그렇게 식구 많고 가난한 가족이 농장에서 나오는 수입으로 간신히 먹고살다 보니 식량이 넉넉한 적이 드물었다.

에이미의 어머니는 아침 일과가 끝난 뒤 아침을 차려주셨다. 에이미와 형제자매들은 음식을 서로 먹으려고 말 그대로 몸싸움을 벌여야만 했다. 운 좋게 아침을 먹게 된 날이면(운이 항상 좋은 건 아니었다) 에이미는 씹지도 않고 음식을 삼켰다. 점심과 저녁에도 식탁에서 치열한 격투는 이어졌다. 그녀는 친구들의 집에서 음식을 훔친 적도 있었고, 기회 될 때마다 옷장 서랍에 먹을 것을 쟁여놓기도 했다. 에이미는 다음과 같이 EAT법으로 어린 시절의 박탈감을 극복하고, 현재의 과식하는 버릇을 고칠 수 있었다.

Embrace : 감정의 양상을 파악하다

극단적인 반응이 나타나고 있다면 자가진단 테스트를 통해 감정이 막히거나(마비, 차단) 흐릿해지거나(혼동, 과거의 감정을 현재에 유발) 부풀려진(과장) 것은 아닌지 확인해보라. 에이미의 경우, 대학교에 있는 뷔페 스타일의 카페테리아가 문제였다. 에이미는 그곳에만 갔다 하면 흐릿하고 부풀려진 감정이 생겨났다. 무제한으로 제공되는 음식과 다양한 선택의 폭은 먹을 것을 놓고 다투면서 음식을 쟁여두어야 했던 시절의 어린 소녀를 내면에서 불러냈다(흐릿해짐). 카페테리아에 들어갈 때마다 에이미는 음식이 사라지기 전에 되도록 많이 먹어두어야 할 것만 같은(부풀려짐) 패닉 상태를 경험했다. 눈앞의 풍족한 음식이 패닉을 유발한다는 사실을 인식하고 나서, 에이미는 매일 같은 시간에 카페테리아에서 식사를 하기로 결정했고, 이는 패닉 상태를 진정시키는 데 도움이 되었다.

Accept : 왜 그랬는지 이해하다

왜곡된 감정에 대한 당신의 대응 방식이 트라우마를 이겨내는 데 도움을 주었다는 사실을 인정하라. 다만 지금에 와서 그런 대응 방식이 문제가 된 것이다. 에이미는 어린 시절의 자신처럼 늘 배고팠던 사람이라면 성인이 되어 무한정해 보이는 음식 앞에서 걸신들린 듯 먹게 되는 것이 당연함을 인정할 필요가 있었다. 기회가 있을 때 가급적 많은 음식을 가져다 먹는 습관은 인생의 어느 시점에서 분명 에이미에게 유익을 주었을 것이다. 하지만 지금은 언제든 음식을 구할 수 있는 시대다. 그녀는 이제 안전하고 무탈하다. 그녀의 대처 방법은 시대를 따라잡지 못했고, 이제는 그걸 바꿀 때였다. 내가 에이미의 식습관이 타당했음을 인정해주자, 그녀는 그걸 받아들이고 다음 단계로 나아갈 준비를 할 수 있었다.

Turn : 나의 감정을 이야기하다

대화는 자신의 감정을 다시금 확인하고 왜곡된 감정을 재정비하는 데 도움이 된다. 감정을 일기에 쓰면서 탐색해보는 방법도 괜찮다(일기는 자기 자신과의 대화와 같다). 감정이 어떤 식으로 막히거나, 흐릿해지거나, 부풀려졌는지 서술해보라. 혹은 가까운 사람이나 상담사에게 이야기해도 좋다. 신뢰하는 친구나 가족에게 마음을 열 수도 있다. 대화를 통해 자신의 감정을 거리를 두고 바라보고 그 감정에 대한 신뢰를 되찾는다. 그러면 트라우마, 감정, 음식 섭취 사이의 연관 관계를 찾을 수 있다.

에이미는 친구들에게 자신의 과거 이야기를 하기 싫어했다. 그래서 자기표현의 또 다른 배출구인 일기 쓰기를 시험해보았다. 어린 시절의 배고픔에 대해 글을 쓰면서 어른이 된 지금은 스스로 건강을 돌볼 능력이 있고, 먹을 것도 충분하다는 사실을 충분히 납득하게 되었다.

만일 당신이 트라우마나 어떤 상황으로 인해 감정에 큰 타격을 입은 적이 있다면, 어느 정도 희망을 얻었길 바란다. 힘든 경험은 감정을 왜곡시켜 뿌옇고 불분명하게 만들 수 있다. 그것은 정상이다. 하지만 이런 경험은 자기 자신을 더 깊이 알아가고 놀라운 회복력과 성장 능력을 재발견하는 계기가 된다. 트라우마를 겪었다고 해서 본연의 모습이나 식사 방식이 반드시 거기에 따라 규정될 필요는 없다. 당신에게는 다시 일어서고 회복하여 건강하게 잘 살아갈 수 있는 역량이 확실히 있다.

나의 트리거를 파악하라

———

애나는 홍수로 집을 잃었다. 순식간에 비가 너무 많이 쏟아져 정신을 차리고 보니, 지붕 위에 고립된 신세였다. 감사하게도 애나와 가족들은 목숨을 부지했지만, 전 재산과 소유물은 눈앞에서 거센 물살에 휩쓸려 떠내려갔다. 애나의 안전감은 영구적으로 손상을 입었다. 홍수 이후 비나 구름 낀 하늘만 봐도 잃어버린 집에 대한 충격적인 기억이 떠올랐고, 극도의 불안감이 엄습했다. 그녀를 진정시켜준 것은 하루 종일 일기예보를 보는 것과 먹는 것 두 가지뿐이었다.

트라우마 사건에 대한 기억은 언제든 의식을 침범할 수 있다. 그 일을 다시 겪는 듯한 느낌이 들면서 똑같은 두려움과 공포를 경험하기도 한다. 이것을 플래시백(flashback)이라고 한다. 때로는 트리거가 플래시백을 유발하기도 한다. 트리거(trigger)란 당사자를 문제의 사건으로 돌려다 놓는 소리나 광경을 가리킨다. 성폭행을 당한 여성의 경우, 강간에 관한 뉴스 보도를 보면 플래시백이 촉발될 수 있고, 자동차 사고에서 가까스로 살아남은 사람은 사고 현장을 목격할 때 플래시백을 경험하기도 한다.

과거를 현재로 불러오는 트리거 역할을 하는 상황이나 사람을 피하는 것도 한 가지 방법이다. 아니면 문제의 사건에 관해 말하거나 생각하기를 거부할 수도 있다. 그러나 트리거를 피하는 것은 심신을 지치게 하는 생활방식이며, 삶의 반경을 제약한다. 당신이 추구하는 통제력이 허상이라는 걸 깨닫는 게 중요하다. 해결방법은 트리거에 익숙해지는 것이다. 트리거가 무엇인지 알면 거기에 대비할 수 있고, 긍정적이면서 자기 위로가 되는 조치를 통해 트리거가 불러일으키는 두려움, 공포, 무기력감을 조절할 수 있다. 트리거가 없는 것 같거나 무엇이 트리거인지 잘 모르겠다면, 믿을 만한 친구나 치료사의 도움을 얻어 트리거를 표면화시켜본다.

애나의 경우, 어떤 날은 괜찮다가도 다른 날은 극도의 불안을 느꼈다. 우리가 함께 나눈 대화를 통해 애나는 깨달음을 얻었다. 그녀의 불안감은 창밖을 내다보는 행동과 연관되어 있었다. 무의식중에 그녀는 비가 올 기미가 있는지 하늘을 살피고 있었다. 그러다 하늘이 어두컴컴해 보이면 마음을 진정시키려고 평소보다 더 많이 먹었다.

트라우마를 겪은 적이 있다면 트리거를 식별하는 방법을 배우는 것은 통찰 주도적 결정을 내리기 위한 핵심 요소이다. 요즘 애나는 무심코 주전부리를 시작하려고 하면 홍수의 기억이 촉발되었구나 이해하고, 평정심 도구(2장)를 사용해 불안감을 가라앉힌다. "나는 강인한 사람이고 보란 듯이 살아남았어"와 같이 마음을 진정시키는 긍정의 말을 반복하기도 한다. 작업 테이블로 가서 취미 생활인 스크랩북 프로젝트에 열중할 때도 있다. 애나는 매일 하늘을 살핀다. 만약 하늘이 어두컴컴하면 홍수는 매우 드문 일이고, 기상청에서 언제 홍수가 닥칠지 미리 알려줄 거라는 사실을 스스로 되새긴다.

3부

음식과 건강한 관계를 맺는 법

3부
음식과 건강한 관계를 맺는 법

1부와 2부에서 우리는 감성지능이 무엇이고, 감성지능의 4가지 구성 요소(감정을 인지, 이해, 사용, 관리하는 능력)가 음식과의 관계에 어떻게 영향을 미치는지 살펴보았다. 그러한 능력이 적정 수준에 못 미치거나 그 능력을 식사에 적용하지 못할 경우, 가장 중요한 통찰 주도적 결정을 내리는 능력이 약화된다. 다시 말해 감정적 식사, 과식, 체중 증가로 이어지는 원인을 만드는 감정 주도적 결정을 계속 내리게 된다.

3부에서는 급박한 상황에서도 마음챙김을 위한 멈춤의 시간을 갖고, EAT 법을 적용하는 데 도움이 되는 도구를 소개한다. 먼저 E도구는 결단의 순간에 느끼는 감정을 정확하게 파악하는 데 도움을 준다. A도구는 감정을 사용하여 통찰 주도적 결정을 내리도록 도와주고, T도구는 먹고 싶은 충동에 자동적으로 대응하지 않도록 감정에 대처하는 방법을 제공한다.

이 세 가지 도구는 감성지능의 4가지 구성 요소를 언제 어디서나 실천에 옮길 수 있도록 실질적인 능력을 높여줄 것이다. 어쨌든 '실천'이 핵심 키워드다. 3부는 성공적인 잇큐를 위한 방법을 제시해주지만 근육과 마찬가지로 자주 사용해야 발달한다. 당신이 음식과 건강한 관계를 맺어갈 수 있도록 식사일기를 추천한다. 매일매일 자신의 식습관 개선활동을 적거나 잇큐 도구에 대한 메모를 남기는 방법도 좋은 활용법이다. 식사일기를 통해 식사와 관련한 나의 모든 기록을 한곳에 모아두고, 생각하고, 읽어보기 바란다. 식사일기를 꾸준히 쓰다보면 당신을 음식으로 몰아가는 감정들을 인지, 예측, 준비하는 능력이 생길 것이다.

모든 감정을 관리할 수는 없다. 또 언제나 건강에 좋은 결정을 내린다는 것도 사실상 불가능하다. 하지만 내가 약속할 수 있는 것은 성실하게 식사일기를 쓰고 잇큐 도구를 사용한다면, 지금보다 더 나 자신과 가까워질 수 있다는 점이다. 더불어 음식으로 자신을 위로하는 일도 줄어들 거라는 사실이다.

Mindful Eating

9장

나의 감정 알아차리기
Embrace · E

작은 감정들은 우리 삶의 위대한 선장이다.
우리는 이를 깨닫지 못한 채 감정에 복종한다.

— 반 고흐(화가, 1853-1890)

잇큐의 E도구는 감정을 식별하고 언어화하는 능력, 그리고 감정이 행동에 미치는 영향을 평가하는 능력을 날카롭게 다듬어준다. 다시 말해 E도구는 통찰 주도적 결정의 원재료이다. 잇큐를 높이는 데 E도구가 얼마나 중요한 역할을 하는지 다음에서 확인할 수 있다.

E도구 사용 전 :

나는 배우자에게 화가 나서 과식을 했다.

E도구 사용 후 :

나는 배우자에게 화가 나서 뭔가 먹고 싶어졌지만,
먹는 대신 산책을 선택했고, 덕분에 마음이 진정되었다.

자, 차이점이 보이는가? 첫 번째 선택에서는 감정이 먹는 행동을 지배했지

만, 두 번째 선택에서는 감정에 대한 인식이 먹는 행동을 바꾸었다. 순간순
간 자신의 감정을 빠르게 인식하고 표현할수록, 먹는 것으로 감정을 회피
하지 않고 원래의 계획을 지켜나갈 가능성이 높다.

당신이 방금 길고 짜증스러운 회의를 마쳤다고 가정해보자. 이제 오전 간
식을 먹을 시간이 되었다. 집에서 비닐봉지에 담아 온 아몬드가 있지만, 갑
자기 자판기에서 뽑아먹는 설탕 시럽 가득 입힌 허니 롤 생각이 간절하다.
E도구로 무장한 당신은 지금 자신이 화가 나고 짜증스러운 상태임을 금세
알아차린다. 이럴 때, 이제부터 소개할 도구를 하나 이상을 사용한다면(틀
림없이 한두 가지 생길 것이다) 자신의 식탐을 진정시키면서 건강에 좋은 간
식을 먹으려던 원래의 계획을 고수할 것이다. 이번 장에서 E도구를 통해 마
음챙김, 섬세한 감정표현, 감정을 드러내는 몸의 신호 읽기 등을 활용할 것
이며, 그럴 때마다 당신의 잇큐는 분명 높아질 것이다.

Eat.Q. 1
감정 어휘 키워라

지금 당신은 몹시 화가 난 상태이고 그 사실을 자신도 알고 있다면, 그것만
으로도 훌륭하다. 여기에서 더 예민한 상태, 예를 들어 짜증스럽거나 원망
스러운 상태에 빠져 있다는 사실을 스스로 알고 있다면 더욱 훌륭하다고 말
해주고 싶다. 자신의 감정을 정확한 단어로 명명한다는 것은 충동조절능력
을 강화시키고, 그 감정을 긍정적인 방향으로 극복할 수 있도록 도와준다.
캘리포니아대학교 로스앤젤레스의 연구팀은 슬픔과 분노를 언어화하면,

강렬한 감정이 격해지는 것을 막을 수 있고, 또 부정적인 감정을 말로 표현할 때, 충동조절을 담당하는 뇌 부위가 활성화된다고 밝혔다. 실험에서는 30명의 피험자들에게 격한 감정이 표현된 얼굴 사진을 보여주었다. 연구원들은 뇌 스캔 사진을 찍으면서 참가자들에게 '슬프다' 혹은 '화가 난다'와 같은 단어로 사진 속 감정을 분류하거나, 사진 속 얼굴을 보고 '제임스'나 '해리'처럼 성별이 명확하게 드러나는 두 개의 이름 중 하나를 선택하게 했다. 그러자 연구팀은 화가 나 보이는 얼굴에 '화가 난다'와 같은 단어를 연결시킬 경우, 분노나 공포 등 강렬한 감성을 담당하는 뇌 영역인 편도체의 반응이 감소한다는 사실을 발견했다. 그러나 피험자들이 감정에 이름을 붙일 때, 오히려 더 활발해지는 뇌 부위도 있었는데, 그것은 우측 복외측 전전두 피질(Right Ventrolateral Prefrontal Cortex, RVLPFC)이라는 부위였다. 연구팀은 이 부위가 감정적 경험에 대해 언어로 사고하고 감정을 처리하며, 행동을 억제하는 능력과 관련이 있다고 설명했다.

이것은 무슨 의미일까? 당신이 스트레스성 폭식이나 감정적 식사를 하는 사람이라면 중요한 의미가 있다. 정확히 한 단어로 표현할 수 있을 만큼 자신의 감정을 잘 아는 것은 중요하다. 감정을 언어화하는 능력은 감정이 당신에게 바라는 바(먹는 것!)가 무엇인지 더 깊은 통찰을 얻는 데 도움을 주고, 그 감정의 힘을 무력화시킬 수 있다. 즉 감정 어휘를 키운다면 충동조절 능력을 강화하여 무분별한 식탐을 슬기롭게 넘길 수 있다.

그런데 감정을 구체적인 언어로 표현하기가 쉽지는 않다. 우선, 우리는 평범한 단어로 감정을 표현하는 데에 익숙하다. 흔히들 기분이 어떤지 질문을 받았을 때 "괜찮아요" 혹은 "좋아요"라고 대답한 적이 얼마나 많은가. 지금껏 단순하게 대답하는 습관에 길들여져 있다면 자신과의 대화에서도 비숫하게 단조롭고 영혼 없는 언어를 사용하기 쉽다. 게다가 감정을 인정하거나 감정에 대해 이야기하지 않는 가정환경에서 자랐다든지, 감정 표현에 침묵을 강요당하거나 놀림을 받은 적이 있다면, 감정 단어를 감정 표현에 적용해본 경험이 많지 않을 것이다. 어릴 적 넘어져서 무릎이 까졌을 때, 어머니나 다른 양육자가 당신을 안아 올리면서 "아이고, 우리 아가, 너무 놀라고 아팠지"라고 말해주었다면 어땠을까? 그러한 공감과 입체적인 감정 표현은 감정과 단어 사이의 인지적 연결을 강화시켜준다.

마지막으로 감정은 매우 복합적이고 일시적이며 상반될 때가 많다. 예를 들어, 실연의 여파 속에서 예전 애인을 사랑하는 동시에 증오하는 감정을 표현하기에 적절한 단어를 찾기란 쉽지 않다(애증을 느낀다고 말하는 것으로 충분할 텐데, 그것은 물론 혼란스럽고 고통스러운 감정이다). 일시적이거나 극단적인 감정을 말로 표현하려 할 때, 그 복잡함 때문에 시도조차 하지 않으려는 사람들도 많다. 그러나 과거에 감정 표현을 어려워했던 사람도 자기감정을 표현하는 일에 끝까지 노력하기를 바란다. 내담자들 중에는 자신의 감정을 표현해보라고 하면 난처한 표정을 짓거나 힘겹게 단어를 찾는 사람들이 있다. 이런 분들에게 '감정의 바퀴'를 추천한다.

감정의 바퀴란 자기의 감정을 언어로 표현하기 쉽도록 수레 모양의 바퀴 안에 다양한 감정 언어들을 배열한, 일종의 감정 팔레트를 말한다. 이 감정의 바퀴를 통해서 자기감정을 비교적 쉽게 표현할 수 있다. 이처럼 순간순간의 감정에 이름을 붙일 수 있을수록(좌절감이 든다, 외롭다, 내키지 않는다, 짜증스럽다 등) 음식에 손을 뻗을 가능성이 낮아질 수 있다.

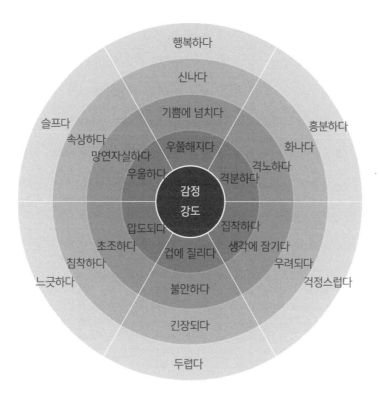

감정의 바퀴 감정의 수레바퀴는 30년 전 로버트 플루칙이라는 미국의 심리학자가 처음 개발한 것이다. 그 이후로 여러 가지 다른 감정의 바퀴들이 만들어졌다. 감정의 바퀴들은 마치 색깔처럼 기본적인 감정들이 서로 혼합되어 다른 감정을 형성할 수 있음을 보여준다.

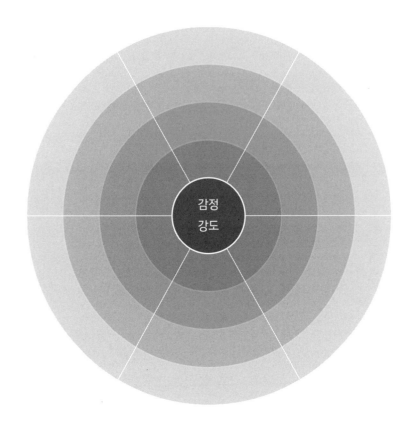

이제 당신이 직접 감정의 바퀴를 만들어보자. 이번 연습을 통해 "좋아요" 나 "괜찮아요" 같이 모호한 대답을 넘어설 수 있다. 빈칸의 바퀴를 복사하여 필요할 때마다 사용하기 바란다.

1단계

바퀴의 가장 바깥쪽에 자주 느끼는 기본적인 감정들을 적어 넣는다(슬프다, 기쁘다, 화난다 등). 바퀴의 중심 방향으로 갈수록 더 상세하고 구체적인 단어를 빈칸에 적는다(우울하다, 짜증난다, 즐겁다).

공허하거나 지루하거나 맥이 빠진다고 느낀다면 그것도 적는다. 그것 또한 감정들이다. 어떤 감정이 드는지 잘 몰라도 괜찮다. 모르겠다는 걸 인지하고 한 시간 뒤 연습을 반복한다. 나중에 빈칸을 채워도 괜찮다. 처음에는 감정이 다 지나가고 난 뒤에야 더 명료하게 처리하는 경우도 있다.

완성한 감정의 바퀴를 가지고 다닌다. 이후 이틀 동안 한 시간에 한 번씩 하던 일을 멈추고 직전 10분 동안 경험한 감정에 이름을 붙여본다. 감정을 느끼고 이 감정에 이름 붙이는 능력이 향상되면, 자신의 감정을 꾸준히 체크하면서 새 바퀴를 만들기 시작한다(여러 장 복사를 해두면 언제든 새로운 감정의 바퀴를 시작할 수 있다).

2단계

감정에도 '색조'가 있듯 공복감에도 '색조'가 있다. 음식 섭취와 관련된 감정적 경험을 표현하는 단어도 다양하다. 2단계는 음식과 식사에 관련된 감정 어휘를 늘리기 위해 고안되었다.

1단계를 반복하되, 직전 10분 동안 경험한 음식 섭취의 욕구나 충동을 묘사하는 단어를 추가한다.

2단계는 하루에 적어도 두 번, 원한다면 더 자주 연습하기를 권장한다. 음식양을 재는 것이 분량 조절에 도움이 되듯이, 감정에 이름 붙이기는 그 감정이 먹는 행동에 미치는 힘을 인식할 수 있게 도와준다.

Eat.Q. 2
여기 머물라

한 친구가 최근 실수로 치약(!)을 얼굴에 바를 뻔했던 일화를 페이스북에 고백했다. 처방받은 피부용 크림이라고 생각했지만, 치약과 똑같은 모양의 튜브에 들어 있어서 까끌까끌한 입자와 강한 민트향에 의식이 미치기 전까지 전혀 알아차리지 못했다는 것이다.

우리는 종종 자동조종 모드로 행동한다. 커피를 한 잔 마시기 전까지 아침 시간이나 운전 중일 때를 떠올려보라. 멍한 상태로 무심코 행동하다가 화들짝 정신을 차린 적이 없었는가? 음식을 먹을 때도 똑같은 일이 벌어진다. 소설을 읽거나 영화를 보면서 과자를 한 봉지 먹기 시작했는데, 어느덧 정신을 차리고 보니 4분의 3이 사라진 경험을 해보았다면 무슨 뜻인지 이해할 것이다. 그런 사람에게는 마음챙김 기법이 도움이 된다.

이번 연습은 내가 일본 교토에서 만난 스님에게서 영감을 얻었다. 추상적인 돌 정원으로 유명한 료안지 사찰을 방문 중이었는데, 나는 여행 안내서를 들여다보느라 주변의 아름다움을 돌아볼 정신이 없었다. '다음에 어딜 가지?' '다른 절에 가볼까?' '호텔로 돌아갈까?' 스님 한 분이 산란한 내 마음을 꿰뚫어보셨는지, 가까이 다가와서 내 팔을 톡톡 치더니 부드러운 목소리로 속삭였다.

"여기에 머무르세요."

화들짝 현실로 돌아온 나는 그의 고요한 얼굴을 멍하니 바라보았다. 그분의 단 두 마디 가르침은 그 뒤로 줄곧 나와 함께했고, 나 자신은 물론 다른 사람들을 현실로 돌아오게 하는 멋진 암호가 되었다. 이 두 마디면 멍한 상태에서 곧바로 집중 상태로 정신을 가다듬을 수 있다. 그것이 바로 마음챙김(Mindfulness)이다.

Exercise 2 : 마음챙김으로 식사하기

식사를 할 때마다 첫 숟갈을 입에 넣기 전에 조용히 "여기 머물라"는 말을 반복한다. 간식을 먹을지 말지 결정하고 싶다면 "여기 머물라"고 말한 후에 결정한다. 정신을 놓고 있었음을 깨달을 때마다 이 말을 반복한다. 그런 후 지금 느끼는 감정으로 의식을 되찾는다.

한꺼번에 10가지 일을 생각하고 있음을 깨달았다면,
"여기 머물라"라고 말한다.
전화 통화를 하면서도 아이들에게 잔소리를 하고 있다면,
"여기 머물라"라고 말한다.
정신없이 바쁘고 어쩔 줄 모르는 기분이 든다면,
"여기 머물라"라고 말한다.

마음이 불안하고 복잡할 때마다 이 연습을 자주 실천해보라. 이 방법은 정신이 멍해지는 순간을 즉시 알아차리고 의식을 현실로 데려오는 데 도움을 줄 것이다. 어느 내담자는 레스토랑에 앉아 있다가 빵 바구니 안의 롤을 무심코 깨작거렸던 일을 내게 말해주었다. 그녀는 조용히 혼잣말로 "여기 머물라"고 말했고, 금세 자신이 배고픈 게 아니라 불안한 상태임을 깨달았다

고 한다. 그녀는 담당 서버에게 바구니를 치워달라고 부탁했고, 그러자 문제는 곧바로 해결되었다.

마음챙김 식사의 구체적인 방법을 더 익히고 싶다면 다양하게 요리하는 법을 배워보라. 칼로 썰고 껍질을 벗기고 재료를 섞으면서 풍부한 향과 아름다운 색깔의 조화를 음미하는 것은 마음챙김과 절묘하게 맞아떨어지는 활동이다. 샐러드에 넣을 오이, 피망, 당근의 껍질을 벗겨 얇게 썰면서 현재에 머물러보라. 샐러드 소스를 섞으면서 거기 머물러보라. 신선한 바질 향, 발사믹 식초의 톡 쏘는 달콤한 냄새, 도마에 닿는 식칼 소리에 집중해보라. 마음챙김의 태도로 일주일에 두 번만 요리를 해보면, 어느 정도 효과를 거두게 될 것이다. 연구에 따르면 요리를 자주 하는 사람일수록 체중 감량의 폭도 더 크다고 한다.

마지막으로 이 높아진 자각 상태에서 일상생활을 유지하도록 노력하라. 산책을 나가면 비에 젖은 흙이나 콘크리트 냄새를 들이마시고, 정수리에 내리쪼이는 햇볕에 의식을 기울이고, 발밑에서 바스락거리는 낙엽 소리를 즐겨보라. 사람들과 마주치면 손짓, 목소리의 높낮이 같은 신체 언어에 주의를 기울여라. 진공청소기를 돌릴 때도 마음챙김의 자세로, 샤워를 할 때도 마음챙김의 자세로 해보라. 정신을 집중하고 '여기'를 음미하며, 지금 드는 느낌을 인정하라. 섬세하게 현재의 내 몸과 마음에 집중하라.

근육을 단단하게, 의지를 단단하게

많은 내담자들이 식사 계획을 지키기 위해 긍정적인 사고를 하려고 노력하지만, 그 방법이 늘 통하는 것은 아니다. 긍정으로 생각하기가 별 효과 없다면, 또 하나의 요소를 추가하라. 바로 근육이다.

싱가포르 연구팀은 일련의 연구를 통해 근육을 수축시키는 행동(정신적 각오를 다질 때 곧잘 수반되는 행동)이 더 나은 음식 선택에 필요한 의지를 끌어모으는 데 도움이 될 수 있다는 사실을 알아냈다. 바로 새로운 심리학의 한 갈래인 체화인지(embodied cognition) 이론에서 비슷한 연구 결과를 많이 찾아볼 수 있다. 체화인지 이론에서는 뇌가 얼굴과 몸을 상호 참조하여 감정을 이해한다고 상정한다. 그래서 마음을 정하고 "결심했어!"라고 말하는 순간, 근육이 그 생각을 반영해 자연스럽게 수축하는 일이 가능하다. 혹은 표정을 찡그리거나 이를 악물거나 주먹을 꼭 쥘 수도 있다.

또한 체화인지 분야의 연구를 통해 흥미로운 사실들이 밝혀졌다. 예를 들어, 예일대학교 심리학자 존 바그가 주도한 연구에서 따뜻한 커피 잔을 들고 있는 사람들은 차가운 커피 잔을 들고 있던 사람들에 비해 엘리베이터에 아주 잠시 함께 탄 연구원을 믿을 만한 사람이라고 판단하는 경향이 높았다. 유사한 실험으로 토론토대학교에서는 피험자들에게 사교 모임에서 환대받거나 냉대받은 경험을 떠올려보라고 했다. 따뜻한 환대를 떠올린 사람들은 냉대를 떠올린 사람들에 비해 실험실의 온도가 평균 5도 더 높다고 판단했다. 이처럼 몸의 감각은 감정과 사고의 형성에 지대한 역할을 담당한다.

정신과 신체가 공조를 이룰 때, 감정과의 연결이 더 쉬워진다. 예를 들어, 분노의 인지적 측면(화가 났다는 사실을 아는 것)은 분노의 신체적 측면(몸에서 느껴지는 느낌—답답한 위장, 움켜쥔 주먹, 얕은 호흡)과 연결되어 있다. 마찬가지로 슬픔이라는 감정은 몸에서 경험되는 감각인 울음이나 흐느낌으로 이어질 수 있다. 의미심장하게도 사랑하는 사람을 잃는 것과 같은 트라우마를 겪은 후, 울지 못한 사람들은 좌절감과 감정적 혼동을 호소하는 경우가 많다.

많은 사람들이 부지불식 간에 몸과 마음을 따로 분리시킨 채 살아간다. 상사가 장광설을 늘어놓는 동안 겉으로는 미소 짓고 고개를 끄덕이면서도 속으로는 '이 여자 정말 참을 수가 없군'이라고 생각한 적이 있을 것이다. 혹은 '그만 먹어, 당장!'이라고 생각하면서도 손은 계속해서 과자 봉지와 입 사이를 왕복하고 있는 경우도 떠올려보라. 이처럼 몸과 마음이 서로를 속일수록 우리의 감정은 억압당하게 된다.

앞서 말한 싱가포르 연구팀은 대학 캠퍼스의 간이식당에서 모집한 66명의 자원자들을 두 그룹으로 나누고, 각각 펜 한 자루와 서로 다른 내용의 지침서를 나누어주었다. 첫 번째 그룹에게는 펜을 꽉 움켜쥐라고 말했다(손가락 근육에 힘이 들어감). 두 번째 그룹에게는 그냥 펜을 잡으라고만 지시했다(근육에 힘이 들어가지 않음). 그런 다음, 연구팀은 자원자들이 똑같은 캠퍼스 간이식당에서 음식을 주문하는 동안 자원자들의 메뉴 선택을 평가했다. 결과적으로 펜을 꽉 움켜쥔 사람들의 의지력이 더 높았다. 그들은 또한 건강에 더 좋은 옵션을 선택했다. 연구팀은 근육의 움직임이 마음속 소망을 반영하는 듯하다고 설명했다. 그러나 펜을 꽉 움켜쥔 그룹 내에서도 음식 선택에 자제심을 발휘하길 '원한' 사람들만 실제로 자제심을 발휘했다는 점은 눈여겨볼 만한 대목이다.

Exercise 3 : 음식의 유혹에 몸을 사용하기

음식을 거부하기가 힘들 때마다 속으로 혹은 소리 내어 "안 돼"라고 말하면서 두 주먹을 불끈 쥐거나 종아리 근육 또는 이두근을 조여보라. 정신이 근육과 힘을 합칠 때, 어떤 느낌이 드는지 집중하면서 이것을 몇 차례 반복한다. 혹은 연구 자원자들이 했던 것처럼 펜을 꽉 움켜쥐어도 좋다. '안 돼!'라고 생각하면서 펜을 움켜쥐어 그게 진심임을 몸이 깨닫게 하라.

'안 돼!'

Eat.Q. 4
감정을 업데이트하라

당신은 이메일이나 소셜 미디어를 얼마나 자주 확인하는가? 일주일에 한 번? 하루에 한 번? 1분에 한 번? 그 잠깐의 업데이트를 통해 최신 소식을 파악할 수 있다는 것은 큰 장점이다. 어떤 일이 벌어지고 있든 진행되는 순간

전 세계 어디서나 알 수 있고, 친구나 가족들과 상시 연락도 가능하다. 그러나 바깥 세계에서 일어나고 있는 일에 너무 몰입하다보면 내면세계에서는 어떤 일들이 헤드라인에 오르고 있는지 잊게 되는 단점도 있다. 새로운 소식을 수시로 확인하는 것은 내면의 감정에 집중하는 데에 방해가 될 수 있고, 심지어 내면의 감정을 회피하는 요인이 될 수 있다. 이럴 때의 해결책은 감정 상태를 지속적으로 '새로 고침'하는 것이다.

감정은 시시각각으로 끊임없이 변화한다. 감정이 얼마나 빠르게 바뀔 수 있는지 이해하고 나면 감정적 먹기에 한결 대응하기 수월해진다. 정신없이 살다보면 자신의 감정으로부터, 배가 꼬르륵거리는 진짜 공복감으로부터 단절될 수 있다. 나를 찾아오는 내담자들 가운데는 바쁘게 사는 워킹맘, 최고 경영자, 대학원생들이 많다. 그들은 낮에는 배가 고프지 않다가도 밤이 되면 폭식을 한다고 하소연한다. 알고 보면 배가 고프지 않은 게 아니다. 너무 바쁜 나머지 배고픈 걸 알아차리지 못할 뿐이다. 안타깝게도 그들은 내면세계가 아닌 바깥 세계의 소용돌이 속에 빠져 살아간다. 당신도 그럴 필요는 없다. 예를 들어, 기운 없음, 근육 긴장, 욱신거리는 두통과 같은 스트레스의 초기 징후를 알아차린다면 '이제 곧 초콜릿의 유혹이 시작되겠구나' 하는 예측이 가능하다. 그 시점에서는 시간이 아직 남아 있으므로 '멈춤 버튼'을 누르고 먹고 싶은 갈망을 차단하면 된다.

감정을 업데이트하는 데는 몇 초밖에 걸리지 않는다. 적어도 하루에 한 번은 업데이트하라. 규칙적인 시간을 정해두고 감정 상태를 업데이트하라. 예를 들어 15분마다, 한 시간에 한 번, 혹은 이메일을 보내거나 전화 통화를 하는 것처럼 반복적인 일과를 시작하기 직전에 '새로 고침' 할 수 있다. 그러면 스트레스나 분노 같은 특정한 감정을 모니터할 수 있다.

눈을 감고 잠시 집중 호흡법(2장)을 실시한 후, 머릿속을 비우고 내면에 집중한다. 마음이 차분해지면 그 순간 어떤 다른 느낌이 드는지 자문한다. 잘 모르겠다면 신체 언어를 점검해 실마리를 얻는다. 예를 들어,

- 어깨가 뻣뻣하거나 다리를 떨고 있는가?(스트레스 상태일 수 있다)

- 책상 앞에 구부정하게 앉아 있거나 뭔가를 만지작거리고 있는가?(지루하거나 우울한 상태일지 모른다)

- 얕은 호흡을 하고 있는가?(불안을 암시한다)

Eat.Q. 5

'먹고 싶은 욕구'와 '먹어야 할 필요'를 계산하라

나는 에벌린 트리볼과 일리스 레시의 책 《직관적인 식사》를 사무실 책장에 몇 권씩 비치해두고 내담자들에게 빌려주고 있다. 1995년에 처음 출간된 후 지금까지 세 번째 개정판이 나온 이 책의 메시지는 너무나 혁명적이다. '배가 고플 때 먹고, 배가 부르면 중단하라.' 이 말은 언제 식사를 멈추고 시작할지 말해주는 내 몸의 내적 신호에 귀 기울이라는 뜻이다. 배고픔은 기본적인 내적 신호다. 우리 몸은 꼬르륵거리는 뱃속 신호로 음식에 대한 신체

적 욕구를 표현한다. 조금 더 미묘한 다른 신호로는 두통, 기운 없음, 언짢거나 초조한 기분 등이 있다.

하지만 우리는 대개의 경우 외적 신호에 반응해 음식을 먹는다. 육즙이 촉촉한 햄버거 CF, 부엌 조리대 위에 놓여 있는 머핀, 커피 테이블 위에 놔둔 과자 봉지 등이 외적 신호다. 우리는 또 공복감(먹어야 할 필요)보다 식욕(먹고 싶은 욕구)에 반응한다. 우유를 사러 슈퍼마켓에 갔다가 할인 판매 중인 과자를 한 상자 들고 나오는 이유가 이 때문이다. 충동구매 뒤에는 복잡다단한 심리가 작용한다. 스스로 충동구매에 취약하다고 생각하지 않는 사람도 실제로는 취약한 경우가 많다!

코넬대학교에서 실시한 연구는 외적 신호의 힘을 명확히 증명해준다. 이 실험에서 연구팀은 122명의 참가자들을 두 그룹으로 나누었다. 첫 번째 그룹의 사람들에게는 '식사 신호'를 주고, 이들 테이블 위에는 접시를 놓고 유리잔, 식기류, 천 소재의 냅킨을 배치한 다음 식사(케사디야와 닭 날개 요리)를 제공했다. 반면에 다른 그룹의 사람들에게는 '간식 신호'를 주고, 똑같은 음식을 종이 접시와 종이 냅킨에 제공했다. 이들은 어떠한 식기류도 받지 못했고, 단지 플라스틱 컵만 사용했으며 일어선 채로 손으로 음식을 먹었다. 그런데 식사 신호를 받은 참가자들은 간식 신호 그룹의 참가자들에 비해 28퍼센트 더 많은 칼로리를 섭취했다고 이 연구는 밝혔다(평균 416칼로리 대비 532칼로리). 이러한 결과는 간식 때보다 식사 때 더 많이 먹는 경향이 있다는 이전의 연구를 확증해주었다. 여기서 얻을 수 있는 핵심 메시지는 무엇일까? 우리는 알고 있거나 인정하려는 수준보다 더 자주 전경에 집중하지 않고 배경에 반응한다(6장)는 사실이다.

무엇을 얼마나 먹는가에 대한 자각을 높이려면, 조작될 가능성이 높은 외적 신호 대신에, 공복감과 포만감이라는 내적 신호에 귀 기울이어야 한다는 사실을 여기서 다시 한 번 확인할 수 있다.

일반적으로 상담자와 심리학자들은 내담자들에게 첫 숟가락을 뜨기 전에 1부터 10까지 척도로 공복감과 포만감을 평가하라고 가르친다. 하지만 포만감을 불룩해진 배와 동일시한다면 이 방법은 실패할 수 있다. 불룩해진 배는 과식을 의미한다. 배부른 상태가 아니라 심리적 허기가 없고 만족감이 느껴지는 상태를 목표로 삼아야 한다. 둘 사이에는 큰 차이가 있다! 내가 정서적 배고픔(먹고 싶은 욕구)과 신체적 배고픔(먹어야 할 필요)을 구분하는 법을 익혀야 한다고 강조하는 이유가 여기에 있다.

다음의 '욕구 평가'(1번)를 통해 특정 음식이나 간식에 대한 욕구가 어느 정도 강렬한지 확인할 수 있다. 이것은 즐거움이나 쾌락의 욕구와 관련된 감정 척도다. 이에 반해 '필요 평가'(2번)를 통해서 진정한 신체적 공복감의 정도를 확인할 수 있다.

Exercise 5 : 식사의 욕구와 필요 비교하기

식사든 간식이든 군것질이든 뭔가를 먹기 전에 다음의 두 질문을 스스로에게 던져보라. 무엇이 나를 이 특정한 식사, 간식, 군것질거리로 달려가게 하는지 잠시 멈추어 생각해보라.

1. **욕구평가 :** 먹고 싶은 욕구를 평가하라. 1부터 10까지 척도로 판단할 때, 그 음식이나 간식을 얼마나 간절히 먹고 싶은가? 숫자 1은 욕구가 낮음을 나타내고 숫자 10은 욕구가 높음을 나타낸다.   * 나의 욕구평가 (   )

2. 필요평가 : 먹어야 할 필요를 평가하라. 1부터 10까지 척도로 판단할 때, 당신은 얼마나 배가 고픈가? 식욕이 아니라 진정한 생리적 공복감을 지칭하는 것임을 기억하라. 숫자 1은 불편할 정도로 배가 부른 상태를 나타내고, 중간치인 5는 배가 고프지도 부르지도 않은 상태를 나타내며, 숫자 10은 극심한 생리적 공복감을 의미한다.　＊나의 필요평가 (　　)

만약 먹고 싶은 건지, 먹어야 하는 건지 확신이 서지 않을 때는 다음 3가지 질문(ATE)을 스스로에게 던져보라.

- **A(Absence)** : 위장에 음식의 부재를 느끼는가? 즉, 꼬르륵거리는 소리가 들리는가?

- **T(Time)** : 시간을 감안할 때 배가 고플 가능성이 있는가? 예를 들어 30분 전에 먹었는가, 4시간 전에 먹었는가?

- **E(Energy)** : 에너지를 얻기 위해 이 음식이 꼭 필요한가?

위 세 가지 질문에 '그렇다'라고 답했다면 신체적 공복감을 겪고 있을 가능성이 매우 높다. 필요할 때마다 자주 이 연습을 실시하면 공복감과 식욕의 차이를 식별하게 될 것이다. 이제 음식을 앞에 두고 욕구평가와 필요평가의 두 점수를 비교하라. 이 과정에서 내담자들은 '아하!'라는 깨달음의 순간을 경험하곤 한다. 음식을 먹고 싶은 정서적 충동과 몸에 연료를 재주입해야 할 기본적 필요 사이의 차이점을 한발 물러서서 확인할 수 있기 때문이다.

- **욕구 점수가 필요 점수보다 높으면** : 잠시 동작을 멈추어라. 당신은 이성보다 감성에 따라 행동하고 있을지 모른다. 적어도 10초 동안 당신의 결정에 대해 생각해본다. 필요하다면 조용히 10까지 숫자를 세어도 좋다. 예를 들어, 땅콩버터 쿠키에 대한 욕구 점수는 높지만 필요 점수가 낮다고 가정해보자. '에라 모르겠다' 반응이 강하게 나타날 수도 있는 상황이다. 이따금 간식을 먹는 것은 괜찮지만 욕구 점수가 높게 나올 때마다 그렇게 행동한다면 곤란하다. 이번 기회에 먹고 싶은 음식에 대해 좀 더 분별력 있는 태도를 취할 때의 장점을 숙고해보라. 쿠키나 브라우니가 먹고 싶을 수 있다. 하지만 어느 쪽을 더 원하는가? 둘 다 먹을 생각이 아니라면 멈춤 버튼을 누르고 곰곰이 생각해보자.

- **필요 점수가 욕구 점수보다 높으면** : 그냥, 먹어라. 그러나 손을 뻗기 전에 잠시 생각하라. 정말로 배가 고플 때는 무엇이든 닥치는 대로 먹기 때문이다. 만약 음식이 그다지 만족스럽지 않다면 과식에 유의하라. 조금이라도 즐거움을 얻으려고 계속해서 먹기 쉽고, 그러면 재빨리 후회로 이어질 우려가 있기 때문이다.

- **욕구 점수와 필요 점수가 거의 비슷하다면** : 먹어라! 배고플 때는 먹는 게 적절한 행동이다. 배가 고파서 먹었고 먹은 음식이 마음에 든다면 신체적, 정서적으로 만족감을 느낄 테니 즐거운 일이다. 하지만 신중을 기하자. 좋아하는 음식을 먹는 데다 신체적으로 배가 고픈 상태일수록 전경에 충실해야 한다.

Eat.Q. 6
열린 마음과 닫힌 마음

"모든 산업에 무한한 기회가 존재한다. 열린 마음이 있는 곳이라면 미개척 분야는 언제나 남아 있을 것이다."

전기 시동 장치를 발명한 미국의 엔지니어 찰스 F. 케터링의 말이다. 어쩌면 식습관을 바꾸는 것은 당신이 탐험할 새로운 미개척 분야이다. 그리고 어떤 종류의 탐험이든 꼭 필요한 도구는 열린 마음이다. 열린 마음이란 우리가 세상은 바꾸지 못해도 자기 삶은 바꿀 수 있으리라 희망하는 것이다. 인생과 관계에서 성공을 이루려면 열린 마음이라는 감성지능 능력을 키우는 것이 중요하다. 이를테면 지적 호기심을 갖고 기꺼이 새로운 경험을 모색하며, 새로운 아이디어를 탐구하려는 자세다. 이러한 소양은 창업가에게도 필요하지만, 식습관이나 체중을 관리하고자 새로운 접근법을 시도할 때도 중요하다. 열린 마음을 가지면 틀을 벗어난 사고에서 더 나아가 틀 자체가 사라질 수 있다. 열린 마음이라는 도구의 힘은 그만큼 강력하다.

열린 마음, 즉 개방성은 감성지능과 상관관계에 있다. 좋은 감정, 나쁜 감정, 못난 감정까지 열린 마음으로 모든 감정을 인지하고 인정할수록 그러한 감정들을 더 효과적으로 관리할 수 있다. 내가 생각하는 열린 마음이란 내담자가 어깨를 똑바로 펴고 "이제부터 선생님께 솔직하게 말씀드릴 게요" 혹은 "겉치장은 다 집어치울 게요"라고 말할 때를 가리킨다. 그러면 나는 이 사람이 긍정적인 대안 찾기의 출발을 했다고 기대한다.

이에 반해 마음이 닫힌 사람들은 어떠한가. 자꾸만 예전의 생각과 행동 방식으로 되돌아간다. 예전에도 효과가 없었고 앞으로도 효과가 없을 방식들이다. 내가 생각하는 닫힌 마음이란 만성 스트레스로 힘들어하는 내담자가 "저는 잔뜩 긴장한 상태였고 초콜릿이 필요했어요"라고 말할 때다. 그러면 그 사람의 이야기는 거기서 끝나고 만다. 만약 그가 그 순간 마음을 열고 스트레스를 받아들였더라면(감정을 인지하고 스트레스를 관리할 새로운 방법을 모색했더라면) 오래된 이야기의 새로운 결말을 쓸 수 있었을 것이다. 이를테면 잔뜩 긴장한 상태였지만 사무실에 남아 있던 마지막 초콜릿을 끝내 먹지 않았다는 식으로 말이다.

잇큐를 높이려면 감정을, 특히 괴로운 감정을 유용한 정보로 바라보기 시작해야 한다. 어릴 적 텔레비전에서 본 어떤 프로그램의 한 장면이 기억난다. 아메리칸 원주민인 길 안내자가 땅에다 귀를 대고 멀리서 희미하게 들려오는 우르릉거리는 소리를 집중하여 듣더니 "이쪽이에요!"라고 말하던 장면이다. 당신의 모든 감정을 아메리칸 원주민 안내자라고 생각해라. 일부러 그 감정에 귀 기울이고자 할 때, 감정은 당신을 올바른 방향으로 안내해줄 것이다.

Exercise 6 : 마음을 열어보기

1. 열린 마음 갖기에 전념할 날짜를 정한다. 꼭 해야 할 일이나 마감이 없어 스트레스가 과도하지 않을 거라 예상되는 날을 선택한다.

    _____년 ___월 ___일 ___요일

2. 그날이 되면 평소대로 생활한다. 다만, 눈 뜨는 순간부터 잠자리에 드는 순간까지 닫힌 마음의 신호가 보이는지 관찰하고 인지한다. 경고해야 할 생각들은 다음과 같다.

- 하고 싶지 않아.

- 이건 불공평해.

- 그런 기분 느끼고 싶지 않아.

- 이거 마음에 안 들어.

- 절대 안 돼.

3. 닫힌 마음으로 인해 드는 생각들을 가만히 들여다본다. 그리고 체로 걸러 내듯 머릿속에서 걸러낸다. 마음속에 '싫어'라는 생각이 차오를 때는 그런 생각을 피하지 않고 더 가까이 다가갈 것임을 암시하는 문장으로 대응한다. '싫어'에 대한 좋은 대답의 예는 다음과 같다.

- 그래!

- 노력해볼게.

- 환영이야.

- 자세히 살펴보겠어.

- 이 감정은 적이 아니라 내 안내자야.

4. 세 가지 옵션으로 마무리한다. 스트레스를 받을 때마다 생각나는 음식
이 초콜릿이라면 새로운 옵션을 세 가지 떠올려보라. 반드시 실천할 필
요는 없다. 그냥 다른 옵션에 대해 마음의 문을 열어라. 산책을 나가거나,
이메일에 회신하거나, 스트레스 완화용 간식을 선택할 수도 있다. 이 새
로운 옵션 중 하나 또는 전부를 시도해볼 수 있다면 훌륭하다. 만약 그럴
수 없다면 일단은 마음을 닫아버리지 않고 여는 훈련만으로도 충분하다.

10장

나의 감정 받아들이기
Accept · A

생각하는 것은 쉽고 행동하는 것은 어렵다.
그러나 생각을 행동으로 전환하는 일은 더욱 어렵다.

— 괴테(작가, 1749~1832)

E도구는 좋은 감정, 나쁜 감정, 못난 감정까지 모든 감정을 경험하는 대로 인지하는 능력을 강화시켜준다. 그런데 아이스크림을 다 먹어치운 후에 감정을 알아채봤자 아무 소용이 없다. 감정 알아채기는 '욕구'(혹은 힘들고 부정적인 감정을 달래주는 음식)와 '이성' 사이에서 갈팡질팡하는 결단의 순간에 이루어져야 한다.

이 지점에서 A도구가 필요하다. A도구의 역할은 자신의 감정을 이해하고 받아들이게 돕는 것이다. 한마디로 A도구는 당신의 현재 위치(감정 인지)와 당신이 가고자 하는 위치(행동 변화)를 이어주는 다리라고 말할 수 있다. 우선적으로 현재의 감정을 긍정적인 대안으로 전환하려면, 감정이 당신에게 어떻게 영향을 주는지를 이해해야 한다.

당신은 고유하다. 당신의 이력, 기질, 재능, 어려움은 오직 당신만의 것이다. A도구는 당신이 어떤 사람인지 자세히 알아볼 수 있게 도와줄 것이다. 이러한 인식을 활용하여 당신은 감정이 왜 자신에게 영향을 미치는지 이해할 수 있다. 당신은 분노, 스트레스, 외로움, 두려움에 어떻게 대처하는가? 구체적으로 어떤 상황, 사건, 사람이 이러한 감정을 유발하며, 그래서 당신에게 먹고 싶은 충동이나 욕구를 불러일으키는가? 당신은 이러한 감정에 어떻게 반응하는가? 자기 파괴적인 생각과 행동을 건강하게 전환할 만한 당신의 강점은 무엇인가? A도구는 이런 질문에 생각해보면서 자기지식(self-knowledge)과 자기인식(self-awareness)을 높여줄 것이다.

감정은 날씨와 같다. 맑았다가 흐려지고 다시 맑아지기도 한다. 그만큼 변화무쌍하다. A도구는 감정의 변화에 따라 생각을 전환하는 능력도 길러준다. 이를 통해 당신은 즉흥적으로 반응하는 대신 어떠한 감정에도 적절히 대응할 힘을 갖게 된다.

Eat. Q. 7
강점을 최대한 활용하라

아이큐라는 테두리 밖의 지능에 처음으로 관심을 둔 심리학자 하워드 가드너는 다음과 같이 지적했다. "우리는 모두 강점을 키우기보다 약점을 고치는 데 지나치게 많은 시간을 허비한다." 지당한 말씀이다. 여기에 나는 우리가 식생활에서 잘한 일보다 잘못한 일을 곱씹는 경향이 있다는 점도 덧붙이고 싶다.

감성지능을 키운다는 것은 어떠한 상황에서든 강점에 주목하는 방법을 배우는 것이다. 강점의 종류는 관계없다. 강점을 알고 인정하는 것은 자만이 아니라 훌륭한 자기인식이다. 나는 내담자들을 만나면 즉각 그의 강점을 찾기 시작한다. 그리고 어김없이 강점 몇 가지를 찾아내서 그 강점을 알려주고, 그들이 식생활 개선에 그 강점을 활용할 방법을 제안한다. 어떤 내담자는 자신의 강점을 활용해서 새로운 레시피를 찾는 데 응용하기도 한다. 또, 캘리그라피 실력이 뛰어났던 한 내담자는 음식에 관한 긍정적인 문구를 쓰기도 했다. 그녀는 알렉산더 그레이엄 벨이 남긴 다음 문구를 정성껏 썼다. "한쪽 문이 닫히면 또 다른 문이 열린다. 그러나 우리는 닫힌 문만 오랫동안 바라보고 집착하여 열린 문을 보지 못한다." 이 특별한 문구 덕분이었는지 그녀는 예전의 식사 방식을 과감히 버리고, 더 바람직한 식습관을 찾을 수 있었다.

감성지능이 높은 사람들은 자신의 약점도 인정한다. 예를 들어 자신이 끈기가 없거나 미루는 습관이 있고, 또는 사람들과의 충돌을 피하려는 성향이 있음을 인정하는 경우, 이런 상황과 대면해야 하는 순간에 큰 도움이 된다. 자신이 힘들어하는 상황을 알고 있다면 그 순간 스멀스멀 일어나는 감정을 자기만의 방식으로 관리할 수 있기 때문이다. 이것은 무슨 의미인가? 감정을 다스릴 줄 아는 것은 분명 큰 강점이다. 그리고 약점을 인정한다는 것은 강점이 하나 더 생기는 것과 같다.

자신의 부족함을 인정하고 동시에 강점을 최대한 활용하는 것은 식습관의 관점에서 통찰 주도적 결정을 내리는 데 큰 도움이 된다. 그래야 3P 플랜(Perceive·Predict·Prepare)이 제대로 작동한다. 당신의 취약점이 야식이라는 사실을 당신도 인정한다고 가정해보자. 그 사실을 소리 내어 말하고(인지·Perceive), 대략 오후 7시부터 잠자리에 들기 전까지 시간 동안 야식하는 나쁜 버릇이 튀어나온다는 사실을 알아두면(예측·Predict), 대부분의 개입방법을 그 시간대에 맞추어 계획할 수 있다(준비·Prepare). 초콜릿에는 시큰둥

하지만 패스트푸드에는 정신을 못 차리는 사람도 3P 플랜으로 잘못된 식습관을 개선할 수 있다. 오래된 격언을 바꿔 말하자면 '자신을 아는 것'이 힘이기 때문이다.

약점은 반드시 고쳐야 하는 것이 아니다. 약점으로 인한 어려움을 최소화하는 방법을 알아두거나, 약점을 강점과 접목할 방법을 찾으면 된다. 꼼꼼한 성격에 목록을 좋아한다면 정크 푸드에 대한 집착을 어떻게 피할 것인지 대응 단계를 목록으로 만들어라. 아니면 자신의 부족함을 강점으로 전환해볼 수 있다. 예를 들어 야식을 즐기는 사람이라면 아예 저녁을 하루의 중심 식사로 삼고, 가장 영양가 높은 식사를 하는 것도 좋다. 부족함에 연연하지 말고 식습관의 강점을 최대한 활용하면 음식은 더 이상 적이 되지 않는다. 식생활이나 체중으로 인해 의기소침해 있지 마라. 당신에게는 분명 강점이 있다. 당신이 그걸 잊었을 뿐이다.

다음의 연습은 잊고 있던 당신의 강점을 되찾을 수 있게 도와줄 것이다.

Exercise 7 : 강점을 식생활에 적용하기

1일차

당신이 할 일은 실패와 좌절을 잊고 강점에 주목하는 것이다. 그럴 때 당신은 스스로에게 자신감을 가질 수 있다. 건강에 좋은 아침 식사를 하는 것도 강점이고, 간식을 하나만 먹고 끝내는 것도 강점이다. 식생활면에서 잘한 점이 있다면 무엇이든 식사일기에 메모하라. 다음과 같이 기록해도 좋다.

- 나는 (아침, 점심, 저녁)에 가장 건강한 식사를 했다.

- 내가 원래 좋아하는 건강한 음식은 …이다.

- 내가 좋아하면서도 폭식하지 않는 간식은 …이다.

- 나는 …을 먹을 때 가장 뿌듯하다.

- 나는 …한 상태일 때 가장 제대로 된 식사를 하게 된다.

- 내 인생의 가장 큰 성취는 …이다.

- 그러한 성취에 도움이 된 나의 강점은 …이었다.

- 나는 …을 통해서 이 강점을 식생활에 적용할 수 있다.

2일차

건강한 식사를 위해 작은 목표를 한 가지 이상 세운다. 예를 들면 이렇다. 아침에 과일 한 조각이나 아몬드 한 숟푼 더 챙겨 먹는다. 매일 건강한 점심 식사를 위해서 도시락을 준비한다. 사무실에서 자판기 앞에서 유혹을 느낄 때, 좋아하는 간식을 1회분씩 준비해서 자판기 옆을 그냥 지나갈 수 있도록 습관을 들인다.

3일차

당신의 강점이 얼마쯤 드러나면, 정반대의 강점을 가진 조력자와 합력하는 방법을 고려해본다. 예를 들어 동기부여를 받고 유지하는 데 어려움을 느끼는 사람이라면, 남을 격려하는 데 재능이 뛰어난 동료와 협력하라. 전체적인 그림을 보기에 능숙한 사람이라면 디테일에 강한 친구와 합심하여 운동 스케줄과 식단을 짜고 진행 상황을 기록한다.

Eat.Q. 8
관점의 전환: 감정의 틀을 재구성하라

힘든 감정을 극복하는 방법 한 가지는 그 감정을 다른 방식으로 바라보는 것이다. 다시 말해 새로운 관점을 부여하는 것이다. 심리학자들은 이 기법을 관점의 전환(reframing)이라고 부른다. 관점의 전환은 감정 자체를 바꾸는 게 아니라 감정에 대해 말하는 방식을 바꾸는 것이다. 현재의 감정이 부정적이라도 관점의 전환을 통해서 새로운 감정의 의미와 가치를 찾아내는 것이다. 이로써 통찰 주도적인 결정을 내릴 가능성이 높아진다.

예를 들어 당신이 직장에서 끔찍한 하루를 보냈다고 가정해보자. 당신은 지금 기진맥진하고 잔뜩 화가 나 있다. 게다가 내일 아침 당신을 기다리고 있을 산더미 같은 업무에 심리적으로 압도되어 있다. 한마디로 스트레스가 가득한 상태이다. 이럴 때, 당신은 두 가지 반응을 보일 수 있다. 과거와 똑같이 먹는 것으로 스트레스를 대처하거나, 아니면 관점의 전환으로 새롭게 대처할 수 있다.

'정말 지긋지긋하군. 이 고약한 기분을 더 이상 견딜 수가 없어. 이 기분에서 벗어날 수 있는 유일한 방법은 먹는 것뿐. 어쩔 수 없잖아.'

— 감정적 식사

'또 다시 스트레스로 녹초가 되었구나. 지긋지긋하다. 하지만 이제 나의 안락지대인 집에 왔다. 편안한 옷으로 갈아입은 다음, 책을 읽으면서 하루를 차분히 마무리해야지.' — 관점의 전환

과거에도 심리학자들은 내담자들에게 생각의 틀을 재구성하라고 조언했다. 그런데 최근의 연구에 의하면 관점의 전환 방식은 뇌에, 특히 식탐을 중재하는 부위에 영향을 미친다고 한다. 내담자들은 감정의 틀을 재구성하면 식습관뿐 아니라, 일상생활에도 긍정적인 영향이 미친다는 것을 깨닫고 있다. 한 내담자는 교사로 일하다 최근에 실직했다. 처음 며칠은 자신의 월급 없이 식구들이 어떻게 먹고살 것인가 걱정하며 보냈다. 상담 중 나는 그녀에게 상황의 틀을 재구성해보게 했고, 그녀는 조금 생각해보더니 이렇게 말했다. "저는 항상 아이들과 충분한 시간을 함께하지 못한다는 점이 미안했고, 그 죄책감 때문에 정말 괴로웠어요. 이제는 예전과는 다른 방식으로 아이들에게 엄마 역할을 할 기회가 생겼네요."
그녀는 실직의 충격을 슬기롭게 극복했을 뿐 아니라, 현명한 식습관을 선택할 수 있었다. 긍정적인 감정이 더 큰 정서적 에너지로 작용한 덕분이었다.

부정적인 감정이 당신을 끌어내리거나, 부정적인 감정을 떨쳐버릴 수 없을 때마다 다음의 연습을 이용하라. 각 질문에 대답할 때마다 부정적이거나 걱정스러운 감정에 다른 관점을 부여하게 되어, 감정의 강도가 약해지고, 그런 감정에서 벗어나기 위해 음식을 먹으려는 욕구도 줄어들 것이다.

1. 편안한 의자에 앉는다. 눈을 감는다. 잠시 생각의 흐름을 즐긴다.

2. 준비가 되면 다음 질문을 읽는다. 어느 질문이 가장 눈에 띄는가? 그 질문을 잠시 생각해본다.

- 이보다 더 나쁠 수 있는 기분이 있는가?

- 이 기분은 첫 느낌과는 달리 어떤 다른 의미가 있는가?

- 나는 이 상황에서 무엇을 배울 수 있는가?

- 이 감정에서 내가 놓치고 있는 점은 무엇인가?

- 이 감정은 나에게 어떤 성장의 기회를 제공해줄 수 있는가?

- 나의 친구였다면 이 문제에 어떻게 대처했을 것인가?

Eat.Q. 9
자신을 부드럽게 대하라

공감은 중요한 감성지능 능력이다. 다른 사람의 감정에 귀 기울이고, 그 감정을 이해하는 능력은 더 깊이 있는 관계를 맺게 도와준다. 결국 공감 능력은 견고하고 지속적인 관계와 직업적 성공으로까지 이어지는 힘이다.

그런데 중요한 건, 나 자신에 대한 공감이 우선해야 한다. 나 자신에게 공감이 없다면 진정으로 남을 공감하기도 어렵기 때문이다. 특히 체중의 문제에서 자기 자신에게 연민을 느끼기가 어렵다. 자신을 가혹하게 비판하고 심지어는 죄책감을 느끼기까지 하면서 이른바 '비난-수치심 게임'에 빠져드는 경우도 흔하다. 흔히 저지르는 자기 몸에 대한 습관적인 자기비판은 다음과 같다.

'나는 뚱뚱해.'
'저걸 먹다니 난 너무 멍청해. 알면서도 말이야.'
'어떻게 다이어트를 하면서 이렇지. 나는 의지박약이야.'

이런 혹독한 비판으로 무엇이 달라질 수 있을까? 어떤 문제를 개선하려고 할 때, 우리는 있는 그대로 받아들이기보다는 모자란 부분에만 집중적으로 초점을 맞추곤 한다. 내 몸의 아름다움은 보이지 않고 부족한 점만 뚜렷하게 보일 뿐이다. 임상심리학자들의 연구에 의하면, 체중 감량과 관련한 상담에서 연민과 공감을 활용하면, 내담자들은 솔직한 감정을 보일 뿐 아니라 체중 감량의 폭도 더 커진다고 한다. 누군가의 진심어린 공감이 자신의 감정에 다가가게 하여 진짜 기분을 털어놓을 의향을 높인다는 것이다. 내담자들은 가족이나 의사에게 비난당한다고 느끼면 입을 굳게 닫아버리고, 심지어는 체중 감량 과정에 대해 거짓말까지 한다. 솔직하게 드러낸 감정이 자신을 공격하는 빌미가 될지 모른다는 두려움 때문이다.

이처럼 비판은 당신을 내적 경험에서 멀어지게 한다. 다시 말하면 우리가 감정을 회피하는 이유는 스스로를 자책하거나 수치심, 후회, 분노 같은 부정적 감정에 사로잡힐까 두려워서이기도 하다. 그리고 그런 부정적 감정을 억누르기 위해 음식을 먹는 것이다. 하지만 마음을 열고 솔직해질 수 있을 때, 비로소 자신의 몸에 대한 건강한 탐색을 시작할 수 있다.

다음 연습을 통해서 자기 자신에게 공감하고, 이어서 다른 사람에게 공감을 보여주는 경험을 시작해보자.

Exercise 9 : 나를 공감해주기

먼저 조용한 시간에 한적하고 편안한 장소에 앉는다. 심호흡을 몇 차례하고 생각이 자유롭도록 내버려둔다. 이 활동은 건강한 식생활로 가는 여정에서 지금 이 시점에 당신이 어디쯤 와 있는지 점검해볼 좋은 기회다.

- 당신은 원하는 위치에 와 있는가?

- 당신은 만족하는가, 만족하지 않은가?

자기 대화에 귀 기울여보라. 부정적인 말만 들린다면(내 의지력은 정말 형편 없구나. 내 체중이 이렇게 많이 나가는 건 미련한 내 잘못이야), 당신은 '비난-수치심' 게임을 하고 있는 것이다. 노트에 위 괄호 안의 문장을 비판적이지 않은 표현으로 다시 써본다. 비난과 수치심 대신, 인정과 지지의 관점에서 생각한다. 예를 들면 '괜찮아. 이건 정말 힘든 일이잖아. 오늘만이라도 계속 노력해보자'와 같이 표현할 수 있다. 이러한 문장은 건강한 식습관과 체중 감량이 쉽지 않은 일이며, 그걸 당장 잘 해내지 못한다고 당신이 멍청하거나 무능하다는 의미가 아니라 단지 평범한 사람이라는 이해를 담고 있다.

적어도 하루에 한 번 연습한다. 의식을 열고 비판에 귀 기울이기 시작하면 무언가를 비판적으로 생각하는 때가 얼마나 잦은지 놀라게 될 것이다.

며칠 뒤부터 다른 사람에게 공감을 표현하기 시작한다. 예를 들어, 음식과 다이어트에 관해 대화를 나누는 사람들의 이야기를 들으면 비판("다이어트 중이시군요. 그런데 정말 피자 한 조각을 더 드시려고요?") 또는 조언("체중을 빼려면 이렇게 해보세요") 대신 공감을 표현하는 데 초점을 맞추어라. "좋다"와 "나쁘다"라는 단어를 "건강에 유익하다" 혹은 "능숙하다"처럼 개인적인 판단이 없는 단어로 바꾼다. 도저히 긍정적일 수 없다면 차라리 중립을 택하라.("그건 괜찮네요.")

공감을 전달하기는 의외로 간단하다. "기분이 ……하신 것 같네요"라고 말하면서 좌절이든 분노든 슬픔이든 상대방의 감정을 알아주면 된다. 공감의 뜻으로 고개를 끄덕이거나 상대방의 팔이나 어깨를 가볍게 토닥이는 것처럼 몸짓으로도 공감을 표현할 수 있다.

건강 체중을 달성하는 것은 중요한 목표지만, 그 과정은 결코 녹록하지 않다. 그 점을 인정하면 나 자신을 부드럽게 대하고, 똑같은 도전에 임하고 있는 남에게도 똑같은 연민과 포용력을 보여주기가 한결 쉬워진다.

감정날씨를 예측하라

일기예보에서 비가 온다고 하면 나는 어김없이 우산을 챙긴다. 가끔은 예보에도 없는 폭우에 온몸이 흠뻑 젖은 적도 있지만 그렇다고 우산을 챙기는 습관이 바보 같은 행동일까? 물론 그렇지 않다. 일기예보가 가끔은 틀릴 때도 있지만 그럼에도 맞을 때가 훨씬 더 많다. 일기예보관이 내일의 날씨를 예측하듯, 미래에 당신의 기분을 예측하는 능력을 정서예측(affective forecasting)이라고 한다.

당신의 선택이 미래의 행복에 어떤 영향을 주는지 예측할 수 있을까? 만약 그렇다면 그것은 충분히 기대할 만한 가치가 있다. 실제로 이것은 가능한 일이다. 미래의 사건에 대한 감정적 반응을 예측함으로써 관계, 취업, 식생활과 관련된 결정의 지침으로 삼을 수 있으니 꽤나 유용하다.

정서예측은 당연히 감성지능과 연관 관계가 많다. 미래에 자신이 어떤 기분일지 예측할 수 있다면 감정날씨에도 적절히 대비할 수 있다. 먹고 싶은 충동이나 욕구를 부추기는 감정에도 대비가 가능하다는 의미다. 지금부터 이틀 뒤, 당신에게 시험이나 중요한 회의가 있다고 가정해보자. 스트레스를 받을 가능성이 높다고 예측이 가능하므로, 당신은 스스로 마음의 준비를 한다. 노트를 다시 보고, 숙면을 취하고, 제대로 밥을 챙겨 먹고, 격려가 되는 말로 자신감을 다지기도 한다. 이러한 준비는 스트레스를 달래주고, 더 나아가 과식으로 빠질 가능성을 한층 낮춰준다.

또한 과식의 경우를 대비해서 정서예측을 활용할 수 있다. 물론 감정 주도적 결정의 여파를 예측하려면 정신적 단련이 필요하다. '저걸 먹으면 속이 더부룩해지고 비참한 기분과 함께 죄책감이 들 거야. 나는 그런 기분이 되고 싶지 않아.' 피자를 여러 조각 과식한 후, 어떤 기분이 들지 가늠하려면 연습이 필요하지만, 그런 연습은 결단의 순간 진가를 발휘한다. 흥미롭게도 이 경우에는 당장의 부정적인 결과(더부룩한 속과 비참한 기분)를 피하는 데 집중하는 것이 체중 감량이라는 미래의 이익을 고려하는 것보다 더 우선시된다.

혹시 당신이 과식을 했더라도 너무 자책하지 않기 바란다. 죄책감은 쓸모없는 감정이며, 반드시 행동 변화로 이어지지 않기 때문이다. 그보다 신체적으로 어떤 느낌이 들었는지(더부룩함, 무기력함) 기억하는 데 전념하고, 그것이 상세할수록 좋다. 과식에 수반되는 감각적 느낌을 기억할 경우, 나중에 그 경험을 활용해 행동과 결과를 연결 지을 수 있다. 이것은 정서예측 능력을 발휘하는 데도 도움이 된다(예를 들어 'X를 먹었더니 X라는 기분이 들었고, 나는 또 다시 X라는 기분을 원치 않는다'). 어떤 면에서 기억과 감각적 디테일은 과식으로 이어지는 감정의 악천후로부터 당신을 보호해줄 감정의 우산과도 같다. 내 경험상, 감정예측에 능숙한 내담자들은 행동과 결과 사이에 견고한 관계가 수립될 때까지 꾸준히 노력한다는 공통점이 있다. 물론 처음에는 행동-결과의 관계가 불완전하지만, 시간이 지나면서 행동-결과의 관계가 탄탄해진다.

'나는 케이크를 한 조각 더 먹으려 했다. 죄책감이 들고 지나치게 배부른 느낌이 들 것을 예측했지만 어쨌든 먹었다.' — 정서예측 전
'나는 케이크를 한 조각 더 먹으려 했다. 그러나 지나치게 배부르고 죄책감을 느끼고 싶지 않아서 먹지 않았다.' — 정서예측 후

어떤 차이점이 보이는가? 내담자는 타이밍 좋게 대처했다. 당신도 그럴 수 있다. 다음의 연습이 행동-결과의 관계를 수립할 수 있게 도와줄 것이다. 먹고 싶은 욕구나 충동을 경험하든 경험하지 않아도 며칠 동안 이 연습을 해보기 바란다.

Exercise 10 : 식후 기분 예상하기

노트를 꺼낸다. 다음 질문을 적고 대답해본다. 각 질문에 대한 답은 가급적 구체적이어야 한다.

- 이걸 먹을 경우 어떤 기분이 들까? 과식에 뒤따르는 감각적 느낌에 대해 구체적으로 답하라(예 : 벨트를 풀어야 한다, 위장에 부담을 느낀다, 다음날 더 부룩한 느낌으로 일어난다).
- 이런 기분이 긍정적일까? 부정적일까?
- 이걸 먹는다면 먹자마자 드는 기분과 몇 분 뒤, 경험할 수 있는 기분은 어떤 차이가 있을까?
- 먹자마자 드는 기분은 얼마나 오래 지속될 것 같은가? 1분? 5분? 하루?
- 먹자마자 드는 기분은 1부터 10까지 척도로 평가할 때, 얼마나 강렬할까?(1은 전혀 강렬하지 않음, 10은 참을 수 없을 만큼 강렬함)
- 이차적인 기분은 얼마나 오래 지속될까? 1분? 5분? 하루?

- 이차적인 기분은 1부터 10까지 척도로 평가할 때, 얼마나 강렬할까?(1은 전혀 강렬하지 않음, 10은 참을 수 없을 만큼 강렬함)

Eat.Q. 11
Time-out 대신 Time-in

감정에 생각을 접목하기란 쉬운 일이 아니다. 특히 화가 날 때는 더욱 그렇다. 사실 분노는 감정적 결정(DWE, deciding while emotional)의 원인인 경우가 많다. 당신은 어떻게 분노를 표현하는가. 소리를 지르거나 악담을 퍼부으며 분통을 터뜨리는가? 아니면 '두고 봐라' 하면서 분을 삭이는가? 만약 당신에게 이런 상황이 하나라도 해당된다면 한번 생각해보라. 분노가 바깥으로 표현되지 못하면 그 분노는 안으로 향하게 된다. 그 결과, 고통 받는 것은 바로 당신이다.

과식은 안으로 향하는 분노를 표현하는 방식 중 하나다. 짜증스럽거나 화가 날 때 식습관이 어떻게 영향을 받는지 생각해보라. 이런 감정이 어떠한 영향을 주는가? 짜증이나 분노 때문에 이성적으로 사고하는 능력이나 더 잘하고 싶은 욕구가 높아지는가, 아니면 낮아지는가? 한 내담자는 분노를 느끼면 더 잘하고 싶은 욕구가 자극되는 현상을 설명하기 위해 'pissivity'(적극성positivity + 짜증남pissed off)라는 단어를 사용한다. 그녀는 분노를 받아들이고, 그 영향으로 운동을 더 열심히 하고 더 나은 선택을 위한 원동력으로 삼는다. 마음속으로 '이것 봐, 나도 할 수 있다고!'라고 생각하면서.

심리학 학술지 〈감성Emotion〉에 실린 한 연구는 때때로 분노 표현이 현명한 행동이라는 것을 시사한다. 여성인 피험자 136명을 대상으로 실시한 이 연구에 따르면, 대립 상황에서 필요하다면 화를 내겠다고 한 사람들은 갈등 상황을 좋은 방향으로 넘기고 싶어 한 사람들보다 감성지능이 높은 것으로 나타났다. 화를 내는 것도 불사하는 사람들은 갈등 상황에서 화가 나는 것은 '적절한' 감정임을 이해했다. 반면에 분노를 맞아들이지 않으면 중요한 이슈를 그냥 흘려버릴 가능성이 있다. 그다지 중요한 일이 아니라고 여기거나 그냥 잊어버리자고 다짐할 수 있다는 뜻이다.

분노는 그냥 저절로 잊히지 않는다. 분노를 표현하지 못하면 냉장고를 기웃거리거나, 자판기에 동전을 넣거나, 드라이브스루에 차를 세우는 등 감정적 결정에 빠질 위험이 매우 높아진다. 분노를 적절히 표현하는 것은 현명한 행동일 수 있지만, 그렇다고 분노 속에 무분별하게 저지르는 행동은 위험할 수 있다.

감정은 다음 행동을 지배할 수 있다. 예를 들어 케이블 서비스 업체와 요금 청구서 때문에 한바탕 언쟁을 벌인 다음, 저녁을 준비하려는 참이라고 가정해보자. 당신은 화가 난 상태로 냉장고 문을 열고 안을 뒤진다. 계획했던 대로 볶음요리를 만들 것인가, 아니면 (에라 모르겠다) 냉동 피자를 먹을 것인가? 만약 당신이 자신의 분노를 알아차리고, 그 분노가 감정적 결정으로 몰아가고 있음을 인정한다면, 좀 더 긍정적이고 효과적인 방식으로 분노를 배출할 수 있다. 피자는 분노를 아주 잠시 마비시킬 수는 있지만 (이를테면 친구에게 전화를 걸어 기분을 푸는 방법) 완전히 없애지는 못한다. 음식이 분노의 대안이 아니라는 의미다.

분노든 슬픔이든 불편한 감정을 미뤄둬서는 안 된다. 자기 안의 감정을 곰

곰 생각하면서 생산적인 해결책을 찾아야 한다. 우리는 아이들이 분노의 감정을 주체하지 못할 때, 곧잘 '타임-아웃' 시간을 가지라고 가르친다.

다음 연습에서 당신은 '타임-인'을 통해 분노에 귀 기울이게 될 것이다. 분노를 피해 휴식 시간을 갖는 게 아니라, 몇 분 동안 분노에 집중해볼 것이다. 이 연습에는 타이머가 필요하다.

Exercise 11 : 분노에 귀 기울이기

- 화가 나면 5분 동안 타이머를 맞춰둔다.

- 화가 나 있는 상태에서(화를 억누르려 하지 않는다!) 마음의 소리에 귀 기울인다. 5분 동안 이 감정의 유용한 면을 머릿속으로 정리해본다. 이 감정은 다음에 취할 행동에 대해 무엇을 말해주는가? 필요하다면 이 순간 분노를 경험하는 정당한 이유가 있음을 스스로 상기한다. 당신이 할 일은 그 이유를 음식 속에 묻어버리는 게 아니라 찾아내는 것이다.

- 타이머가 울리면 분노를 긍정적인 방법으로 다스리기 위한 한 가지 행동을 시도해본다. 일기를 써도 좋고, 누군가에게 전화를 걸어도 좋다. 명상을 하거나 헬스장에 가거나, 집안 청소를 할 수도 있다. 당신의 옵션을 파악하고, 그중 하나를 선택한다.

Eat.Q. 12
좋은 습관에 집중하라

다양한 이유로 과식을 하지만, 가장 큰 이유는 습관 때문이다. 습관은 자동적으로 이루어지는 행동을 말한다. 실제로 생각하지 않고 하는 행동이 습관이다. 우리에게는 많은 습관이 있고, 어떤 습관은 건강에 유익하다. 연구에 의하면 매일 아침 출근 전에 아침을 챙겨 먹는 습관은 하루를 시작하고 체중을 유지하는 최고의 습관이라고 한다. 하지만 늦은 시각 잠자리에 들기 전에 먹는 간식처럼 건강에 유익하지 않은 습관도 있다.

내가 내담자를 만나 상담을 시작할 때 가장 먼저 하는 일 중 하나는 의도적인 먹기(적극적인 선택에 의한 먹기)와 무의식적인 먹기(무심코 하는 군것질)를 파악하는 것이다. 이 작업을 통해 내담자들은 자신을 심하게 자책하는 것을 멈출 수 있다. 어떤 면에서 습관을 바꾸는 것은 상당히 어려운 일이다. 일단 그 행동을 하는 순간을 알아채야 하기 때문이다. 이를테면 지루할 때 나도 모르게 군것질을 시작한다는 사실을 깨달아야 습관이 계속 진행되는 것을 막을 수 있다. 이것은 마치 시냇물이 흐르는 방향을 바꾸는 일과 비슷하다. 다행히 습관은 가소성이 매우 높다.

속성상 습관은 예측이 가능하다. 배우자나 연인은 당신이 메뉴에서 무엇을 고를지, 식료품점에서 무엇을 사올지, 야식으로 무엇을 선택할지 알고 있을 가능성이 높다. 의식 아래 도사리고 있는 습관은 꿈쩍하지 않으려는 성질이 있다. 그래서 먼저 환한 세상 밖으로 끌어내야만 한다. 일단 습관을 자각하고 나면 자주 눈에 띌 수밖에 없다. 이때 감성지능이 높은 사람들은 자기인식 능력을 발휘해서 습관이 어떻게 매번 건강에 좋지 못한 결정을 내리게 하는지 자신의 행동을 면밀하게 살피게 된다.

핵심은 오래된 습관을 깨뜨리기보다 새로운 습관을 만드는 것이다. 많은 사람들이 나쁜 습관을 버리려고 자신과의 싸움을 벌이지만 다들 고전을 면치 못한다. 그런데 방법을 달리해보면 어떨까. 나쁜 습관보다 좋은 습관에 집중하는 것이다. 건강에 유익한 새로운 습관이 몸에 익숙하면 나쁜 습관은 별 노력 없이도 자연스럽게 사라져버린다. 점심과 저녁에 샐러드와 과일을 충분히 섭취하면, 당분이 많이 든 음료를 네 잔씩 마시기가 어렵고, 그러면 자연히 긍정적인 식습관을 강화해주는 음료에 관심이 갈 것이다.

〈유럽 사회심리학 저널〉에 발표된 연구에서는 96명에게 새로운 습관을 형성하는 데 걸리는 시간을 조사했다. 연구팀은 점심에 과일 한 조각 먹기, 혹은 매일 15분씩 달리기가 거의 또는 전혀 노력을 들이지 않고 하는 습관으로 자리 잡을 수 있는지 알아보았다. 참가자들은 해당 행동이 얼마나 자동적이었는지 매일 기록해보았다. 다시 말해 '하지 않기가 힘들고' '생각하지 않아도' 할 수 있었는지를 체크했다. 결과는 18일에서 최대 254일까지 다양했지만 이러한 행동이 습관으로 전환되기까지는 평균 66일이 걸렸다.

건강한 습관은 얼마든지 기를 수 있다. 문제는 똑같은 행동을 꼬박 두 달 동안 반복해야 한다는 것이다. 이것을 해낼 때 장점은 건강에 좋은 행동이 새로운 일상의 일부분으로 자리 잡는다는 사실이다. 연구에 따르면 하루 건너뛰는 것은 큰 지장이 없었다. 아울러 쉽고 간단한 행동(식단에 사과를 추가하기)은 노력이 더 필요한 복잡한 행동(식사 준비하기)에 비해 습관 들이기에 더 짧은 시간이 걸린다는 점도 참고하기 바란다.

새로운 습관을 생활화하면서 예전의 습관이 긍정적인 방향으로 전환되기 시작했는지 주기적으로 평가해보라. 하나 이상의 습관이 그대로 남아 있다면 그 행동이 몸에 배어버린 탓이다. 한 가지 해결책은 일상을 뒤집는 것이다. 예를 들어, 저녁 8시에 과자를 가지고 소파에 누워 리모컨을 집어 드는 습관이 있다면 작은 변화를 추가하라. 예를 들어 소파 대신 의자나 바닥에 앉아보는 것이다. 이 새로운 환경에서도 여전히 과자를 먹을 수는 있지만 약간 다른 느낌이 드는 것만으로도 충분하다. 변화는 행동을 의식하게 하고, 생각하다보면 중단하게 될 수 있다.

또 하나의 전략은 습관의 강화적 속성을 없애는 것이다. 습관이 생기는 이유는 그 습관이 기분 좋게 느껴지기 때문이다. 그렇다면 예측되는 결과나 통상적인 결과를 바꾸는 것은 습관을 깨는 데 도움이 된다. 핵심은 쾌락의 요소를 없애는 것이다. 버터 없이 팬케이크를 먹어보라. 제일 좋아하는 브랜드의 감자 칩 대신 그럭저럭 괜찮은 브랜드의 감자 칩을 구입하라. 나쁜 습관을 차단할 방법을 찾기 위해 생각의 틀을 벗어나는 것은 사실 재미있는 일이기도 하다.

Exercise 12 : 새로운 습관 만들기

자신의 습관을 관찰한다. 습관이 눈에 띄는 대로 노트에 기록한다. 텔레비전을 보면서 식사를 하거나, 자녀에게 간식을 만들어주면서 자신도 슬쩍 같이 먹는 경우처럼 익히 알고 있는 습관도 있다. 습관을 의식하는 것만으로 변화를 시작할 수 있다. 이제 새로운 습관에 도전해보자. 먼저 노트에 주력하고자 하는 좋은 습관을 한 가지 적는다. 몇 가지 제시하면 다음과 같다.

- 탄산음료 대신 물을 마신다.

- 식사하는 동안 일하거나 책을 읽거나, 그밖에 다른 어떤 행동도 하지 않는다.

- 매일 과일이나 과일 샐러드를 조금씩 간식으로 사무실에 챙겨간다.

- 먹을 때는 서서 있지 않고 자리에 앉는다.

습관의 난이도를 1부터 10까지의 척도로 평가한다(1은 생활화하기 쉬움, 10은 불가능함). 어떤 좋은 습관은 숙달되기까지 일주일이 걸릴 수 있고, 어떤 것은 더 오래 걸릴 것이다. 그래도 괜찮다. 다만 꾸준히 노력한다.

Eat.Q. 13
식사일기를 써라

나는 내담자들이 일기장을 가슴에 안고 들어오는 모습을 볼 때마다 미소를 짓는다. 그들이 감정과 식사 사이의 중요한 관계를 파악하고 있다는 걸 알기 때문이다.

일기 쓰기는 감성지능을 개발하는 중요한 방법이다. 일기는 하루 동안 일어난 일의 단순한 기록이 아니다. 그보다는 일어난 일에 대한 자신의 생각과 감정을 탐구하는 작업이다. 내담자들의 경우, 자신을 음식 앞으로 몰아간 구체적인 감정에 초점이 맞춰지게 된다. 어떤 면에서 일기를 쓰는 시간은 자신이 선택한 말로 감정을 표현하는 마음챙김의 시간이다. 일기를 통해 어떤 감정이 당신을 음식으로 내몰았는지를 생각해볼 기회를 갖게 된다. 예를 들면 당신은 마음을 가라앉히거나 감정을 억제하기 위해, 혹은 분노와 같은 특정한 감정을 표현하기 위해 특정한 음식을 사용하고 있을지도 모른다.

어쩌면 일기 쓰기에 부담을 느낄 수도 있다. 시간이 없거나 글솜씨가 형편 없어서, 아니면 감정을 글로 옮기기가 어렵다고 생각할 수 있다. 하지만 눈 딱 감고 일주일만 시도해보라. 꼭 몇 페이지씩 일기를 써야만 놀라운 통찰을 얻을 수 있는 건 아니다. 그냥 솔직하기만 하면 된다. 아무도 당신의 일기를 읽지 않을 테니, 단 당신은 진실을 쓰면 된다.

감정을 글로 쓰면 스트레스를 완화시키는 데 도움이 된다는 것은 과학적으로 입증된 바 있다. 아이오와대학교 연구팀은 학생 122명을 대상으로 트라우마 사건에 대한 글쓰기의 효과를 연구했다. 한 그룹의 학생들에게는 사건과 관련된 '감정'에 관해 일기를 쓰게 했고, 다른 한 그룹에게는 '감정과 생각'에 관해 쓰게 했다. 또 나머지 한 그룹에게는 그날 일어난 '사건'만을 사실대로 쓰게 했다. 그 결과 두 번째 그룹은 일상적인 경험만 나열(인지적 과제)하지 않았다는 점에 주목하라. 그들은 경험의 의미를 이해(정서처리 과제)하려고 노력했다. 이 차이는 아이큐와 잇큐의 경계선과도 비슷하다. 사실을 아는 것과 자신의 감정에 대해 아는 것은 큰 차이가 있다. 흥미롭게도 감정에 관해 쓰는 것만으로는 트라우마의 부정적 징후가 높아진 반면, 생각과 감정을 모두 기록한 실험 참가자들은 트라우마가 자신의 인생에 일부 긍정적인 효과도 가져다주었다는 생각을 갖게 되었다.

하루를 마무리하며 우리는 그날의 경험을 어떻게든 이해하려고 노력한다. 그런데 음식에 대한 반응과 감정은 언뜻 보기에 전혀 이해되지 않는 경우가 많다. 예를 들어, 내담자 중 한 명은 이렇게 썼다. "오븐에서 방금 구워져 나온 쿠키를 잔뜩 먹었다. 그만두어야 한다고 생각했지만, 곧이어 '에잇, 나도 몰라'라는 생각이 들었다. 두 시간 뒤 나는 나 자신을 증오했다."

하지만 그녀의 쿠키 폭식이 느닷없이 튀어나온 것은 아니었다. 일기를 되짚어보니, 실은 이틀 전 불씨가 시작되었음을 알 수 있었다. 이틀 전 그녀는 또 한번 다이어트에 도전하기로 마음먹었다. 전 남자친구가 다른 여자와 함께 있는 모습을 보고 충격을 받아 내린 결정이었다. 그녀는 새 여자 친구의 날씬한 몸매가 부러웠다. '어쩌면 그 사람은 내가 저 여자처럼 날씬하길 바랐는지도 몰라.' 이렇게 생각하고 다이어트를 결심한 것이었다.

그러나 당분을 끊으니 강렬한 식탐이 몰려왔고, 그것이 쿠키 폭식으로 이어졌다. 당이 떨어진 데다 전 남자친구와 마주쳐 입은 마음의 상처까지 더해진 것이다. 단순히 쿠키를 먹고 싶은 욕구만 있는 게 아니었다. 일기는 그녀에게 소중한 교훈을 가르쳐주었다. 과식에는 언제나 이유가 있으며, 그 근본 원인을 추적해야 한다는 교훈이었다.

식사일기를 쓰는 올바른 방법이 정해져 있지는 않지만, 많은 사람들이 음식을 먹을 때마다 기록하는 항목은 아래와 같다.

- **언제** : 감정을 인지한 시간 또는 음식을 먹은 시간.

- **어디서** : 누구와 함께.

- **공복감 수준** : 1부터 10까지의 척도로 평가(1은 전혀 배고프지 않음, 10은 몹시 배고픔).

- **음식** : 무엇을 먹었는지 구체적이고 솔직하게 적는다. 하지만 이 항목은

주된 초점이 아니다.

- **먹기 전의 감정** : 음식을 먹기 전의 기분. 가급적 솔직하고 자세하게 서술한다.

- **먹은 후의 감정** : 음식을 먹은 후의 기분. 가급적 솔직하고 자세하게 서술한다.

식사일기를 쓸 때는 무엇을 얼마나 먹었는지가 아니라 어떤 기분이었는지에 초점을 맞춘다. 음식을 먹기 전, 먹는 도중, 먹은 후의 상황과 음식을 둘러싼 감정을 캐내는 것이 핵심이다. 먹기 전후의 감정과 음식 섭취를 촉발한 구체적인 감정 사이에 어떤 연관성이 있는지 눈여겨보라.

Exercise 13 : 7일간의 식사일기 쓰기

노트의 한 구역을 7일간의 식사일기에 할애한다. 매일 같은 시간에 식사일기를 쓴다. 많은 내담자들이 조용한 저녁 시간, 특히 잠자리에 들기 몇 시간 전에 쓰는 것을 좋아한다. 많이 써도 좋고 적게 써도 좋지만 앞서 말한 항목들은 모두 포함시킨다(언제, 어디서, 공복감 수준, 음식, 먹기 전 감정, 먹은 후 감정 등). 생각을 편집하지 말고 마음에서 흘러나오는 대로 쓴다. 식사일기를 쓰는 건 감정을 검열하기 위해서가 아니라 느끼고 처리하기 위해서다. 조금 더 체계적인 구성을 원한다면 다음의 내용을 활용하는 방법도 있다. 하루 중 가장 의미 있는 사건을 하나 정한다. 꼭 써야겠다는 마음이 드는 사건이면 된다. 음식에 관한 내용일 수 있고(명절에 있을 가족 식사에 관한 이야기를 나눔) 아닐 수도 있다(사무실에서 있었던 짜증스러운 일).

11장

긍정적으로 전환하기
Turn · T

자유는 선택할 수 있는 권리이다.
스스로 선택의 대안을 만들어낼 권리이다.

― 아치볼드 맥클리시(시인, 1892~1982)

E도구와 A도구는 감정을 인지하고 수용하는 힘을 키워준다. 그렇게 새롭게 이해한 감정을 효과적으로 활용하기 위해서 T도구가 반드시 필요하다. 이들 도구는 우리가 감정을 느끼는 순간, 그 감정을 의식적으로 생각하면서 대응방법을 선택하도록 도와준다. 인식과 수용은 통찰 주도적 결정의 핵심이다. 당신이 먹고 싶은 충동을 강하게 느낄 때, 이 도구들을 사용하면 그 감정의 파도를 피하거나 약화시키는 데 도움이 될 것이다. 나아가 먹을 것이냐 말 것이냐 그 결단의 순간, 멈춤 버튼을 누르고 통찰 주도적 결정을 내릴 수 있다.

잠시 멈춤은 중요하다. 특히 수치심, 죄책감, 분노처럼 당신을 괴롭히는 감정들 때문에 힘든 경우라면 더욱 그렇다. 당신은 이런 감정을 무시해버릴 수도 있고, 또 억누를 수도 있다. 어느 쪽이든 충분히 관심을 기울여주지 않으면 식탐, 과식, 폭식으로 이어질 수 있다.

T도구는 힘들고 고통스런 감정들이 당신을 덮치려고 할 때, 먹는 것만이 유일한 선택이라 알고 있던 당신에게 다른 행동의 길을 열어준다. 그리하여 당신은 감정에 무작정 반응하지 않고 침착하게 대응할 수 있게 된다. 이 모든 것이 마음챙김을 위한 잠시 멈춤과 당신의 의식적인 선택으로 가능하다.

식습관은 감정에 대한 대응으로 깊이 뿌리 내린 경우가 많다. 따라서 새로운 대응 방법을 익히려면 얼마쯤 시간이 걸린다. 그렇다고 과거의 실패에 상처받지 마라. 또 주눅 들 필요도 없다. 새롭고 긍정적인 반응(그 순간의 감정에 대해 생각하고, 그 정보를 건설적으로 활용하기)은 연습을 통해 얼마든지 단단히 자리 잡을 수 있다.

T도구는 당신이 먹을지 말지 의식적인 결정을 내릴 수 있는 자유를 부여한다. 식생활이 통제를 벗어나려는 순간, 당신에게 있는지조차 몰랐던 '선택권'을 제공해준다.

Eat.Q. 14
충동을 길들여라

시나몬 롤이 먹고 싶어!

프렌치프라이 더 먹을래!

딱 한 입만 더!

이 유혹이 친숙하게 들리는가? 이것은 즐거움을 주는 음식을 마주할 때, 당신을 유혹하는 내면의 목소리이다. 맥앤치즈를 더 먹고 싶다거나 잠자기 전에 초콜릿이 당길 때만 이 목소리가 들리는 건 아니다. 내면의 목소리는 시급한 다른 욕구들도 어서 충족시키라고 요구한다(결근하고 집에서 쉴래, 과속하고 싶어, 도박하고 싶어 등). 내담자들은 식탐에 굴복하거나 쾌감을 주는 음식을 과식하는 등 충동적으로 먹는 선택을 내리게 된 원인으로 종종 이 목소리를 탓한다. 내면의 목소리는 아주 강력해서 마치 목소리가 운전석에 앉아 있고, 당신은 그 곁에 타고 있는 듯한 느낌을 주기도 한다. 어쩌면 당신은 이 상태를 과연 바꿀 수 있을지 절망감이 든 적도 있을 것이다. 이제 왜 변화가 어려운 이유를 알아보자.

충동은 전전두 피질(prefrontal cortex)에서 시작된다. 의사결정을 내리는 뇌 부위이다. 이 가운데 충동적인 행동과 관계된 영역은 두 곳이다. 첫째, 배외측 전전두 피질(dorsolateral prefrontal cortex)은 계획을 세우고 충동을 억누르는 기능을 담당한다. 둘째, 안와 전두 피질(orbitofrontal cortex)은 감정 관리에 관여한다. 두 영역 모두 '지금' 대 '나중'의 등식을 재빨리 비교한다. 지금 작은 보상(맥앤치즈!)을 원하는가, 아니면 나중에 더 큰 보상(체중 감량)을 원하는가? 우리는 흔히 충동적으로 즉각적인 보상을 선택하고 나서 나중에 후회한다. 설상가상으로 과체중인 사람들은 식탐을 주도하는 뇌 영역을 차단하는 능력이 평균 체중인 사람들에 비해 떨어질 수 있다는 연구 결과도 있다. 그들의 뇌는 음식이라는 보상에 더 민감하다는 것이다.

정상 체중 9명과 과체중 5명의 피험자를 대상으로 실시된 소규모 연구에서 예일 대학교와 서던캘리포니아 대학교 연구팀은 유혹적인 음식(버거와 감자튀김, 초콜릿, 아이스크림), 저칼로리 음식(샐러드, 브로콜리, 두부), 음식이 아닌 일반적인 물건(책, 자전거, 문)의 사진을 볼 때 활성화되는 뇌 영역을 각각 스캔했다. 참가자들은 식후 두 시간 뒤 뇌 스캔을 받았고, 연구팀은 피험자들의 혈당 수준에 일부러 변화를 주어 피험자들이 정상 혈당일 때와 낮은 혈당일 때 모두 스캔을 실시했다.

결과를 살펴보니, 혈당 수준이 낮은 상태에서는 뇌의 '보상 구역'이 밝아졌고(먹고 싶은 욕구를 표시함), '먹어!'라는 신호에 제동을 거는 전전두 피질의 기능이 떨어졌다. 과체중인 자원자가 먹음직스러운 고칼로리 음식 사진을 볼 때, 그런 현상이 더 뚜렷이 나타났다. 이에 반해 혈당 수준이 정상일 때, 정상 체중인 자원자들의 뇌 스캔에서는 전전두 피질의 활동이 활발해졌고, 뇌 보상 영역의 활동이 줄어들었다.

그렇다면 결론은 무엇일까? 먹고 싶은 충동과 싸우는 것은 어려운 일이고, 그래서 혈당을 조절하는 것은 매우 중요하다. 음식을 제한하면 식탐이 유발되고, 혈당 수준이 정상인 경우에 비해 보상 요인이 훨씬 더 크게 지각될 것이다. 다행히 다른 연구에서는 충동을 인지하고 처리하도록 뇌를 단련시키면 충동적으로 먹는 행동을 억누르는 데 도움이 되는 것으로 나타났다. 연구원들은 이것을 절제 훈련(inhibitory training)이라고 부른다. 말하자면 동작 중지에 관여하는 뇌 영역을 단련시키는 훈련이다. 이 영역은 자주 사용할수록 강해진다. 예를 들어, 네덜란드 연구팀이 실시한 연구에서는 초콜릿을 좋아하는 사람들을 세 그룹으로 나누고 초콜릿 사진을 보여주었다. 첫 번째 그룹에게는 사진을 볼 때 절제 훈련 과제를 수행하게 했다(사진을 보고도 컴퓨터 키를 누르지 않는 것이 과제였다). 두 번째 그룹에게는 사진을 보면서 반응하게(키를 누르게) 했다. 대조군은 실험 중 절반 정도만 사진에 반응했다. 사진을 본 후 자원자들은 자유롭게 초콜릿을 먹었다. 그러자 절제 훈련 과제를 수행한 사람들은 나머지 두 그룹에 비해 더 적은 양의 초콜릿을 먹었다. 절제 훈련 과제를 연습하고 수행하는 게 실제로 충동을 절제하는 데 도움이 되었다는 뜻이다. 이 연구 결과가 의미하는 바는 당신이 충동에 행사할 수 있는 영향력이 생각보다 크다는 사실이다. 아래의 연습은 먹고 싶은 충동을 차단하는 데 도움이 될 수 있다.

Exercise 14 : 충동적으로 먹지 않기

이 연습은 간단하나 쉽지는 않다. 특히 처음에는 더욱 그렇다! 하지만 연습해볼 만한 가치가 충분하다. 당신은 욕구에 즉각적으로 반응하는 대신, 충분히 시간을 갖고 대응하는 힘을 익혀보자.

1단계

① '먹고 싶어'라는 내면의 목소리에 귀 기울인다.

② 멈춤 버튼을 누른다.

2단계

하루 동안 생활 속에서 의도적으로 뭔가를 자제하는 순간을 만들어라. 핵심은 스스로 "멈춰"라고 말하고, 실제로 멈추는 법을 익히는 것이다. 아래의 과제를 하루에 한두 차례씩 연습하라.

① 걸을 때 "멈춰"라고 소리 내어 말한다. 잠시 걸음을 멈추었다가 다시 걷기 시작한다.

② 물을 한 잔 마시다가 임의의 순간에 잠시 멈춘다. 그런 다음, 다시 마시기 시작한다.

③ 원하는 바를 인지한 첫 순간과 실제로 그걸 얻기까지 시간 간격을 의식
적으로 조절하라. 그것이 간식이든, 업무 중 휴식이든, 이메일 확인이든
상관이 없다. 처음에는 1분으로 시작한다. 그러고 나서 간식을 원한다는
걸 인지하고, 그걸 먹기까지 시간 간격을 차츰 늘려나간다.

Eat.Q. 15
능동적인 말

나는 아이스크림을 먹을 수 없어.
나는 지금 아이스크림을 먹지 않으려고 해.

위 문장을 소리 내어 말해보라. 상당한 의미 차이가 있다. 첫 번째 문장은
다이어트 같은 외부의 장벽에 부딪쳐 행위에 동참할 수 없음을 의미한다.
두 번째 문장은 행위에 동참하지 않기로 개인적이고 내재적인 선택을 내
렸음을 의미한다.
'할 수 없다'(can't)는 사소하지만 강력해서 엄청난 힘을 발휘한다. '해야 한
다'(should, ought to, must)는 역시 마찬가지다. 후자는 양자택일적 사고를 내
포하는 흑백의 단어들이다. 이런 단어가 식탐이나 먹고 싶은 충동과 겨루
게 되면 대개는 식탐이나 충동이 이긴다. 내담자들에게서 이런 현상을 자주
목격한다. 그런 단어를 사용하는 사람들은 그런 단어를 지워버린 사람들(대

개는 EAT법을 시작한 후)에 비해 식탐과 과식으로 더 많은 어려움을 겪는다.

당신이 선택하는 단어는 먹는 문제 앞에서 중요하다. 특히 자신과의 대화에서 사용하는 단어가 중요하다. 머릿속의 대화는 다이어트 향방을 결정짓는 중요한 판단기준이다. 다이어트를 실패로 이끄는 감정 주도적 결정을 내릴 것이냐, 아니면 건강에 좋은 식습관으로 이어지는 통찰 주도적 결정을 내릴 것이냐는 바로 여기서 판가름 난다. 그런데 "건강한 옵션을 선택해야 한다"고 자신을 타이르거나, "올바른 식사를 해!"라고 스스로를 다그치거나, 나는 간식을 "먹을 수 없어"라고 말하는 방법은 효과가 없다. 그런 거친 화법은 오히려 반발을 불러일으킬 수 있다. 〈소비자 연구 저널〉에 발표된 일련의 실험에서 연구팀은 209명의 피험자를 두 그룹으로 나누었다. 한 그룹은 초콜릿이나 사과 중 하나를 선택한 다음, 운동을 "해야 한다" 또는 운동을 "할 필요가 있다"와 같은 "통제형 메시지"를 읽었다. 다른 그룹은 똑같은 메시지를 먼저 읽은 후 간식을 선택했다.

자제심을 발휘해 사과를 선택한 사람들은 메시지를 읽으면서 언짢아했다. 자제력을 끌어 모아 건강에 좋은 간식을 선택했지만, 뭔가를 "해야 한다"고 지시받는 걸 달가워하지 않았던 것이다. 그러한 메시지는 초콜릿을 선택한 사람들도 짜증나게 했고, 사과를 선택한 사람들만큼 짜증의 정도가 심하지 않았다는 점만 달랐다.

'하지 않는다' 사고와 '할 수 없다' 사고의 힘을 테스트해 보기 위해 고안된 4개의 실험 중 하나에서 연구팀은 120명의 자원자들을 두 그룹 중 하나에 임의로 배정하고, 각 그룹이 서로 다른 전략으로 유혹에 저항하도록 했다. 첫 번째 그룹에게는 '할 수 없다'라고 생각하도록, 두 번째 그룹에게는 '하지 않는다'라고 생각하도록 지시했다. 자원자들은 건강에 좋지 않은 간식의 유혹을 받았다고 가정하고 '나는 X를 먹을 수 없어' 혹은 '나는 X를 먹지 않아'와 같이 생각하는 연습을 했다. 그런 다음 이와 전혀 무관한 다른 활동을 시작했다. 실험이 끝난 후, 연구팀은 자원자들에게 작별 선물을 주었다. 그래놀라 바 또는 캔디 바였다. '하지 않아' 그룹은 '할 수 없어' 그룹에 비해 그래놀라 바를 선택하는 비율이 더 높았다.

연구 결과는 오랜 진리를 다시 한 번 확인시켜준다. 사람들은 누가 간섭하는 걸 싫어한다. 이미 자제심을 발휘하고 있을 때, 외부의 방해 때문에 파이나 감자튀김을 '먹을 수 없다'고 생각하는 것보다는 감자튀김을 자발적으로 '먹지 않는다'고 생각하고, 그런 자신의 선택을 내적 이유와 연결하는 편이 좀 더 능동적인 선택이다. 특히 감성지능이 높은 사람들은 단어 선택에 상당히 신중을 기하면서 스스로 선택하는 것을 원한다.

동창회가 2주 뒤이기 때문에 아이스크림을 먹을 수 없어.

– 외적 원인

목표에 방해가 되는 걸 원치 않기 때문에 아이스크림을 먹지 않아.

– 내적 원인

이처럼 긍정적인 변화를 일으키려고 이미 노력 중일 때는 스스로 의욕을 꺾는 표현 대신, 자율성을 강조하고 용기를 북돋우는 적절한 표현을 찾는 것이 중요하다.

1. 내면의 부정적인 말을 포착한다. 특히 식사나 간식 중 자기 대화에 귀 기울인다. 그중에서 '해야 한다' '할 수 없다' '해서는 안 된다' 같은 단어를 찾아본다. 예를 들면,

> 피자를 한 조각 더 먹어서는 안 돼.
>
> 저 칩을 먹지 말아야 해.

2. 부정적인 말을 능동적인 말로 바꾸어본다. 부정적인 자기 대화를 능동적인 거부로 전환하는 것이다. 예를 들면,

> 피자를 한 조각 더 먹지 않으려고 해.
>
> 저 칩을 먹지 않는 건 먹지 않기로 선택했기 때문이야.

두 가지 방식에서 어떤 차이점이 느껴지는가? 음식에 탐닉하지 않기로 한 결정이 다이어트나 지시에 의해 강요된 것이 아니라 내면으로부터의 선택임을 분명히 해두는 것이다.

식탐 차단

당신도 식탐의 습격을 당한 적이 있을 것이다. 소파에 누워 아무 생각 없이 텔레비전을 보고 있는데, 별안간 강한 식탐이 들이닥친다. 달콤함, 쫄깃쫄깃함, 부드러움, 짭짤함. 바삭바삭함 등 먹고 싶은 것들의 디테일을 상상하는 데에 당신의 모든 에너지가 쏠린다. 그러다가 전화기가 울린다. 식탐으로부터 주의를 돌리는 고마운 전화다. 한참 뒤 정신 차리고 보면 지금 당장 먹어야겠다 싶었던 간절한 마음은 벌써 사라지고 없다. 갈망의 정교화 차단 이론(elaborated intrusion theory of desire) 덕분이다.

이 심리학 이론은 음식에 대한 생각이 식탐을 높일 수 있음을 보여준다. 음식 생각에다 생생한 감각적 이미지가 더해지고, 여기에 먹고 싶은 음식을 어떻게 눈앞에 갖다놓을지 구체적인 계획까지 떠오르면 식탐은 더욱 커진다. 사실, 식탐의 열쇠는 마음속 이미지다.

말하자면 이런 식이다. 뜬금없이 시나몬 롤이 생각난다. 당신은 이 예기치 못한 생각을 잠시 반추해본 뒤, 시나몬 롤을 먹었으면 좋겠다고 생각한다. 물론 당장 먹을 수는 없기 때문에 롤에 대한 생각과 그 마음속 이미지는 점점 더 정교해진다. 마음속 이미지는 감각을 과부하 상태로 몰고 간다. 롤의 버터향 풍부하고 달콤한 향, 말랑한 덩어리가 치아에 닿는 부드러운 식감, 마지막에 음미할 수 있는 부드럽고 달콤한 롤의 속살까지……. 이 모든 생생한 감각적 이미지들은 점점 더 정교해지고 본격적인 식탐으로 발전한다.

영국에서 수행된 한 연구는 음식의 이미지가 식탐에 핵심적인 역할을 담당한다는 가설에서 시작되었다. 연구팀은 두 개의 개별적인 실험을 통해 이 가설을 검증해보기로 했다. 첫 번째 10분짜리 실험에서 연구팀은 자원자들에게 그냥 딴생각을 하거나, 조형 점토로 정육면체와 피라미드를 만들게 했다. 가급적 빨리 두 가지 모양을 번갈아가며 만드는 걸 목표로 했다. 그 결과, 점토를 만든 그룹은 백일몽에 젖어 있던 그룹보다 초콜릿 식탐을 덜 경험했다.

두 번째 실험에서 연구팀은 간단한 언어 과제(1부터 숫자 세기)와 점토 작업이 식탐에 미치는 효과를 비교해보았다. 이번에도 점토 작업이 승리를 거두었다. 점토를 만든 사람들은 식탐이 수그러들었고, 초콜릿을 생각하는 빈도가 상대적으로 낮았다.

어떻게 점토를 만지작거리는 것이 식탐을 차단시킬 수 있을까? 이것은 갈망의 정교화 차단 이론이 작용한 결과다. 식탐을 느낀 음식의 감각적 측면을 정교화하는 머릿속 작업(달콤한 맛과 매끄러운 식감 상상하기)을 차단하면 식탐이 감소한다.

Exercise 16 : 식탐 차단하기

다음의 연습에서 두 덩어리의 조형 점토가 필요하다. 하나는 사무실에서, 하나는 집에서 사용하기 위한 용도이다. 점토를 사용해 먹고 싶은 음식의 생생한 감각적 이미지로부터 생각을 멀찌감치 돌려보라.

- **점토 작업하기** : 식탐이 닥치면 실험 참가자들이 했던 것처럼 10분간 점토 작업을 한다. 그들이 만든 모양을 만들어도 좋고 상상력을 발휘해도

괜찮다. 작업 기억을 특정 과제에 사용함으로써 갈망이 생긴 음식의 머릿속 이미지를 약화시키고 식탐을 식힐 수 있다.

- **구구단 외우기** : 점토가 없는데 식탐이 닥친 경우, 구구단 3단을 거꾸로 외운다. 연구에 따르면 이 간단한 과제는 작업 기억을 분주하게 하여 식탐을 줄이는 효과를 가져다준다.

- **시각 이미지 떠올리기** : 점토 작업을 하고 싶지 않다면 음식 이외에 기분 좋고 생생한 시각적 이미지를 떠올려라(예 : 푸른 풀밭이나 해변에 부서지는 파도).

Eat.Q. 17
믿는 대로 이루어진다

당신은 이런 생각을 해본 적 있는가?

"뭐 하러 몸에 좋은 음식을 챙겨 먹어? 앞으로 내가 달라질 가능성은 전혀 없다고. 노력은 해봤잖아. 그때도 소용없었으니 이번에도 당연히 소용없을 거야."

내담자들은 이렇게 "난 항복"이라는 생각을 밑바닥에 깔고 내 사무실 문을 두드린다. 항복의 사고는 여러 가지 다양한 형태로 나타난다. "어쩔 수 없지. 내가 원래 이렇게 생겨 먹은 걸"이라고 생각하는 사람들도 있고, '에라 모르겠다' 현상이 작용하여 "그냥 아이스크림을 먹는 게 낫겠어. 어차피 망한 것"이라고 생각하는 사람들도 있다. 충분히 이해한다. 이런 생각들은 좌절과 피로감 때문에 튀어나온다.

어쨌거나 "난 항복"이라는 생각은 아주 교활한 녀석이다. 마치 브레이크를 밟듯 행동을 별안간 멈추게 한다. 나는 이 항복의 사고가 들려오면 곧바로 향상 믿음 이론(incremental beliefs theory)으로 전환해 내담자가 다시금 본 궤도로 돌아오게 돕는다. 사실 자기 자신과 주변 상황을 변화시킬 힘이 자신에게 있다고 믿는 것은 너무나 중요하다. 그래서 내담자가 "난 항복"이라고 생각하는 걸 눈치 채는 순간, 나는 그 자리에서 멈추고 생각을 바꾸기 전까지 한 걸음도 더 나아가지 않는다.

향상 믿음 이론은 어려운 용어지만 의외로 단순한 태도를 의미한다. 이 이론에서는 학습과 노력이 궁극적으로 결실을 맺을 수 있다고 가정한다. 변화로 이어진다는 뜻이다. 당신에게는 배우고 성장할 수 있는 역량이 있다. 이런 사고방식을 가지면 당신은 변화를 받아들일 수 있고, 실수를 하더라도 흔들리지 않으며, 노력을 최종 목적지가 아닌 익힘의 과정으로 여길 수 있다.

사람들에게 변화의 역량을 상기시켜주는 것은 실수했을 때 포기하지 않도록 예방하는 완충제 역할을 할 수 있다는 사실이 연구를 통해 입증되었다. 달리 말해, 올바른 식생활을 하다가 무심코 과식을 했을 경우, 변화의 역량을 스스로 상기하면 "아, 몰라! 어쨌든 망쳤어. 그냥 갈 데까지 가버려야겠다"라고 포기하는 것을 막아줄 수 있다.

향상 믿음은 감성지능과 맞물려 있다. 감성지능은 사람들이 개방적이고 유연한 태도를 갖도록 도와준다. 나는 내담자들이 향상 자기믿음을 활용하라고 말한다. 이들은 처음에 아무것도 달라질 수 없다는 믿음이 깊이 배어든 상태로 나를 찾아온다. 하지만 그런 믿음은 아무것도 달라지지 못하게 한다. 건강에 좋은 음식을 선택하는 것, 마음챙김으로 식사하는 능력도 마찬가지다. 그러나 반대로 달라질 수 있다고 믿으면 정말 달라질 수 있다. 결국은 마음의 문제다. 마음이 핵심이다.

우리는 세상이 끊임없이 변한다는 사실을 기억해야 한다. 세상은 정지된 것처럼 보이지만 실은 그렇지 않다. 우리 주변의 모든 것들은 항상 변화하는 중이며 당신 역시 마찬가지다. 이 진실을 잊지 마라. 그리고 받아들여라. 그만두고 싶은 생각이 들 때마다, 다시 시작하기 위해 이 진실을 기억하라.

Exercise 17 : 나에게 메일 보내기

내면소리 '에라 모르겠다'에 귀 기울인다. 그 소리가 들려도 애써 싸우지 않는다. 대신 조용히 혹은 큰소리로 이렇게 말하라.

> "나는 식습관을 바꿀 수 있어.
> 열심히 노력하고 있으니, 분명 좋은 변화가 찾아올 거야.
> 나는 나를 믿어. 나는 나를 사랑해."

식습관을 바꾸는 데 성공한 지인을 떠올려라. 그 사람이 해냈다면 당신도 할 수 있다. "건강한 식습관은 성취 가능한 목표입니다"라는 제목의 이메일이 매일 자신에게 배달되도록 설정하라. 이메일 본문에는 "중요한 건 주어진 패가 아니라, 그 패를 어떻게 가지고 놀 것인가다"와 같은 내용을 적는다. 원한다면 매일 다른 내용의 이메일이 도착하게 작성해도 좋다. 다만 전반적인 메시지는 동일하게 '음식 선택은 변경이 가능하고, 나는 내 식습관을 바꿀 수 있다'는 내용이어야 한다. 매일 받아보는 이메일은 이 사실을 머릿속에 단단히 심어주고 '에라 모르겠다'라는 생각에 대항하는 일상의 강장제 역할을 할 것이다.

음식과 건강한 관계를 맺어라

자, 비밀을 하나 알려드리겠다. 건강을 위해 할 수 있는 최고의 행동은 영양가 높은 음식을 많지도 적지도 않게 먹는 것이다. 하지만 그 미묘하고 수수께끼 같은 균형점을 정확하게 아는 사람은 매우 드물다. 환자들을 돌보며 보낸 지난 20년 동안, 나는 대다수의 사람들이 '무엇'을 먹어야 하는지는 알고 있지만, '얼마나' 먹어야 하는지를 결정하는 데 어려움을 느낀다는 것을 알게 되었다. 또한 배고픔 이외의 다른 이유로, 대개는 감정이나 오래된 나쁜 습관 때문에 음식을 먹는다는 사실도 확인하게 되었다.

하버드에서 통합의학을 공부하고 〈뉴욕타임스〉 베스트셀러 《호르몬 치료 The Hormone Cure》의 저자로서 나는 그런 것들을 잘 알고 있다. 과체중이든 아니든, 음식 때문에 문제를 겪는 대다수의 사람들은 무엇을 먹을지 생각하고 계획하는 데에 지나치게 많은 시간을 허비한다. 유행하는 최신 다이어트를 시작하겠다고 월요일마다 맹세하거나, 혹은 아는 사람이 새로 나온 보조식품을 먹고 있다는 이야기에 귀가 쫑긋해져서 음식으로 인한 문제가 단번에 해결될지 모른다고 기대할 수도 있다(아쉽게도 그런 보조식품은 존재하지 않는다. 더 비싼 소변만 나올 뿐이다).

설상가상으로 스트레스를 받으면 뭔가를 먹으려고 할 가능성이 높아진다. 마감일은 다가오고, 아이는 아프고, 부모님은 당신의 도움을 필요로 하는데 도저히 시간이 나지 않을 때, 당신의 몸을 교란시키는 스트레스 호르몬을 진정시키기 위해 자꾸만 음식을 먹게 된다.

수잔 앨버스 박사가 주목하는 지점은 바로 이 부분이다. 수잔은 평범한 심리학자가 아니다. 마음챙김 식사, 감성지능, 체중 감량, 그리고 신체 이미지를 둘러싸고 우리가 겪는 여러 가지 고충이 그녀의 전문 분야다. 한마디로 수잔은 특별한 심리학자다. 그녀와 함께 음식과의 험난한 관계를 치유해보라. 이 책은 감성지능과 마음챙김을 조합하여 그것을 식탁 위의 음식에 적용하는 방법을 소개한 매력적이고 흥미로운 책이다.

마음챙김 식사, 나를 위한 작은 시작

이 책은 나와 음식과의 관계를 업그레이드해 주었고, 내 인생을 획기적으로 바꾸어놓았다. 솔직히 말하면 1장의 벤 다이어그램(30쪽)부터 내 마음을 홀딱 빼앗아갔다. 수잔은 우리 시대의 가장 중요한 심리학 개념들을 조합하여 그것을 식습관에 적용시킨다. 이 얼마나 놀라운 발상인가.

감성지능은 인간관계를 스마트하게 영위하는 방법을 다룬다. 그런데 수잔은 놀랍게도 감성지능의 핵심 개념을 음식에 적용해 보여준다. 또한 그녀의 자가진단 테스트는 당신의 현재 식습관을 환히 드러내 보여주는 강력한 도구다.

이 책을 읽지 않아도 되는 사람이 있을까? 그동안 내가 만난 남녀 환자를 통틀어 본능적으로 마음챙김 식사(Mindful Eating)를 하는 사람들은 극소수에 불과했다. 예를 들어, 내 친구 앨리슨은 식구들이 모여서 저녁을 먹을 때 치즈 조각 하나를 아주 작게 자른다. 그녀가 자른 치즈 조각은 너무나 얇아서 속이 비칠 정도다. 그녀는 그 위에 크래커를 하나 올리고 아주 조금 한 입 베어 문다. 그런 다음 그걸 접시 위에 내려놓고는 신중한 태도로 씹는다. 약 서른 번 정도 씹고 나서 천천히 삼킨다. 그녀는 크래커를 너무 많이 먹을까봐 걱정하거나 두려워하는 기색이 전혀 없이 한 입 한 입 음미하며 먹는다. 그게 바로 마음챙김 식사의 모습이다. 그런 식사를 하는 사람들은 극소수에 불과하다. 나머지 사람들은 이 책이 반드시 필요하다.

어떤 주제에 통달한 사람은 단순하면서도 설득력 있게 그 내용을 전달한다. 수잔은 이 책에서 그걸 해냈다. 그녀는 우리가 왜 하면 안 되는 줄 알면서도 과식하는지 폭넓고 깊이 있게 설명한다. 무엇보다 대안을 제시한다. 얼토당토않거나 실현 가능성 없는 대안이 아니라 충분히 납득 가능하면서도 구미가 당기는 대안들이다. 저녁 식사 자리에서 친구에게 들려줄 만한 지혜이자 실용적인 해결책들이다.

음식은 일과 관계에도 영향

나는 이 책을 읽는 동안 시간 가는 줄 모르고 책장을 넘겼다. 이 새로운 사고방식에 강한 흥미를 느꼈기 때문이다. 이 책은 건강한 식생활을 가로막는 가장 시급한 장벽을 건드리고 있었다. 당신에게도 이 새로운 식습관의 기술이 필요하다.

이 책은 더 나은 쪽으로 뇌를 재설계한다. 나는 20대 때 운동으로 여분의 칼로리를 태워 없앨 수 있다고 생각했었다. 그러다 30대에 이르자 음식이 가장 중요한 요인이라는 진실과 마주했다. 실제로 체중의 약 70퍼센트는 당신이 식탁 위에 올린 음식과 관련되어 있다. 영양 유전체학적 가치부터(그 음식이 유전자와 어떤 상호작용을 하는가) 먹는 방식(음미하며 먹느냐, 게걸스럽게 먹어치우느냐), 먹는 분량까지 음식이 가장 결정적이다.

나는 당신이 음식과 평온한 관계를 유지하기 바란다. 현명하게 식사하기를 바란다. 이 책을 그냥 읽기만 하는 게 아니라 지혜로운 조언을 바로 이 순간 실행에 옮기기를 바란다. 미루지 마라. 음식과의 관계는 인생에서 가장 중요한 관계일 수 있다. 음식과의 관계가 삐걱거리면 사랑이 넘치는 배우자나 부모가 되기 어렵고, 주어진 일을 잘 해내기도 어렵다. 더 이상 미루지 마라. 당신과 음식과의 건강한 관계를 지금 바로 시작하라.

세라 고트프리드 의학박사

자신을 사랑하듯 먹어라.

음식을 선택할 수 있는 사람은

오직 당신 자신에게 있다.

Mindful Eating

강유리 옮김

성균관대학교에서 영문학을 공부했으며 현재 펍헙번역 그룹에서 좋은 책을 발굴하고 옮기는 작업에 매진하고 있다. 옮긴 책으로《딴생각의 힘》《깊이 있는 관계는 어떻게 만들어지는가》《어떻게 의욕을 끌어낼 것인가》《미루기의 기술》《가족 힐링》《스토리》《어댑트》《스웨이》등이 있다.

감정식사

초판 1쇄 인쇄   2018년 6월 10일
초판 1쇄 발행   2018년 6월 20일

지은이 | 수잔 앨버스
옮긴이 | 강유리

펴낸이 | 성미옥
펴낸곳 | 생각속의집

출판등록 2010년 5월 18일 제300-2010-66호
주소 | 서울시 종로구 혜화동 53-9 1층
전화 | (02)318-6818 팩스 | (02)318-6613
전자우편 | houseinmind@gmail.com

ISBN 979-11-86118-28-3 03180